JN237264

営業力向上・プロセス改善を実現する

ABC/ABM 実践ガイドブック

松川孝一 Matsukawa Koichi ［編著］

Activity Based Costing
Activity Based Management

中央経済社

まえがき

　その企業はいったいなぜ，今まで生き残ってきたのだろうか？　その企業は今後もずっと生き続けられるのだろうか？　既存の競合や他のマーケット，産業，国から新しく参入してくる新たな競合が現れることはないのだろうか？　規制緩和などにより既得権が失われるリスクはどうだろうか？

　日本のマーケットはどうなるのだろうか？　人口減という「成り行き」に対して有効な手を打てていない前提での政策方針は，事実上，国力そのものの減退を認めるものとなっており，研究教育などに対する予算の集中的強化などの前向きな抜本的施策がないままで，「1人当たりの創造性と付加価値を上げる」などといった根拠のない掛け声のみの「植物化」状況である。授業で質問すればほぼすべての学生が，現状の「成り行き」だと「消費税を含め税金負担額はアップする」「年金はもとより，健康保険料や介護保険料支払額は上がり，受給額は下がるどころか払った分は返ってこない」「将来の生活維持が不安」と回答する。大半の外資系金融機関は，このリーマン危機を機会に日本マーケットの将来性を見切って，アジアの主要拠点を日本から香港，シンガポール，中国，インドに移してしまった。海外の知見と国際的コモンセンスを習得してくるべき日本人留学生総数も大幅に減少していると聞く。

　日本企業もこの「成り行き日本経済」の中で，いつ，何がどう，どれだけ変わるものかまったく予測もつかないまま，無駄に使っていたコストの削減と一律的人件費削減，新卒採用の抑制，早期退職金割増制度適用など，限りなき縮小方向に向かう以外の有効な打つ手が見つからない，行政同様「成り行き」任せの経営に終始しているところが多いのではないか？

　とはいえ，「ユニクロを展開しているファーストリテイリング，コンビニエンスストアのローソン，ネット通販の楽天が，2011年度の新卒採用で5〜2割を，アジアを中心とする外国人にする方向で検討している。＜中略＞パナソニックも外国人採用に積極的。11年度は，中途なども含めアジア出身者などの外国

人を，10年度比5割増の約1,100人採用する計画。採用全体に占める外国人比率は約8割に上る見込み」（2010/07/06・共同通信による）のように，企業の根幹となる人的資源政策を皮切りに，この閉塞的「成り行き」状況から果敢にも脱却を図っている企業も出てきた。

　企業が既存事業を維持しながら，「成り行き」から脱却するには，既存事業を維持する人的資源に加え，創造性を発揮し，実行と試行錯誤を担保する，プラスアルファの有能な人的資源が必要となる。既存事業の維持も，「成り行き」脱却も，他社の社員はやってくれないし，頼みの綱のITは自社社員が使うツールでありこそすれ，自律的に創造や試行錯誤することはまったくありえない。結局のところ現場に接している自社固有の人的資源（自社社員）のみが企業固有の強みに加えた創造性と試行錯誤を繰り返し，組織連動的に成長することでのみ企業の維持発展がなされるのである。

　ところが，この大切な自社の人的資源を維持できない企業が急増している。楽天リサーチ2011年度新卒採用調査によると，「昨年（10年度）に比べ新卒採用を減らす予定」と回答した企業の人事担当者はなんと23.5%と昨年10月実施の前回調査に比べ同1.9ポイント増えたとのことである。

　翻って印象的なのが，2000年の段階でこの現在の環境変化を見越して，10年後に向けた総社員数減のリスクに対応するために，自社社員のやるべきコア業務と外注化するべきノンコア業務をABC/ABMで明確化し，仕分け，その徹底着手を行った企業がすでに存在していたということだ。この企業は自社固有の技術・ノウハウ，重要なリスクマネジメントの社外流出を抑え，絶やさず，維持・向上させるため，役員一丸となって，全社全機能調査より得られたABCのデータから「若手社員が身につけるべきコア業務」「ベテラン社員がやるべきコア業務」を抽出し，徹底の段取りを踏んだ結果，自社競争力の維持強化を担保しながら，抜本的なコスト削減を実現し，この仕組みを維持し続けている。昨今になり，同様の問合せや事例が徐々に出てくるようになったが，早い段階で起こりえる将来を見越して手を打つ経営者と「成り行き」の流れの中で問題に気づき手を打つ経営者，問題に気づいても放置する経営者の違いは大きい。

業務を止めさせるのも，現業から改革プロジェクトのために人を引き抜くのも，契約社員化を進めるのも，投資を決めるのもすべて経営者の仕事である。数値をもって経営者がゴールのイメージをプロジェクトに伝え，自分が責任を持って決断し遂行することを約束しない場合，プロジェクトはすでに失敗しているといえる。「数値目標ない改革に成功なし」である。

　経営者が数値をもって目標を語れるためには，経営者がリスクを負っていることと，現場業務が理解できていることが必須条件である。

　欧米の場合，改革や改善を行う際，現場をスクラップビルド（社員をそっくり入れ替えること）する傾向がある。つまり，いったん，現場の人員を外し，ゼロベースで再度必要な人員のみ調達する。その結果，設計のとおりに業務は構築され，善し悪し関係なく設計のとおりに業務が遂行され，悪い設計の場合には業績が悪くなるし，いい設計の場合業績がよくなる。そのため，マネジメントと設計者の責任意識（リスク指向）が高くなり，業務ノウハウがこの両者に蓄積されるメリットがある。

　日本の場合は，現場をスクラップビルドすることがほとんどない。結果として，現場にはその道数十年のプロがいる。彼らは自分が働きやすいように個別に現場業務を変えながら長年仕事をやってきたのである。日本においては，彼らに現場業務は握られていることになり，経営者も設計者も現場を十分によく知らないので，改革を現業の担当者に任せて進めようとする傾向がある。その結果，設計者や経営者の意図は現場のレベルでうやむやになり，意図しないシステムの使われ方をしたり，また，改革に対する反発に遭ってやり直しが余儀なくされたりする。改革は，あくまでも現状の否定から始まるのであるから，現場主導で改革ができるわけがないのである。

　さて，日本のこの穏当な雇用文化を生かしながら，ホワイトカラー業務を抜本的によくすることはできないのであろうか？　実は，日本の工場内における地道な改善活動（TQC）にそのヒントがある。日本産業の競争力は工場における地道な改善活動を通した高品質，ローコスト化の成果である。工場でできることがなぜホワイトカラーにできないのであろうか？　違いは3点である。

① 工場の業務は可視化されている。誰が何をどのように行っているか皆が知っている。
② 工場にはコスト計算の仕組みがあり，原価管理されている。
③ よりローコストにしたり，より品質を向上すると，評価され報奨される。

ホワイトカラーの業務にはほとんど導入されていない。このような具体的な仕組みがあるからこそ，工場の現場では設計者（生産技術担当），経営者（工場長），現場（作業担当）が三位一体となって業務の改善に取り組むのである。

ホワイトカラーの世界においても同様に，工場と同様の環境にすればいいのである。

① ホワイトカラーの業務を詳細に棚卸しまたはビデオ等で常時撮影し可視化する。
② ホワイトカラーの世界にもサービスコスト計算の仕組みを導入し，原価管理する。
③ よりローコストにしたり，より品質や生産性を向上すると，評価され報奨される。

ABC（Activity Based Costing）とは，ビジネスを"活動＝Activity"の単位に細かく分類し，活動毎のコストを計算することである。このABCができるまでは，工場の外で発生しているホワイトカラーを含めたビジネスにおいて，正確にコスト計算をする方法はなかった。筆者が提唱するABCの使い方により，日本産業界における主要な競争力源泉である工場内における数値指標をベースにした地道な改善活動や改革活動が，ホワイトカラーの世界でも同様に運用できるようになった。

航空機やロケットのような複雑な機械が高速で安全に空を飛ぶのは，機械を構成している部品の1つひとつが正しくかみ合っており，また正しく機能するからである。

企業体も同様であり，活動の1つひとつが無駄なく正しく機能する必要がある。ABM（Activity Based Management）は，企業の設計図であるABCをベースに，活動単位の分析を通して，無駄な活動を削減し，企業競争力の源泉活動に人的資源を集中させることを継続的に実行する管理手法である。

ABC，ABMを効果的・継続的に活用すれば，どのような企業でも着実にコスト削減と競争力向上を両立することができる。

　自社固有の競争力は自社業務プロセスの中にある。自社が存在している理由は顧客が他社ではなく，自社を選んでくれるからである。他社には真似できない技術やサービスを継続的に生み出し維持するプロセスを，自社の社員が生み出し，自社社内のどこかに存在しているから当社も今まで生き残っているのだ。

　本書は，企業や組織をよりよくしたいと考えるすべての人，特に経営者・マネジメントの方々に広く読んでいただきたい本である。

　また，民間企業のみならず，公益サービスや行政サービスの世界においても，改革は待ったなしである。改革は現状を正確に認識することができ，さらにコモンセンスがあれば，自動的に成功するものである。

　ここまで述べたような，日本経済を含めた現状への危機感を共有し，ABC/ABM適用による企業競争力強化を多数経験してきた，史上最強のABC/ABMコンサルタント達が早稲田大学IT活用新ビジネス研究会（WINB）のABC/ABM研究部会の旗印のもとで集合し，筆者の想いとともに本書執筆の強い原動力となったことをここに付記したい。

　この本により，ABC/ABMがより広い領域で実効的に活用され，少しでも皆様の仕事や生活が楽しく充実したものになり，さらには日本の新しい競争力源泉の1つになることを願ってやまない。

2010年8月

　　　　　　　　　　　　　　　　　　　　　　　　　　　松川　孝一

CONTENTS

まえがき

第1章　時代背景と最適資源配分

1　時代背景 ──────────────────────── 2
　(1) 人間の存在の再定義：第4の革命／2
　(2) 世界的・個別的なつながりのスピードアップ／2
　(3) のんびりしていると，すべてが敵になりうる／3
　(4) うまくやればすべてが味方になりうる／4
　(5) 製品やサービスの寿命が短くなっている／5

2　リストラでなく企業がもっとやるべきこと ──────── 6
　(1) 変化の早い時代に経営者がもっとしなければいけないこと
　　　＝経営者の課題シェア／6
　(2) 変化の早い時代に経営者がもっとしなければいけないこと
　　　（企業モデルの再編成）／7
　(3) 何をするにも組織単体ではできない‼／8
　(4) リストラでなく企業がもっとやるべきことは何か？／9

3　最適な経営資源の配分 ───────────────── 10
　(1) 企業価値を高めるために／10
　(2) 経営資源の最適配分（企業の原動力）／12
　(3) 経営資源（リソース）の最適配分（システム投資の例）／13
　(4) 経営資源（リソース）の最適配分（コスト削減の例）／14
　(5) 経営資源マネジメント／15

4　キャリア構築／評価報償制度への ABC/ABM の活用 ───── 17
　(1) 変化の早い時代に社員のためにもっとやるべきこと／17
　(2) 維持型経営と創造型経営／18

(3) マネジメントモデルと評価／19
(4) 誰のためにがんばるか？ ＝ 誰が給料を決めるのか？／20
(5) 人材の調達と育成，旧ビジネス環境と新ビジネス環境／21

第2章　ABC/ABM とは？

1　ABC とは？ ──────────────── 24
(1) Activity Based Costing（活動基準原価計算）とは？／24
(2) ABC の例～紙資料配布と電子メールのコスト比較／25
(3) 活動分類の単位／26
(4) アクティビティモデルを作成する前に，対象業務の上流と下流，役割分担を明確化する／27
(5) ABC 計算ロジック／28
(6) 活動コスト（ABC）分析ロジック／29
(7) ABC リスト／30
(8) ABC リスト分析例（ABC コストの大きい順に分析）／33
(9) ABC リスト分析例（分類別分析例：営業上級職）／35
(10) ABC リスト分析例（活動タイプ別の分析例：営業上級職）／36
(11) ABC リスト分析例（活動単位別の分析例：営業上級職）／37

2　ABM とは？ ──────────────── 38
(1) ABM（Activity Based Management）とは？／38
(2) ABM サイクルの例（目標設定）／39
(3) ABM サイクルの例（体制構築・改善実行）／41
(4) ABM サイクルの例（モニタリング徹底）／42
(5) ABM の視点（どうしてそのような状況なのか？）／43
(6) ABM の視点（誰がやらせているのか）／44
(7) 活動コストを公開し，アピールすること
（オープン ABC の基本概念）／45

(8) 社内でのオープン ABC の応用例
　　（間接業務の改革＝クロスチャージ）／47
(9) ABC で共通認識を確立すべき利害関係者／50

3　セグメント別管理会計 ─────────── 51
(1) 2つの ABC 〜活動コスト調査とセグメント別管理会計
　　（2つの ABC は企業に両方必要である）／51
(2) コスト割当てベースの ABC 計算ロジック（CAM-I Cross）／52
(3) 事業ライフサイクルと重点管理指標／53
(4) 営業利益管理〜財務会計と ABC 管理会計の違い／55
(5) 営業利益管理〜企業を取り巻く環境／56
(6) 顧客別営業利益管理とは（販売会社・卸売業の例）／57
(7) 顧客別営業利益計算と分析の例／58
(8) 売上（総利益率）の高い顧客が儲かっているとは限らない／60
(9) 儲かっていない顧客はどれ？ なぜ儲かっていないのか??／62
(10) 営業利益の積上グラフ「クジラ曲線」／64
(11) 顧客セグメンテーションと経営資源の重点配備／65
(12) 製品別利益管理（製品ライフサイクルマネジメントの例）／66
(13) 営業利益管理で効果の出る業界・産業／67
(14) 営業利益を獲得・向上させるためには／68
(15) 利益を改善するための管理サイクル／69
(16) 営業利益管理のシステム／70
(17) 顧客別営業利益管理の継続的活用／72
(18) 会社全体がその気にならないと利益は出ない！
　　営業任せではだめ／73
(19) 顧客別営業利益（顧客別 PL）管理サイクル導入プランの例／74

第3章　ABMの分析

1　戦略性分析 ─────────────── 76
(1) アクティビティ分類の切り口／76
(2) 戦略性分析：顧客価値分析／77
(3) 戦略性分析：企業がもっとやるべきこと／78
(4) 一律リストラの悪例（販売会社営業事務職の削減）／79
(5) 一律リストラの罠／80
(6) 営業の人数を増やさず営業力を倍増させた好例
    （自動車販売会社の例）／81
(7) 商品担当の人数を増やさず商品開発力を倍増させた好例
    （小売業の例）／82
(8) 企業競争力増強ステップ／83
(9) 企業競争力増強ステップ（人材派遣業A社の例）／84
(10) 企業競争力増強ステップ（卸売業B社の例）／85
(11) 競争力増強アプローチ／86

2　顧客ニーズ分析 ─────────────── 87
(1) 顧客ニーズ調査・分析／87
(2) サービス別顧客ニーズ分析の例／88
(3) 顧客と自社認識のギャップ
    〜顧客ごとにニーズが違う〜顧客A・B／89

3　その他の活動分類 ─────────────── 91
(1) スキル（技能）分類／91
(2) スキル（技能）分類例（間接部門のスキル分類）／92
(3) わくわく度（モチベーション）分析／93
(4) わくわく度分析の例（営業管理職の例）／94
(5) とことん分析
    （アクティビティレベルの分析では足りないときの詳細分析）／95
(6) とことん分析の例
    （システム企業の提案書作成活動内訳分析の例）／97

第4章　ABMの適用と効果

1　プロセス改善 ——————————————————— 100
　⑴　プロセス改善とその抽出手法／100
　⑵　長期的改善と短期的改善の例／104
　⑶　改善探索の切り口とその分類／105
　⑷　改善策・効果試算分析例（経理業務改善データベース）／106
　⑸　改善策・効果試算分析例（経理業務改善データベース：
　　　改善策別試算効果分析）／107
　⑹　改善策・効果試算分析例（経理業務改善データベース：
　　　組織別試算効果分析）／108
　⑺　改善プロジェクト計画のアプローチ例／109
　⑻　改善プロジェクト計画・管理表の例
　　　（建設業プロマネ業務改革の例）／110
　⑼　改善障壁分析の例／110
　⑽　改善障壁分析と回避策／112
2　IT導入の投資対効果（ITROI）——————————— 113
　⑴　IT（部門）に関わる課題／113
　⑵　ITの活用・特性・投資効果算出手法／115
　⑶　ITの投資効果，試算・計算する必要性／119
　⑷　IT活用の経営効果／120
　⑸　ペーパーレスの効果／122
　⑹　IT投資対効果算定アプローチ：シナリオドリブンアプローチ
　　　（シナリオ誘導型手法）／123
　⑺　シナリオドリブンアプローチの例
　　　（指紋認証勤怠管理システム導入効果例）／126
3　残業削減 ——————————————————————— 127
　⑴　残業削減の時代背景，メリット，リスク，方策／127
　⑵　残業削減効果シミュレーションシート／129
　⑶　残業の発生要因と対策／130

(4) 業務改善と業務分担見直しを通じた残業削減イメージ／131
　(5) 残業削減アプローチ／132
　(6) 残業削減実施例（情報システム業界：対象社員約200人）／133
4　営業力倍増 ──────────────── 134
　(1) 営業力の実態＝正味営業活動時間は営業担当の総時間の
　　　何％を占めているのか？／134
　(2) 営業の人数を増やさず営業力を倍増させた好例
　　　（自動車販売会社の例）／135
5　ミーティング・会議の生産性向上 ───────── 136
　(1) ドラッカー「8つの習慣」では会議（ミーティング）の
　　　重要性に触れている／136
　(2) ホワイトカラーの仕事はすべてミーティングによって
　　　成り立っている!?／137
　(3) ミーティングのつながりは企業の意思決定（ガバナンス）の
　　　チェーンそのものである／139
　(4) ミーティングチェーンとは結果を出すまでのミーティングの
　　　つながりである／140
　(5) ミーティングマネジメントの手法が求められる／141
　(6) ワークスタイル変革／143
　(7) ミーティングチェーン向けABC/ABMの事例（改善施策仮説）／144
　(8) ミーティングチェーン向けABC/ABMの事例
　　　（ミーティング4要素とCSF）／145
　(9) ミーティングチェーン向けABC/ABMの事例
　　　（改善前ABCリスト）／146
　(10) ミーティングチェーン向けABC/ABMの事例
　　　（改善後ABCリスト）／148
6　シェアドサービス ──────────────── 150
　(1) シェアドサービスとは／150
　(2) シェアドサービスの要件と効果／151
　(3) シェアドサービスの対象領域の変化／152

(4) シェアドサービスのサービス価格の決定手法／154
　(5) シェアドサービス取組みステップと構築のポイント／155

7　アウトソーシング ───────────── 156
　(1) アウトソーシングの種類と範囲／156
　(2) 社員再雇用型のアウトソーシングサービス
　　　～ビジネスプロセスアウトソーシング（BPO）／158
　(3) ビジネスプロセスアウトソーシングのコストモデル／159
　(4) ビジネスプロセスアウトソーシング導入アプローチ／160
　(5) アウトソーシング取組みステップと構築のポイント／161
　(6) 季節性・周期性のある業務のアウトソーシング／165

8　企業間の取組みへの適用 ───────────── 166
　(1) (D)SCM と ABC/ABM の関係とそのメリット／166
　(2) 企業間取組みイメージ（卸，小売企業間業務の現状）／167
　(3) 企業間取組みイメージ（卸，小売企業間業務の将来像）／167
　(4) 対取引先交渉における ABC データの活用例／169
　(5) （デマンド＆）サプライチェーンの IT 化
　　　＝伝言ゲームから皆で考える同時進行型へ／170
　(6) マーチャンダイザー（新商品開発仕入担当）業務改善による
　　　サプライチェーン業務改善／170
　(7) オープン ABC の企業間取引への適用例「コストプラス」／172

9　J-SOX と ABM ───────────── 173
　(1) J-SOX の概要と内部統制コスト／173
　(2) ABC による運用コストの検討を通した内部統制コストの削減／175

10　IFRS と ABM ───────────── 176
　(1) IFRS の概要とセグメント開示における ABC の活用／176
　(2) IFRS 導入時の業務設計における ABC の活用／176

11　着手スピードと機会利益・機会損失計算 ───────────── 179
　(1) 意思決定遅延による機会損失額の算出モデル／179

12　これからの ABC/ABM ───────────── 181
　(1) ABC/ABM の発展方向性／181

(2) これからのABC/ABM＝業務の可視化から将来設計へ／184
　(3) 企業リスクの管理とABM／185
　(4) リスク管理を意識した企業リスク対応プロセスのイメージ／186
　(5) 品質管理・リスク事前対応モデルがある企業とない企業／187
　(6) 戦略性分析〜顧客価値分析と企業価値分析／189
　(7) 環境保全に対する企業の責任意識の範囲（それでいいのか？）／191
　(8) 環境を意識した企業対応プロセスのイメージ／192

第5章　ABC/ABMプロジェクト事例

1　ABCによる業務可視化，プロセス改善プロジェクト事例 ── 196
　(1) 高収益体制確立統合プログラム／196
　(2) プロジェクト体制およびスケジュール，プロジェクト成果物／197
　(3) プロセス改善概要／198
　(4) プロセス改善成果物（抜粋）／200
　(5) クロスチャージ設計のアプローチ／202
　(6) クロスチャージのサービス単価（抜粋）／203
　(7) サービスに対する必要スキル定義ステップ／204
　(8) ABCによる適正人員数試算／204
　(9) 組織再編設計／206

2　ABCベース顧客別営業利益システム導入と活用 ──────── 209
　(1) 顧客別営業利益管理
　　　〜サービスアップ＆シェアアップとコストダウンの両立〜／209
　(2) 顧客別営業利益管理プロジェクトアプローチとスケジュール／210
　(3) 顧客別営業利益管理プロジェクトアプローチと成果物／212
　(4) 顧客別営業利益分析プロセス／213
　(5) 顧客別営業利益分析成果物〜課題・改善案一覧／216
　(6) 顧客別営業利益分析成果物〜改善案の着手優先順位／217
　(7) プロセス改善1：修理・返品等業務のサービス子会社移管／218
　(8) プロセス改善2：顧客支援業務のリソース最適配備／220

⑼ プロセス改善3:直行直帰型営業導入による正味営業時間アップ／222
⑽ 顧客別営業利益分析,2つの視点／224
⑾ 顧客別営業利益分析,顧客傾向分析,営業利益／売上高
　　〜くじら曲線／225
⑿ 顧客別営業利益分析,顧客傾向分析,
　　営業利益率・総利益率マトリクス／227
⒀ 顧客別営業利益分析,販売費要因分析／228
⒁ 顧客別営業利益管理サイクル／229
⒂ 顧客別営業利益管理,配賦モデルの例／230

第6章　ABC/ABM とソフトウェア

1　ABC/ABM を支えるシステムの全体像 ─────── 234
2　データ収集機能 ────────────────── 236
　⑴ 費用・収益データ／236
　⑵ ドライバー(配賦基準)データ／238
3　ABC 配賦機能 ─────────────────── 239
　⑴ ABC ソフトウェア／239
　⑵ ABC モデル設定機能／239
　⑶ モデル設定機能〜画面イメージ／241
4　経営情報管理機能 ───────────────── 243
5　プレゼンテーション機能 ────────────── 245
6　統合型 ABC/ABM システム ─────────── 247

第7章　ABC/ABM プロジェクト成功のために

1　変革管理(チェンジマネジメント) ─────────── 250
　⑴ 変革管理の10レイヤーズ／250
　⑵ 変革に対し発生する現場の素直な反応／256
　⑶ 変革管理の9つのポイント／257

(4) 利害関係者（ステークホルダー）分析／258
2　ABC/ABMプロジェクト成功のために ———————— 260
  (1) ABC成功9つの鉄則／260
  (2) ABC/ABMコンサルタント9つの選択基準／262
  (3) マネジメント12の心得／263
  (4) ABC/ABMのメリットまとめ／264

   あとがき／265
   参考文献一覧／267

第1章
時代背景と最適資源配分

1 ● 時代背景

(1) 人間の存在の再定義：第4の革命

「人間の存在を揺るがすような大きな革命が今日までに4回発生した」とイタリアの思想家，ルチアーノ・フロリディ（哲学・倫理学者）は言っている。1つ目がコペルニクスの地動説の発見である。これによりキリスト教的世界観の1つである天動説は否定された。2つ目はダーウィンの進化論である。同じく人類は万物の霊長ではなく，生物の1つである，という事実は人類そのものの認識を覆すものであった。3つ目の革命的事件としてはフロイトによってもたらされる。フロイトによれば，人間は自分自身を完全に理解することはできない，とされた。そして4つ目の革命。それがフロリディの論である。曰く「コンピュータの発達により，人間は単体の存在ではなく，互いにつながりあった「情報有機体」に変化している」。つまり，人間は単体それ自身で存在することのみならず，その存在意義は情報によってつながりあうことにより成り立つという考えである。巻頭から壮大な話で恐縮だが，いわば，私達は相互に影響しあって存在し，それゆえに人間社会は成立しうるということだろう。

(2) 世界的・個別的なつながりのスピードアップ

人間はもはや単体の存在ではなく，互いにつながりあった「情報有機体」であるとフロリディは言っているが，ビジネスシーンにおいてはどのような現象が生じているだろうか。読者が企業経営者である場合を想像してみて欲しい。自社を取り巻く環境はかつてない速さで変化している。ビジネスを行うにあたり，すべての機能を自社で賄う必要もなければ，コストやスピード面からもそうすべきではない。お互いのビジネス機能を補完しあえるようなパートナーシップを結べるような企業とアライアンスを組むことが必要である。パートナーシップを結ぶ企業（提携相手）は情報通信技術の発達により文字どおり

世界中から，これまた文字どおり一瞬で探し出すことができるし，既存の提携相手との連携状況も社内情報システムを通じて確認できる。必要に応じ関係を見直し，別の提携相手に乗り換えることも容易にできる時代となった。われわれ個々人や企業の受けているサービスの多くが物理的にどこに存在しようとも，もはや気にする必要がなくなっている。

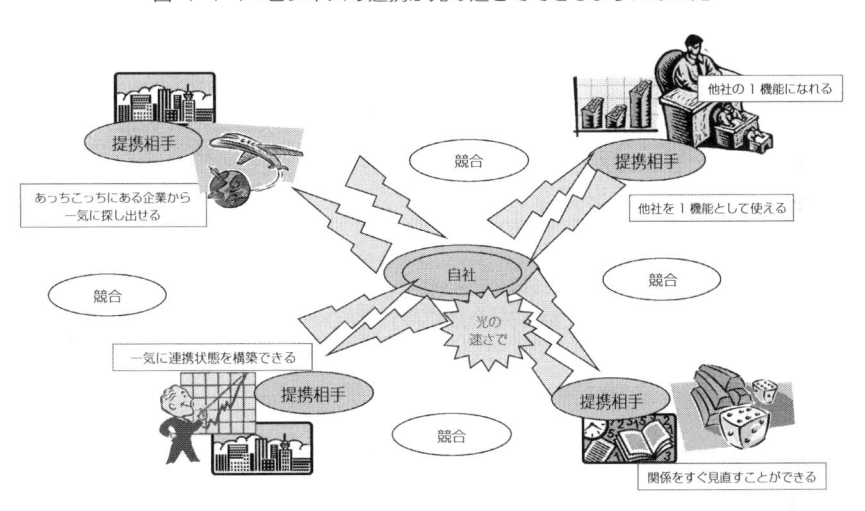

図 1-1-1 ●ビジネスの連携が光の速さでできるようになった

(3) のんびりしていると，すべてが敵になりうる

　情報通信技術の発達により，ビジネス環境がスピードアップしたことは当然ライバルたちにもチャンスをもたらし，自社を脅威にさらすこととなる。国外からはライバルとなるような企業がどんどん参入してきて，現在の地位を脅かそうとする。また，他業界からの新規参入も容易になってきている。昨日まで想像もしなかったライバルの登場は常態化してきている。競合も競争力ある商品・サービスを投入し，市場シェアをどんどん伸ばしてくる。気づくと儲からない顧客ばかりが残ってしまう。顧客からは値下げのプレッシャーがかかり，競合に契約を奪われるかもしれないし，仕入先からは値上げのプレッシャーがかかる。仲間であるアライアンス先からはやはり値上げや面倒な仕事の押し付

け交渉を打診されるかもしれない。当然ながら最終顧客はより安価で品質の高い商品，サービスに乗り換えてしまうし，マスコミはやれ不景気だやれ価格競争だと市場を煽り立てる。自社の商品，サービスを生み出す労働力は賃上げやよりよい条件の職場へと流れて行く。金融の世界もどんどん競争が激しくなるため，資金調達もうかうかしていられない。そもそもこれらを支える情報技術への投資は結構な資金を必要とする上に，競合他社が競って導入し差別化を図ろうとするので，何もしないわけにはいかない。国内のみならずビジネスを展開する先の各国の行政の動向を先読みしていかないと新しい法制度対応に手間取ってしまう……。

「すべてが敵となり味方になりうる」という状況である以上，「自社のスタンス」をしっかり持たないで成り行きのまま放置していると流されてしまう。「自社のスタンス」をしっかり出さないとすべてが敵に回ってしまう。「対応を早くしない」とすべてが敵に回ってしまうビジネス環境になってしまったといえる。それでは，一体「自社のスタンス」とは何だろうか？

(4) うまくやればすべてが味方になりうる

自社のスタンスをはっきりさせないとすべてが敵に回ってしまうが，逆に考えれば，自社のスタンスをはっきりさせれば，すべてが味方になりうる，とも考えられる。自社のスタンスをはっきりさせるということは，自社の"強み"をしっかり把握して，その部分を内外にアピールすることである。そして強みとは"自社の中"にあり，他社にはないユニークな部分，歴史的な積上げである。そうなると先ほどの外部環境は面白いように自分にとってプラスに働くことになる。

自社のスタンスをはっきりさせるにあたり，激しい環境の動きを先読みする必要がある。社会はどうなるのか？　市場はどうなるのか？　顧客はどうなるのか？　競合はどうなるのか？　これらの情報を先につかみ，予測の精度を上げ，「他社に先駆けて先に網を張っておくこと」が必要なのだ。

(5) 製品やサービスの寿命が短くなっている

　従来に比べ，製品やサービスの「寿命」も短くなってきた。ヒット製品が年に何回も生まれては消えていく時代である。携帯電話は年に何回もバージョンアップする。パソコンの周辺機器であるデジカメやプリンタも年に2回以上，製品の改廃があり，1年も経てば旧型になる。初回限定売切り型の商品も増えてきた。定番品といわれるビールや飲料でさえ，おまけや懸賞企画で通常の何倍も売れる時代だ。つまりおまけや懸賞企画のいいものをどんどん創造し続けないといけないということである。

　製品やサービスの寿命が短くなったのは，競争の中，新技術や新ニーズから新製品を生み出す企業の開発から回収までのスピードが早くなったことを意味している。逆に，新しい製品を早く出せない企業は，市場から締め出しを食うことになるわけだ。製品の寿命が短くなると，同じラインで同じ物を継続的に大量生産している連続大量生産方式から，着想，設計してから一気に生産し，売り切るタイプのプロジェクト生産方式が必要になってくる。

図 1-1-2 ●製品やサービスの寿命が短くなっている

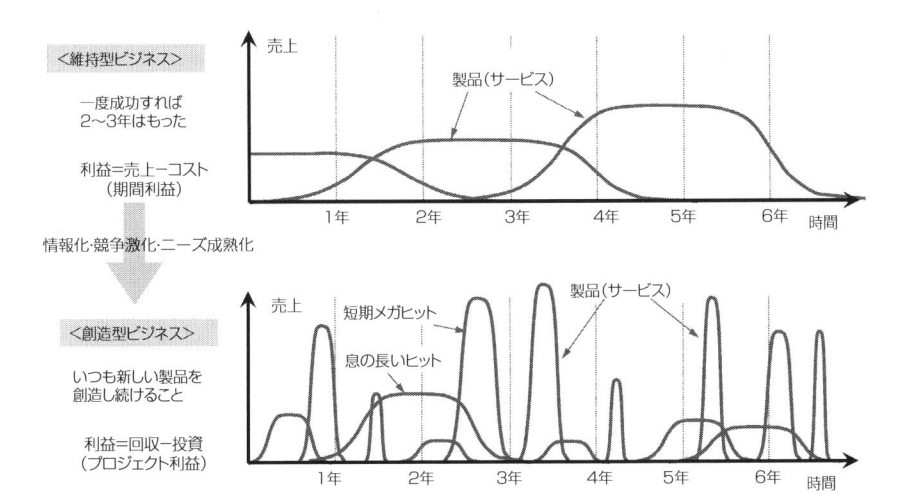

2 ● リストラでなく企業がもっとやるべきこと

(1) 変化の早い時代に経営者がもっとしなければいけないこと
＝経営者の課題シェア

　このように変化の早い時代に経営者が行うべきことの質は上がり，量は増えている。「成り行き」で顧客の心をつかみ続けるのは不可能だ。革新的な「新しい収益源泉の開発」が何より必要だ。

　また，市場・環境のネットワーク化に伴い企業を取り巻くリスクも多様化・複雑化・さらに拡大してきている。このリスクへの対応が足りなかったり，少しでも遅れると，即敗退のきっかけになることも多い。また，革新的な「新しい収益源泉の開発」は未経験の新しいオペレーションを生みさらに新しいリスクを発生させるきっかけになる。

図 1-2-1 ● 変化の早い時代に経営者がもっとしなければいけないこと＝経営者の課題シェア

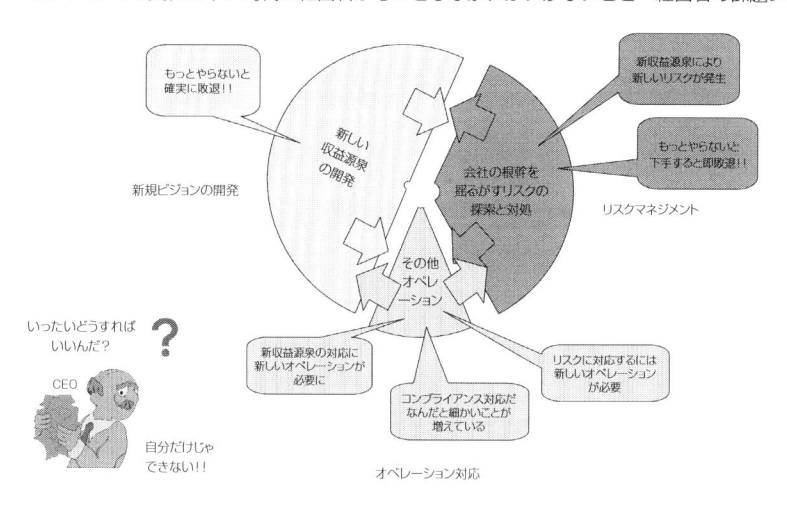

(2) 変化の早い時代に経営者がもっとしなければいけないこと（企業モデルの再編成）

攻めと守りとオペレーションをすべて経営者1人で他社よりも早く，把握，理解，意思決定するのは困難を極める。

日常業務についてはCOO以下，各オフィサーに任せるとしても，ある種の匿名任務である攻めと守りそれぞれの職務に対しては，CVO（チーフ・ビジョナリー・オフィサー：Chief Visionary Officer）やCRO（チーフ・リスク・オフィサー：Chief Risk Officer）を設置することが必要となってくる。社長(CEO)の仕事は彼らに職務を任せ，適切なマネジメントを行うことである。

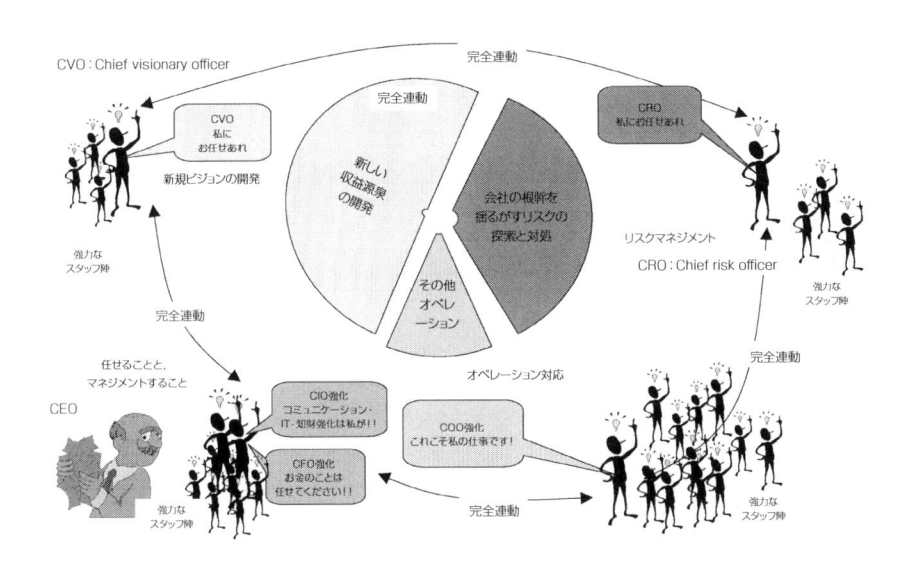

図 1-2-2●もっとやるべきことを強化する企業モデル

CVOおよびCROはWikipedia英語版（http://en.wikipedia.org）を参照

(3) 何をするにも組織単体ではできない!!

　スピードと品質の両立のためには機動的なコラボレーションが必要になる。例えば,「新しい収益源泉の開発」を行う場合には,現在・将来のオペレーションの状況,財務の状況,リスクの状況などの把握と設計が必要になり,CVOとそのスタッフだけでは必ずしも十分な検討ができない。その場合も,CVOチームを中心に各オフィサーとそのスタッフたちによる合同プロジェクトを行うことになる。「新しい収益源泉の開発」「会社の根幹を揺るがすリスクの探索と対処」など,もっとやらなければならないことの推進には,組織間のコラボレーションがより多く必要になる。

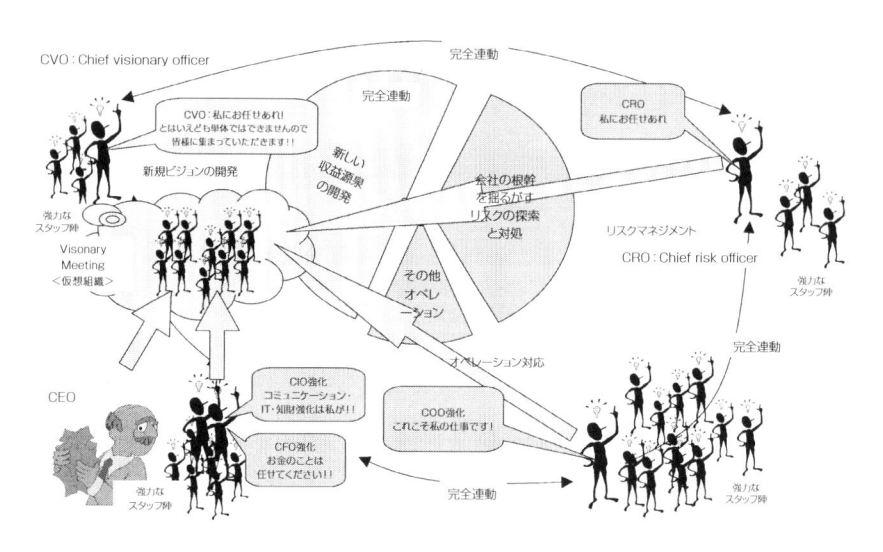

図 1-2-3 ●機動的なコラボレーション

(4) リストラでなく企業がもっとやるべきことは何か？

　限られた経営資源の中で，ベストを尽くさないと企業が勝ち残ることが難しいのは異論がないだろう。そして何よりも貴重な経営資源とは人材であり，時間である。人こそ宝，時は金なり，である。人的資源以外に，新しい創造やリスクヘッジへの対応ができる資源などありえない。

　これまでは新たな収益源の開発は研究開発部門であったり，特別任務プロジェクトにお任せ，重大なリスクの管理については総務や法務といった管理部門にお任せ，そしてほとんどの日常業務は，（工場の中を除けば）きわめて非効率なホワイトカラーオペレーション（事務処理）となっているケースが多い。

　一方，これからもっと力を入れるべきは新たな収益源開発と重大リスクのコントロールとなる。

図 1-2-4 ●リストラでなく企業がもっとやるべきこと

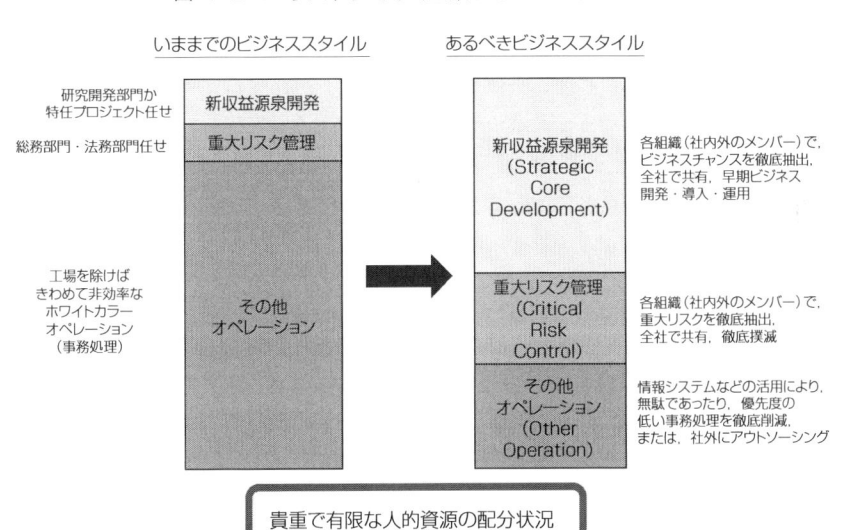

	いままでのビジネススタイル	あるべきビジネススタイル	
研究開発部門か特任プロジェクト任せ	新収益源泉開発	新収益源泉開発 (Strategic Core Development)	各組織（社内外のメンバー）で，ビジネスチャンスを徹底抽出，全社で共有，早期ビジネス開発・導入・運用
総務部門・法務部門任せ	重大リスク管理	重大リスク管理 (Critical Risk Control)	各組織（社内外のメンバー）で，重大リスクを徹底抽出，全社で共有，徹底撲滅
工場を除けばきわめて非効率なホワイトカラーオペレーション（事務処理）	その他オペレーション	その他オペレーション (Other Operation)	情報システムなどの活用により，無駄であったり，優先度の低い事務処理を徹底削減，または，社外にアウトソーシング

貴重で有限な人的資源の配分状況

3 ● 最適な経営資源の配分

(1) 企業価値を高めるために

　先にも述べたとおり，この経験したことがないスピードで変化し続ける時代において，企業価値を高め成長し続けていくことは並大抵のことではない。先を予見し，現状と未来を照らし合わせ，進むべき道筋を自ら決定し歩み出さなければならない。そのための指針として，企業活動における成功のキーファクターを大きく「最大化」「最適化」「最小化」の3つに分類している。

　まず「最大化」すべきものとして，無形資産がある。アメリカの象徴ともいえる巨大な自動車企業が衰退する一方で，グーグルに代表される新興企業が，わずか10年足らずで世界を席巻することが可能となった要因の1つに，経営資源を技術革新，ブランド創造に投入し，グローバル展開にうまくスピード活用したことが挙げられる。巨象を蟻が喰う時代,「規模の時代」から「生産性，効率性」の時代に突入した。

　無形資産の中にはブランド価値の最大化が含まれる。自社のビジネスをデザインし，顧客との接点の強さを高めなければ成長は期待できない。ブランドマネジメントの分野に関しても世界の企業に対して日本の企業が総じて立ち遅れていることは否めない。機能や性能がいくら優れていてもそれだけでは市場には「響かない」のが現状である。人的スキルについても，それぞれが成長し活躍する「場」の設定を最大化することが重要となっている。これからの時代を勝ち抜くためには，決まり切った技能や知識だけでは対応できない。臨機応変に状況判断をし，常に考え抜き，素早くアクションを起こせる人的スキルが必要となる。そのためにも社員個々の特長を生かし，さまざまな「場」を与え個々の能力を伸ばすことが企業にとって重要な課題となっている。顧客資産については，特に「既存」顧客資産の有効活用がこうした変化の激しい時代には有効である。新しい顧客の開拓にはリスクとコストが伴う。すでに築いてきた

過去の顧客資産を再認識することが重要である。顧客と理解し合える関係を築き，コミュニケーションを密にとりながら，ともに価値を創造するような関係がこれからは必要となるであろう。

「最適化」すべきものとして，経営資源（人・モノ・カネ・情報・時間）がある。先にも述べたように経営資源の有効活用は非常に重要なので，次の項で詳しく述べることにする。

価値連鎖はバリューチェーンといわれ，昔とは異なり現在では1つの製品・サービスが顧客に渡るまでに，さまざまな企業が関わることからますますその最適管理の重要性が増している。昨今ではグローバル化と情報ネットワークの増大により，製品問題を起点としたブランド喪失リスクがさらに増大しており，製品レベルのみならず，原料レベルまでトレーサビリティ管理することが求められている。

「最小化」については，英語でいうところの「リダクション」から「コントロール」の時代へ突入したといえるだろう。コストも，リスクも一律に減らすことだけには限界が来ている。例えばコスト削減を無理やりに進めることにより，思わぬ「リバウンド」にあう。極限最小化するが，必要に応じ選択的に確保するという，コントロールの姿勢が重要となる。

図 1-3-1 ●企業活動における成功のキーファクター

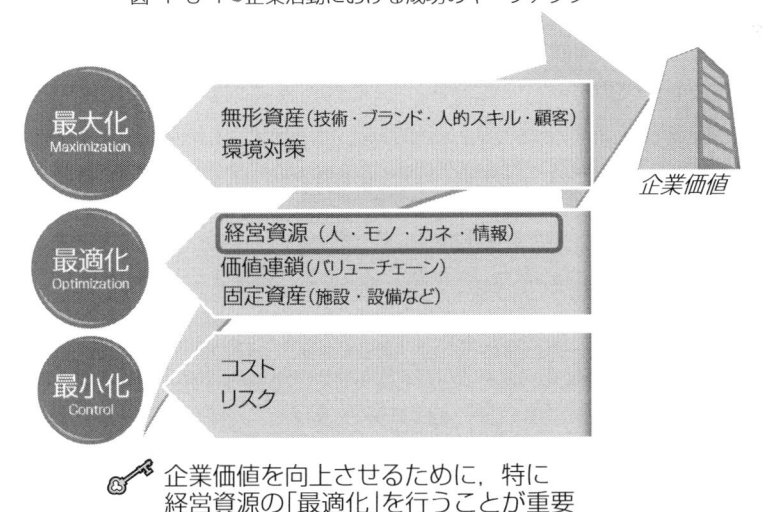

最大化 Maximization：無形資産（技術・ブランド・人的スキル・顧客）、環境対策

最適化 Optimization：経営資源（人・モノ・カネ・情報）、価値連鎖（バリューチェーン）、固定資産（施設・設備など）

最小化 Control：コスト、リスク

→ 企業価値

企業価値を向上させるために，特に経営資源の「最適化」を行うことが重要

(2) 経営資源の最適配分（企業の原動力）

企業が日々活動するためには，その源となる経営資源が必要となる。一昔前までは「人・モノ・カネ」の3つが主なものといわれていたが，時代背景の急激な変化を受け，さらに「情報・時間」が加わり5つを要素と考えるのが今では一般である。また最近では，「動機付け（モチベーション）」も重要性を増してきている。働きやすい職場環境，明るくやる気みなぎる雰囲気は社員を活性化させ，最終的には企業の成長のために，非常に重要な要素となってくる。

経営資源の最適配分のマネジメントを考える上で重要なことが2点ある。1点目は，経営資源の要素それぞれは皆重要でバランスをとる必要があるということ。もう1点は，経営資源は「有限」であるということである。

これらは最終的に「カネ」に戻ってくる必要があるが，ここの施策においてはどれかの差し引きになるケースが多いということである。人・モノ・時間を増やせばカネが減る，モノや情報をうまく使えばカネが増える，時間を費やせば情報が増えるというわけだ。

図 1-3-2 ●経営資源のバランス

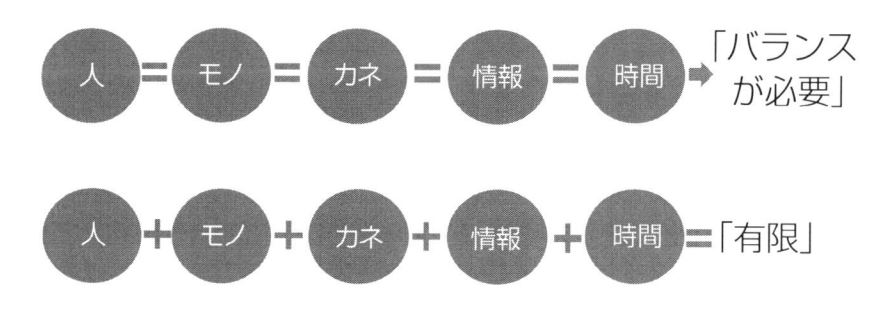

人 ＝ モノ ＝ カネ ＝ 情報 ＝ 時間 ➡ 「バランスが必要」

人 ＋ モノ ＋ カネ ＋ 情報 ＋ 時間 ＝ 「有限」

🔑 経営資源はそれぞれ同じくらい重要であり平等である。
経営資源は通常，限りあるものである。

(3) 経営資源（リソース）の最適配分（システム投資の例）

　ITを活用して業務を効率化するシステム投資の例では，システム開発により『費用が発生する』ことでカネが減る。システム利用により『業務が効率化されスピードが上がる』結果，時間が増える。『見えていなかった情報が顕在化される』結果，情報が増えることになる。カネが減ったが，時間と情報が増えたことになる。これらの増えたと情報をカネに戻さない限り，投資は失敗となるわけだ。

図 1-3-3●経営資源（リソース）の最適配分（システム投資の例）

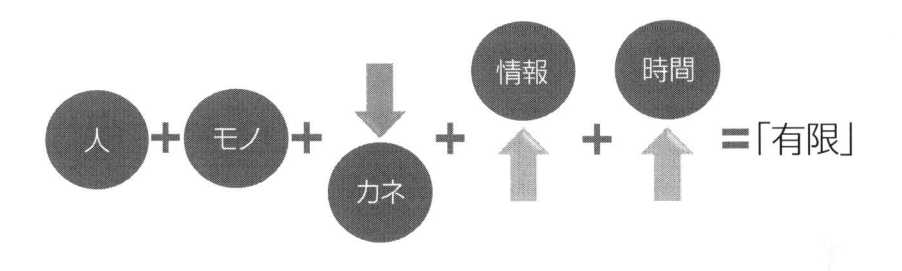

人 ＋ モノ ＋ カネ↓ ＋ 情報↑ ＋ 時間↑ ＝「有限」

例：システム投資
1. システム開発により『費用が発生する』
2. システム利用により
　『業務が効率化されスピードが上がる』
　『見えていなかった情報が顕在化される』
3. UPした時間と情報を利用し新たなチャレンジをする必要がある

(4) 経営資源（リソース）の最適配分（コスト削減の例）

　コスト削減にしろ，売上向上にしろ，目に見える形の効果を出すためには，システムや設備任せでの実現は難しい。ここにわかりやすい事例を示す。従業員のうち8名が伝票計算に従事し，8時間一貫して伝票計算業務のみを行っているとする。その従業員に20万円の月給を払っているとしよう。社長は「確かに一生懸命やってくれているがどうにかコストを落とせないものか」と悩んでいた。そこに電卓を販売する会社の営業が現れ，以下のようなやり取りがされたとする。

　社長「うちの事務は無駄なコストがかかってはいないだろうか……」

　営業「伝票を手計算されているのですか？　この電卓を購入いただければ，作業時間が大幅に短縮でき，効率化が行え，コスト削減につながりますよ」

　社長「いったいどれくらいの効果が期待できるんだね？」

　営業「手作業で8時間かかっている作業が1時間で済みますよ」

　社長「それはいい！　いったいいくらなんだね？」

　営業「1台1,000円になります」

　社長「効果が期待できそうだ！　購入しよう」

　ところで，この段階で，本当にコスト削減が実現できたのだろうか？　実際は，電卓を購入した時点ではキャッシュフローが傷んでいるだけである。つまり，本当にコスト削減を実施するには以下の施策が必要となる。

・8人の事務員の浮いた7時間の給与を一律カットする

・8人の作業を1名に集約し，7人をリストラする

　コスト削減というのは，上記施策のように大変厳しい経営判断が必要となる。そこで重要となることは，そもそも効率化を行って何がしたいのか？　浮いた経営資源（ここでは時間）をどう使うのか？　ということである。実際のビジネスの現場では，「効率化」と「コスト削減」を混同しているケースをよくみかける。「効果＝カネ」として判断している結果，カネという効果のみで，投資が成功だ・失敗だという水かけ論になっていることがある。「効果とは何か」を明確にしておくことが重要となる。このケースでは社長は一貫してその効果を「カネ」で求めているのに対し，営業は「時間」での効果つまり効率化を効

果としている。この食い違いがのちのち大きな問題となる可能性が高い。実際のコスト削減には上記のように人件費を削ったり人員を整理したりと経営判断が入る必要があり，投資をすれば成果が出るという甘い世界ではない。自ら何を実現したいのか？　浮いた経営資源をどうしたいのか？　を考えることによって真の成果が期待できるのである。

本田技研創業者である本田宗一郎はかつて，工場現場においてビールケースに乗り，メガホン片手に従業員に向かってこう言ったそうである。

「1円のコスト削減を行う努力よりも1分でも早く業務を行うことを考えてください」

実に興味深いエピソードである。無意識のうちに経営資源を重視しており，こうした企業が古今東西問わずいかなる時代にも勝ち抜き，成長し続けていくことは歴史が物語っている。

現状を定量的かつ定性的に可視化し，共通認識のもとで改善改革を進めなければ真の目的実現は厳しくなる。

(5) 経営資源マネジメント

「マネジメント」という言葉はよく耳にする人も多いだろう。しかし，その真意を問われると途端にあやふやになりがちな言葉である。もちろん定義はさまざまだが，経営資源マネジメントの観点から述べると以下のようになる。

「有限である経営資源と内外環境を的確に踏まえ，迅速かつ臨機応変に活用し続けること」

これをできる人が「マネジメント」ができる人であり，こういった活動を継続的に行える企業は強い。

経営資源マネジメントはこれからの時代を生き抜く上で必須ともいえるスキルである。外部環境や他人に言い訳を求めるのではなく，置かれた環境下で与えられた有限な経営資源をどう活用していくかを考え続けることが求められる。逆にいえば経営資源マネジメントが柔軟かつ迅速にできる企業は流れに乗って急速に成長を遂げることになるであろう。これまでは，業界一律でその景気に各企業の業績トレンドが左右されてきたが，これからはますます企業個別に勝ち負けがはっきりする時代になってくる。すでにその兆候があらゆる業界で起

こっている。

　このような時代背景において ABC/ABM は経営資源の中でも最も重要な要素である人・時間・カネの最小単位である「活動」の数値化・可視化を通して，その最適配分を推進する上で唯一の手法であるといえよう。

図 1-3-4 ●マネジメントとは

有限　経営資源　迅速　内外環境
臨機応変 フレキシブル　再配置 リプレイス　活用

🗝 マネジメントとは
有限な経営資源を，迅速かつフレキシブルにリプレイスし活用し続けながら，内外環境に働きかけ増強すること

4● キャリア構築／評価報償制度へのABC/ABMの活用

(1) 変化の早い時代に社員のためにもっとやるべきこと

　変化の早い時代の企業組織においては，人的資源が最も貴重かつ有限な資源であり，競争力の源泉であるということは前述した。それでは社員を含む人的資源をいかに動機付ければよいだろうか？　まずは何より企業の競争力源泉を明確化し，企業成長の目標を明確化することで企業の向かう方向を示すことだ。そして社員ライフの将来を明確化し，社員に期待する責任を明確化することで企業成長と社員ライフを連動させる。その中で社員のキャリアパターンを構築し，社員自身にキャリアを考えさせ自らプランを作成させる。次にプランに沿って技能（スキル）をつける環境を整備し，よい経験を積めるお膳立てを行うことが必要となる。その中にはいわゆる就労環境の整備も含まれる。こういった取組みによって，社員は明確かつ自発的な目標を抱くことができ，それに向かっての努力を行うようになると考えられる。

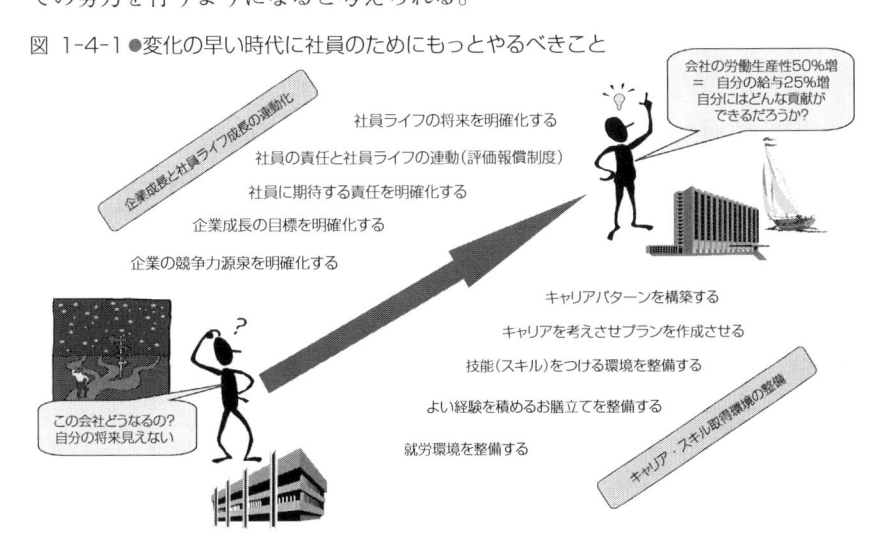

図 1-4-1 ●変化の早い時代に社員のためにもっとやるべきこと

(2) 維持型経営と創造型経営

　顧客から自社生き残りに関わる情報を聞き出し，事業全体に反映させることが求められている。マーケットの動向と消費者のニーズがめまぐるしく変わるこの時代は，1回だけでなく何度も定期的に聞き出すことが必要である。商流に関わる事務処理をインターネットやコールセンターでこなせるようにし，営業担当の次の仕事は，顧客から生の経営情報を引き出して，データベースに蓄積して経営に役立てることといえよう。顧客の話を聞き，理解し，親身，かつ適切に，全社全員の課題として対応することだ。

　顧客のニーズを十分に引き出したら，その場でできる限り対応するのはもとより，個別ニーズを「継続的に効果を発揮する企業の強み」に転換する活動を創造的活動という。顧客が「XXをすぐ知りたい」と言ったら，「いちいち営業を呼び出さなくてもいつでも知れる仕組みを構築する」ことが，創造的活動といえよう。製品に新しい機能を加え，製品価値を向上させるのも創造的活動だ。これらの創造的活動に貴重な人的資源をいかに集中できるかが，企業競争力の鍵となるのだ。

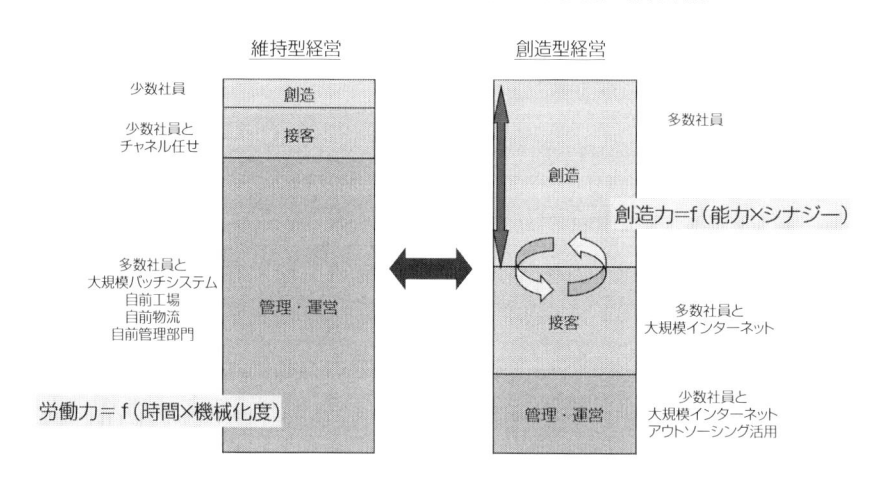

図 1-4-2 ●維持型経営と創造型経営の人的資源の配分状況

維持型経営
- 少数社員：創造
- 少数社員とチャネル任せ：接客
- 多数社員と大規模バッチシステム，自前工場，自前物流，自前管理部門：管理・運営

労働力＝f（時間×機械化度）

創造型経営
- 多数社員：創造
- 多数社員と大規模インターネット：接客
- 少数社員と大規模インターネット，アウトソーシング活用：管理・運営

創造力＝f（能力×シナジー）

(3) マネジメントモデルと評価

　組織マネジメントのあり方も変わってくる。これまでの右肩上がりのビジネス環境において，いわゆるピラミッド型の上意下達モデルがうまく機能していた。より高い業績を達成するには，いままでどおり間違えのない業務を推進することが重要であり，上位の職位にある者が間違えのない命令を下しその遂行を徹底管理することが必要であった。当然に社員の評価については上司が（その知識や経験の差を理由として）部下の能力につき評価できることは当然であった。

　しかしながらこれからは，変化の激しい市場，顧客，競合に対し，より迅速，柔軟な対応が必要となるため，ネットワーク型，あるいはコラボレーション型の組織モデルが求められてくるであろう。ここでは皆の能力を尊重，活用し，シナジーを起こさせることが高い業績を達成するために必要となってくる。この場合，各人がある種の専門家的な存在になる。つまり，部下のほうが上司より詳しい分野も発生することが望まれるのである。結果，必ずしも上司が部下の能力につき十分に評価できない矛盾が発生する。

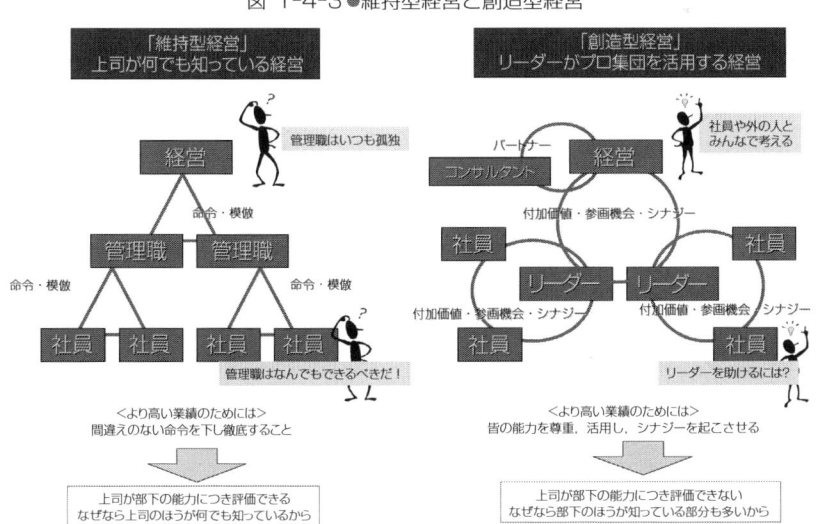

図 1-4-3 ●維持型経営と創造型経営

(4) 誰のためにがんばるか？ ＝ 誰が給料を決めるのか？

　ビジネスのあり方の変化に伴い，評価制度も変化する。それではいったい誰が評価者となるのだろうか？　もちろん，最終的には社内で決定するにせよ，何をもとに業績や組織への貢献度を測定すべきであろうか？

　従来の評価制度では評価者が上司であったために，社員は経営資源である自分の労働時間を顧客や自分自身のための活動のほかに，上司のための活動に使っていたと考えられる。しかしながら市場あるいは顧客が直接評価するような制度に移行できれば，社員は可能な限り多くの時間を顧客へ時間を振り分け，また顧客へ価値提供を行う自分自身の価値を高めるため，自己投資の時間をもつ，強い動機付けとなるだろう。顧客向けの時間を増やすことは前述したような「創造型経営」の実現とリンクする。本質的な意味において給与を決めるのは上司ではなく，市場であり顧客なのだ。

　そのためには，上司が総合判定するような，あいまいな評価から，目標値や評価ルールが顧客行動や業績と連動している明確な評価制度になっているかどうか，点検，改善が必要となる。

図 1-4-4 ●誰のためにがんばるか？ ＝ 誰が給料を決めるのか？

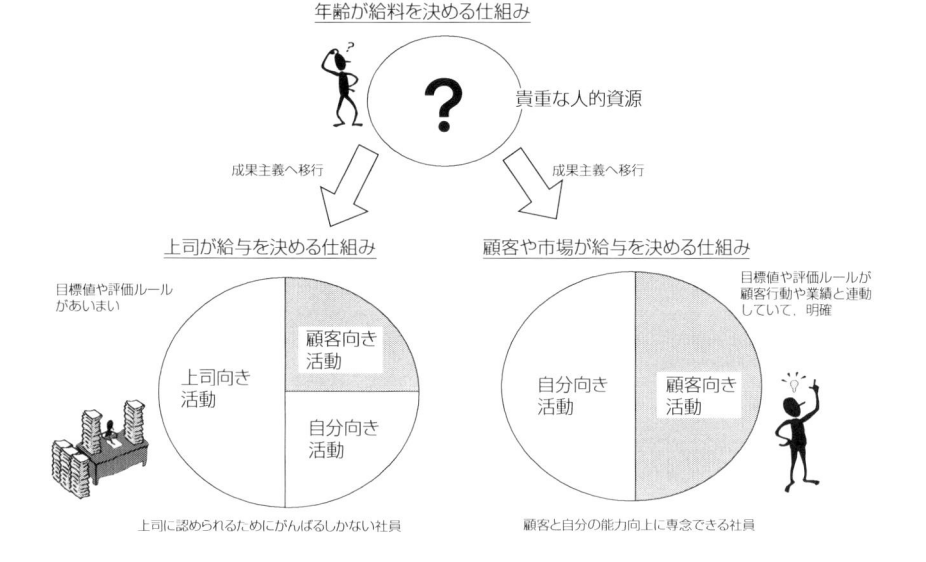

(5) 人材の調達と育成，旧ビジネス環境と新ビジネス環境

　社内にとどまらず，外部とのコラボレーションによって人材の能力を高める，という方法が考えられる。図表は旧ビジネス環境（ここでは「維持的環境」と表現している）と新ビジネス環境（同じく「開拓的環境」と表現）における時間の使い方の比較のイメージである。

　旧ビジネス環境では会社内，自分の身の回りの部署のことに目を向けてさえいればそれで事が足り，部長クラスになって初めて全社ミッションとの接点を持ち，役員クラスになって初めて外部との接点を持つようなケースが多いのではないか？　急速に変化する市場環境において，これからはキャリアの早い段階で全社的な視点，あるいは，社外やグローバルな接点を持ち，より広い視野で切磋琢磨する人材育成環境を構築することが望ましい。結果としてより高い視座からの柔軟な考えを持ち，タフな精神力を持った人材の育成がより可能になる。このことは例えば，昨今のベンチャー企業出身の経営者，若手ビジネスパーソンを見ても納得できるのではないだろうか？　彼らの組織が巨大でないことの結果，早くから評価者は市場であり顧客であることが叩き込まれている。結果的に早くから市場に連動した全社的視点を持った人材が早期に育成されることとなる。

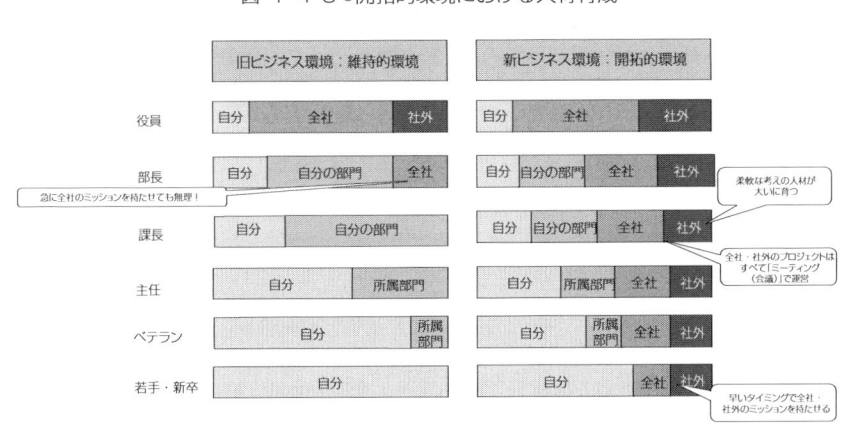

図 1-4-5 ●開拓的環境における人材育成

第 2 章

ABC/ABM とは？

1●ABC とは？

(1) Activity Based Costing（活動基準原価計算）とは？

「ABC」とは Activity Based Costing の略で，一般的に活動基準原価計算と翻訳されている。ABC とは「ビジネスをアクティビティ（活動）単位に細かく分解・分類し，アクティビティ（活動）単位のコストを算出すること」である。

「ビジネス」とは企業や組織における，業務であり，仕事のことである。

ビジネスの範囲は個人の単位でも，組織の単位でも，企業全体でも，さらにはサプライチェーン全体や業界を跨ったビジネスでも，またそれらの一部分でもよい。ABC はビジネスをアクティビティ（活動）単位に細かく分類することにより，分析のスコープや規模は自由に設定できる。

またアクティビティ＝活動，だからといって，人間の活動に限定する必要はない。設備やコンピュータが自動的に遂行している一連の業務や仕事も活動の集まりと考えてまったく問題ない。

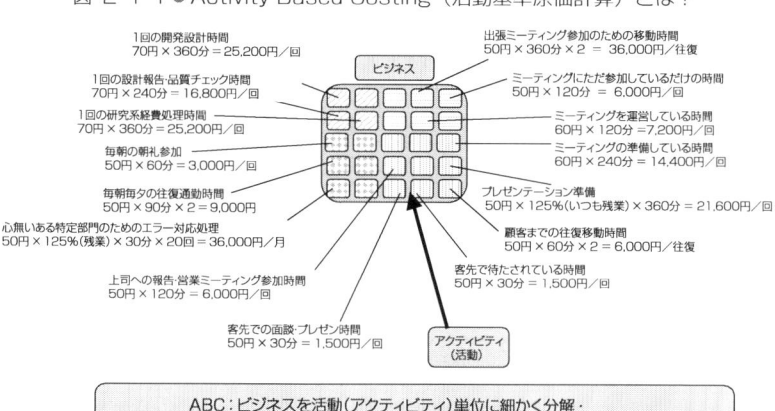

図 2-1-1 ● Activity Based Costing（活動基準原価計算）とは？

1回の開発設計時間
70円×360分＝25,200円／回

1回の設計報告・品質チェック時間
70円×240分＝16,800円／回

1回の研究系経費処理時間
70円×360分＝25,200円／回

毎朝の朝礼参加
50円×60分＝3,000円／回

毎朝毎夕の往復通勤時間
50円×90分×2＝9,000円

心無いある特定部門のためのエラー対応処理
50円×125%（残業）×30分×20回＝36,000円／月

上司への報告・営業ミーティング参加時間
50円×120分＝6,000円／回

客先での面談・プレゼン時間
50円×30分＝1,500円／回

出張ミーティング参加のための移動時間
50円×360分×2＝36,000円／往復

ミーティングにただ参加しているだけの時間
50円×120分＝6,000円／回

ミーティングを運営している時間
60円×120分＝7,200円／回

ミーティングの準備している時間
60円×240分＝14,400円／回

プレゼンテーション準備
50円×125%（いつも残業）×360分＝21,600円／回

顧客までの往復移動時間
50円×60分×2＝6,000円／往復

客先で待たされている時間
50円×30分＝1,500円／回

ビジネス
アクティビティ（活動）

ABC：ビジネスを活動（アクティビティ）単位に細かく分解・分類し活動単位のコストを算出すること

(2) ABCの例〜紙資料配布と電子メールのコスト比較

　ABCにより，今まで意識していなかった一連の作業のコストが明確になる。例えば，図2-1-2に示したABCモデルによると，紙資料の印刷，コピー，ホチキス…などの一連の仕事が人件費ベースでなんと800円もかかることがわかる。これは都内タクシーの初乗り料金とほぼ同等であり，紙に関わる活動にコストが想像以上にかかっているか初めてわかる。コピー代も馬鹿にならないが，人件費は桁違いの規模でもっとかかっていることになる。

　このABCのモデルには記載されていないが，紙ベースのファイリングモデルの場合，紙のファイルから紙を探し出す膨大なコストが追加的に発生することが考察できる。

　このように活動を細かく分類してコストを算出すると，いままで見えなかったさまざまなコストがわかるようになり，同時に具体的な対策案も明確になるわけだ。

図 2-1-2 ● ABCの例〜紙資料配布と電子メールのコスト比較

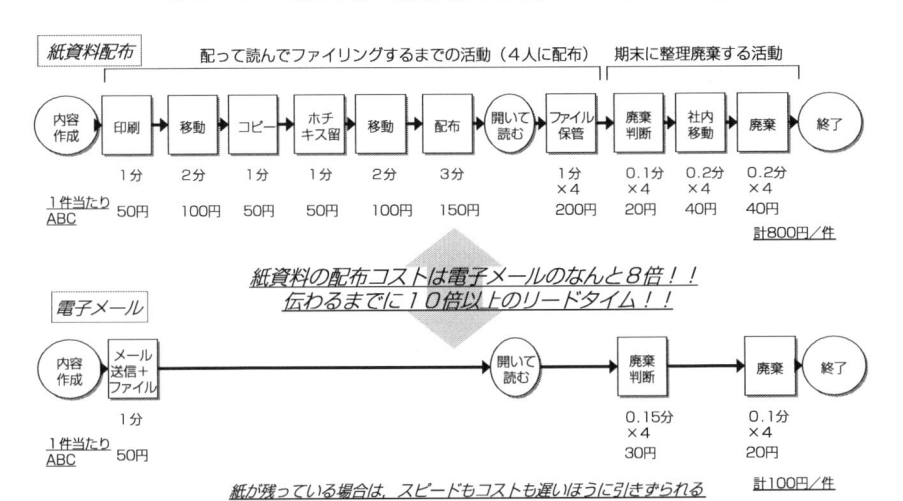

紙資料配布

配って読んでファイリングするまでの活動（4人に配布）／期末に整理廃棄する活動

内容作成 → 印刷 → 移動 → コピー → ホチキス留 → 移動 → 配布 → 開いて読む → ファイル保管 → 廃棄判断 → 社内移動 → 廃棄 → 終了

	印刷	移動	コピー	ホチキス留	移動	配布	開いて読む	ファイル保管	廃棄判断	社内移動	廃棄
時間	1分	2分	1分	1分	2分	3分	1分×4		0.1分×4	0.2分×4	0.2分×4
1件当たりABC	50円	100円	50円	50円	100円	150円	200円		20円	40円	40円

計800円／件

紙資料の配布コストは電子メールのなんと8倍！！
伝わるまでに10倍以上のリードタイム！！

電子メール

内容作成 → メール送信＋ファイル → 開いて読む → 廃棄判断 → 廃棄 → 終了

	メール送信＋ファイル	開いて読む	廃棄判断	廃棄
時間	1分		0.15分×4	0.1分×4
1件当たりABC	50円		30円	20円

計100円／件

紙が残っている場合は，スピードもコストも遅いほうに引きずられる

(3) 活動分類の単位

　活動を分解する単位を，大まかにすればするほど，活動の内容がわからなくなるし，細かくすればするほど，情報収集や分析に手間がかかることになる。ABCを実施する際の活動の細かさは，その目的とプロジェクト規模に応じて決める必要がある。
　例えば下記のようにA，B，Cになるに従い，活動の詳細度に対する要求はアップする。

- A）　正確な管理会計・原価管理の目的：活動の回数を測定できる最小単位
- B）　業務改善施策の立案などに用いる場合：アクティビティ分析を実施する最小単位
- C）　システム導入効果試算などに用いる場合：用いるメディア(紙，PC，電話)が違う場合は活動を分ける

　例えば，一般的な営業業務の場合，上記Aのレベルで活動を20～50種類。Bのレベルで200～500種類。Cのレベルではさらに多くの種類になる。最近の表計算ソフトであれば万の単位で情報処理ができるので，技術的には細かく分類しても憺うことはないが，Cのレベルの詳細な分析は，AやBのレベルの分析をしたのちに，必要に応じ実施したほうが無駄な詳細調査・分析を省くことができる場合もある。

図 2-1-3 ●活動分類の単位

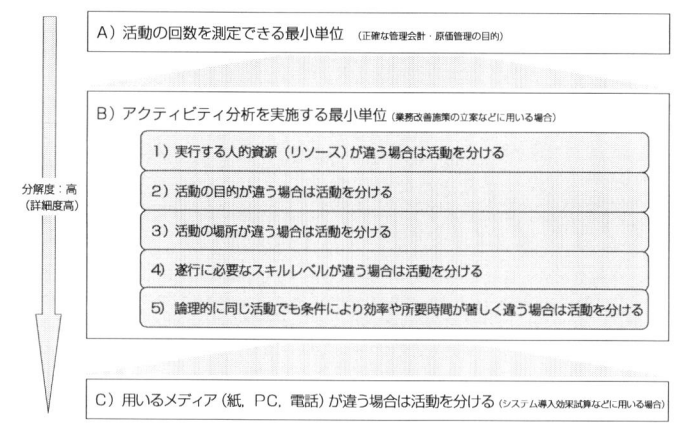

分解度：高
(詳細度高)

A) 活動の回数を測定できる最小単位 (正確な管理会計・原価管理の目的)

B) アクティビティ分析を実施する最小単位 (業務改善施策の立案などに用いる場合)
1) 実行する人的資源（リソース）が違う場合は活動を分ける
2) 活動の目的が違う場合は活動を分ける
3) 活動の場所が違う場合は活動を分ける
4) 遂行に必要なスキルレベルが違う場合は活動を分ける
5) 論理的に同じ活動でも条件により効率や所要時間が著しく違う場合は活動を分ける

C) 用いるメディア(紙，PC，電話)が違う場合は活動を分ける (システム導入効果試算などに用いる場合)

(4) アクティビティモデルを作成する前に，対象業務の上流と下流，役割分担を明確化する

活動の分類をする際，企業全体または産業全体のモデルを作っておいて，企業・組織・業務の範囲を明確にしてから活動分類すると，より広い範囲での追加分析ニーズに対し，スムーズに対応できる上，他社や他部門との比較分析が可能になり，企業間・組織間・業務間の活動の抜け落ちなく，活動の分類設計が可能となる。

図2-1-4は建設業界全体をカバーする役割のフロー図の例である。このように，活動分類する前にフロー形式で全体像を作成し，さらにブレークダウンしていく手法で活動の分類をすると，抜け落ちなくレベル的にも整理された活動分類が作成できる。

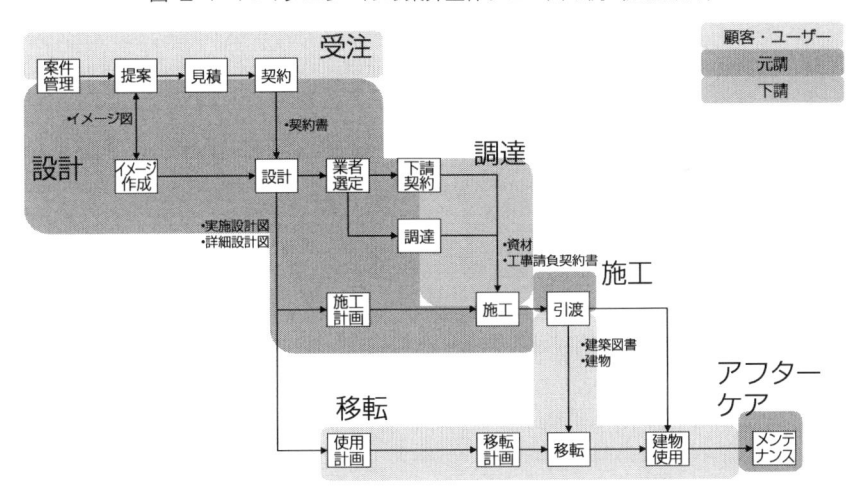

図 2-1-4 ●マクロレベルの業界全体フロー図の例（建設業界）

(5) ABC計算ロジック

　アクティビティ単位にコストを計算する方法はいろいろあるが，「ABC単価＝単価×時間」で計算できる。例えば，「顧客Aに対する販促企画書作成コスト3万円」は「営業上級職単価100円」「販促企画書作成時間300分」の積算にて算出できる。

　ちなみに，ここでは人件費のみを算出対象としているが，この「営業上級職単価100円」は，年間人件費がトータルで約1,000万円の社員の1分当たりの単価を示している。社員が1日8時間，220日程度稼働すると，年間で約10万分働いたことになる。年収500万円の若手社員であれば50円／分となる。時間給1,200円のパートであれば，20円／分である。上級職と若手社員で2倍，上級職とパートの間にはなんと5倍もの単価差である。

　年間のアクティビティコストは「アクティビティコスト＝ABC単価×年間発生回数＝単価×時間×年間発生回数」となる。つまり例によると，「顧客Aに対する販促企画書作成コスト3万円」を年4回，季節ごとに実施しているとすれば，年間の「顧客Aに対する販促企画書作成コスト」は12万円となる。

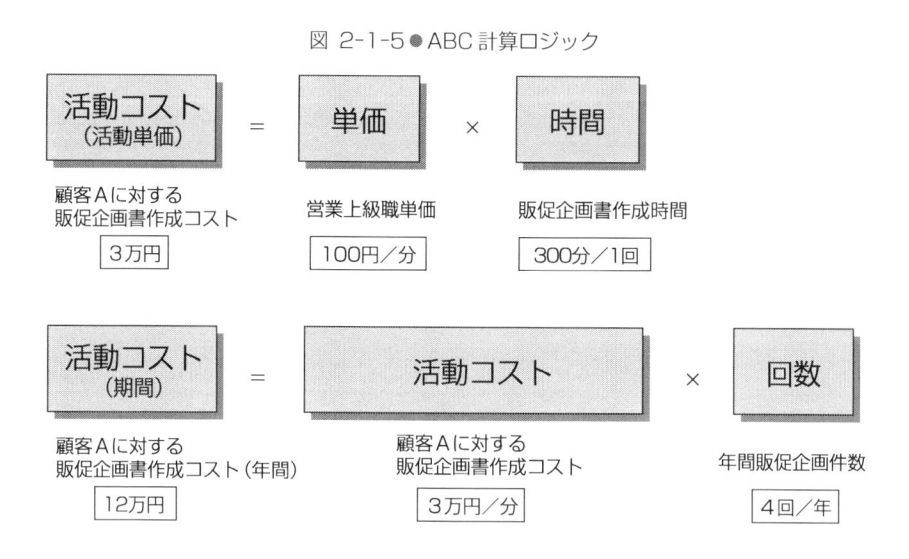

図 2-1-5 ● ABC計算ロジック

活動コスト（活動単価）	＝	単価	×	時間
顧客Aに対する販促企画書作成コスト		営業上級職単価		販促企画書作成時間
3万円		100円／分		300分／1回

活動コスト（期間）	＝	活動コスト	×	回数
顧客Aに対する販促企画書作成コスト（年間）		顧客Aに対する販促企画書作成コスト		年間販促企画件数
12万円		3万円／分		4回／年

(6) 活動コスト（ABC）分析ロジック

ここでの単価は「誰が実施しているのか？」，時間は「その効率性はどうか？」，そして回数は「アウトプットの量」を示している。

業務分析をする場合，時間のみで分析したり，回数をとらなかったりする場合があるが，これでは分析不能である。例えば，「会議が部門業務の50％を占めている」という結果がわかっても仕方がない。この程度の情報では「立って会議をすることで会議時間を短縮しよう！」や「無駄な会議をなくそう‼」などの定性的な打ち手くらいしか方策が考え付かないだろう。

「会議が部門業務の50％を占めていて，年間で600回行われている。1回当たりの会議時間が2時間かかっていて参加者が平均8名」という情報があって初めて，何でそんなにたくさんの回数・たくさんの人が集まって会議をしなければいけないのか？　なんで2時間もかかるのか？　などの生産性に関わる議論ができるのである。

つまり，活動コストを分析する場合，単価×時間×回数の3要素で分析することが最小限必要である。

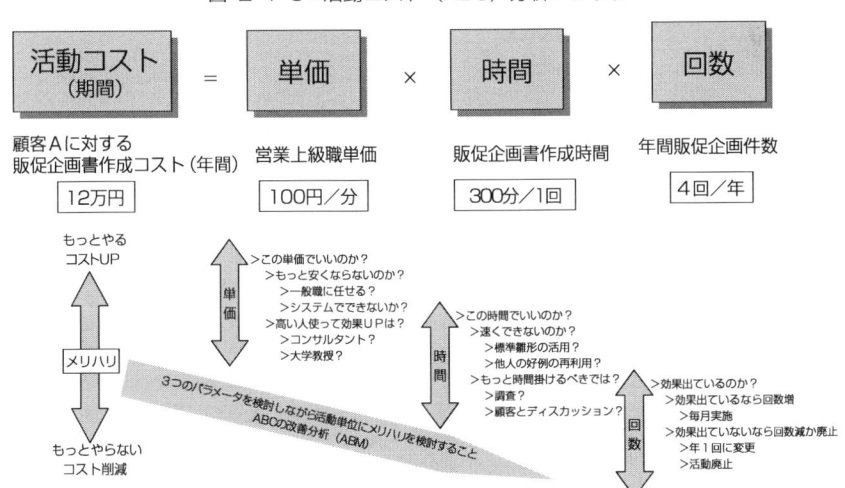

図 2-1-6 ● 活動コスト（ABC）分析ロジック

(7) ABC リスト

活動ごとの「アクティビティ（活動）コスト単価＝単価×時間」，「アクティビティ（活動）コスト（期間）＝単価×時間×回数」を表形式に整理したものを ABC リストと呼ぶ。

ABC リストではアクティビティ（活動）を大分類，中分類，小分類，細分類に分類している。同じ活動を違う単価の人的資源（リソース）が実施しているケースもあるので，ABC リストの行数はアクティビティの種類数×リソースの種類数となることが多い。

ABC リストでは活動ごとに分析を行うためにさまざまな切り口を準備している。活動の回数を計測する単位を「活動単位」と呼ぶ。また，この業務が誰のために実施されているのか「活動相手先」を設定する。また活動がどのような種類の作業なのか「活動タイプ」として分類する。活動ごとに顧客から見て付加価値がある活動（Value Added Activity ＝ VA）と付加価値のない活動（Non Value Added Activity ＝ NVA）のように付加価値性を分類している。誰が実施しているのか，人件費なのか設備費，経費なのかリソース分類している。先だって説明した単価，時間，回数，活動単位，年間活動時間，活動コストを積算している。

ABC リスト構築は２ステップで行う。

ステップ①　アクティビティモデル構築＝活動を整理し，大分類から細分類まで分類，活動単位，活動目的，活動タイプ，付加価値性などの分析の切り口を設定する。

ステップ②　コスト調査＝単価を計算，時間，回数を測定する。

ステップ①のアクティビティモデル構築は将来性も考え企業全体，産業全体のモデルから詳細化して作成するのが得策だが，ゼロから作ると，１〜３ヶ月くらいかかる場合もある。すでにアクティビティモデル構築経験のあるコンサルティング会社であれば，過去の事例から数日間でモデルを準備できるはずである。結果，時間と手間の無駄が削減できるだろう。

ステップ②のコスト調査のうち，特に，時間・回数調査が一番時間と手間のかかる作業だ。物流やコールセンター業務のように毎日繰り返し行う業務はストップウォッチとビデオの併用で，また営業や経理のような季節性のある非定型業務はインタビュー等により時間，回数情報を収集する。

　経験によると，物流センターや工場の場合は一般的に通常1ヶ所1〜3週間程度，営業や研究開発，経理等のホワイトカラー業務は調査対象者1人当たり1日から半日でABCリストを構築できる。

　システム的に収集できるデータのみで改善を探り出そうとしたり，時間アンケート調査（タイムスタディ）で収集したデータで活動分析しようとするケースが今まで多数見られるが，たいていの場合，失敗に終わっている。

　先にも述べたが，改善はある程度改善目的に合致した詳細度がないと分析できない。また，時間アンケート調査で収集したデータは，一般的に，正確性と客観性が欠けるため，最終的にマネジメントが結果を信頼してアクションを起こすベースになりえない危険性がある。

　筆者はさまざまな方法を試みたが，結局のところ，ホワイトカラーにおける活動コストの詳細調査にはインタビュー調査方式が最も現場に負担をかけず，正確にデータを収集する方法と考えている。ただし，最近はGPSセンサーや携帯通信，コールセンターなどの技術が進歩したのでこれらのITを活用して，より正確・客観的かつ継続的に活動データを取得することも可能となっている。

　また，個人別の生産性を比較評価するため，100人の組織で100人分に対しABCリストを作る場合もあるが，業務プロセスの改善や改革を志向している場合，10人から30人のサンプル調査を行い，100人の業務を拡大推計し，類推するケースが多い。

　一度作成したABCリストは年に1〜2回更新されることになる。アクティビティの内容や生産性の変更がない限り，回数のみ毎回収集すればよい。アクティビティリストや単価，時間は何らかの業務プロセスに改善や改革が実行され，活動や生産性が変動した場合のみ修正すればよいので，2回目からは手間がかからずABCリストを更新することが可能となる。

図 2-1-7 ● ABC リストの例（卸売業における営業活動 ABC リスト）

ID	大分類	中分類	小分類	細分類	活動単位	活動タイプ	活動相手先	付加価値タイプ	リソース	単価	時間	回数	活動単価	年間活動時間	ABCコスト	ABCコスト比率
1	販売管理	会議・打合せ	朝礼	朝礼参加	ета	会議・打合せ	社内	NVA	営業上級職	76.03	7.61	232	578	1,764	134,127	1.53%
2	受注	受注処理	注文確認	注文書	注文書	連絡（電話・FAX)	社外	NVA	営業上級職	76.03	1.03	1,618	78	1,660	126,221	1.44%
3	受注	受注処理	注文確認	注文受（在庫確認）	電話受注	連絡（電話・FAX)	社外	NVA	営業上級職	76.03	3.25	926	247	3,012	228,984	2.60%
4	受注	受注処理	注文登録	注文登録	注文書	PCシステム作	社内	NVA	営業上級職	76.03	1.68	1,618	128	2,724	207,141	2.36%
5	受注	受注処理	注文回答	注文書に回答記入	注文書	紙作業	社内	NVA	営業上級職	76.03	0.71	1,618	54	1,144	86,980	0.99%
6	受注	受注処理	注文回答	注文書返信	注文書	連絡（電話・FAX)	社外	NVA	営業上級職	76.03	0.74	1,619	56	1,197	90,996	1.03%
7	受注	欠品対応	商品手配	在庫管理システム	受注	PCシステム作	社内	NVA	営業上級職	76.03	0.51	1,157	39	593	45,123	0.51%
8	受注	欠品対応	商品手配	受注登録依頼書入	欠品	紙作業	社内	NVA	営業上級職	76.03	0.76	1,156	58	877	66,710	0.76%
9	受注	欠品対応	商品手配	受注登録依頼書入	欠品（紙）	連絡（電話・FAX)	社内	NVA	営業上級職	76.03	0.22	1,156	17	259	19,690	0.22%
10	受注	欠品対応	商品手配	受注登録依頼	欠品	連絡（電話・FAX)	社内	NVA	営業上級職	76.03	2.40	752	183	1,806	137,311	1.56%
11	受注	欠品対応	商品手配	過店客情報画面	欠品	連絡（電話・FAX)	社外	NVA	営業上級職	76.03	0.62	1,156	47	716	54,446	0.62%
12	受注	欠品対応	商品手配	商品探索	欠品（在）	連絡（電話・FAX)	社外	NVA	営業上級職	76.03	1.23	180	93	221	16,807	0.19%
13	受注	欠品対応	商品手配	対応協議	欠品（石見）	連絡（電話・FAX)	社外	NVA	営業上級職	76.03	5.66	173	431	980	74,534	0.85%
14	受注	受注確認	注文確認	注文登	受注	連絡（電話・FAX)	社外	NVA	営業上級職	76.03	0.94	926	72	874	66,464	0.76%
15	受注	得注手配	販下手配	ゴム印手配	受注（数）	PCシステム作	社内	NVA	営業上級職	76.03	10.22	141	777	1,445	109,859	1.25%
16	受注	得注手配	販下手配	印刷手配	受注（数）	連絡（電話・FAX)	社外	NVA	営業上級職	76.03	10.85	12	825	129	9,813	0.11%
17	受注	得注手配	販下手配	移動	打合せ	移動	社外	NVA	営業上級職	76.03	12.56	5	955	67	5,084	0.06%
18	受注	得注手配	手配書作	手配書記入	受注	紙作業	社内	NVA	営業上級職	76.03	2.70	926	205	2,501	190,188	2.16%
19	受注	得注手配	注文登録	注文登録	受注	PCシステム作	社内	NVA	営業上級職	76.03	1.04	925	79	963	73,216	0.83%
20	受注	得注手配	手配書作	手配書送信	受注	連絡（電話・FAX)	社外	NVA	営業上級職	76.03	1.00	925	76	923	70,163	0.80%
21	販売活動	商談前後作業	見積	在庫確認	見積	PCシステム作	社内	NVA	営業上級職	76.03	5.57	348	424	1,937	147,268	1.67%
22	販売活動	商談前後作業	見積	商談確定	見積	その他	社内	NVA	営業上級職	76.03	5.60	348	426	1,948	148,070	1.68%
23	販売活動	商談前後作業	見積	原価確定	見積	PCシステム作	社内	NVA	営業上級職	76.03	2.16	347	164	748	56,842	0.65%
24	販売活動	商談前後作業	見積	案件打合せ（加）	見積（加工）	連絡（電話・FAX)	社外	NVA	営業上級職	76.03	6.98	106	531	739	56,162	0.64%
25	販売活動	商談前後作業	見積	移動案件打合せ（加）	見積（加工）	連絡（電話・FAX)	社外	NVA	営業上級職	76.03	7.90	33	601	257	19,542	0.22%
26	販売活動	商談前後作業	見積	見積貸出	見積	その他	社内	NVA	営業上級職	76.03	1.13	348	86	392	29,771	0.34%
27	販売活動	商談前後作業	見積	上長に相談	見積（高速度）	連絡（電話・FAX)	社内	NVA	営業上級職	76.03	3.38	18	257	62	4,718	0.05%
28	販売活動	商談前後作業	見積	見積作成	見積	紙作業	社内	NVA	営業上級職	76.03	4.72	348	359	1,644	124,999	1.42%
29	販売活動	商談前後作業	見積	プリントアウト	見積送信	連絡（電話・FAX)	社外	NVA	営業上級職	76.03	0.72	313	55	226	17,208	0.20%
30	販売活動	商談前後作業	見積	見積書送信	見積送信	連絡（電話・FAX)	社外	NVA	営業上級職	76.03	1.03	313	78	323	24,561	0.28%
31	販売活動	商談前後作業	見積	見積書送信	見積送信	連絡（電話・FAX)	社外	NVA	営業上級職	76.03	0.83	35	63	29	2,209	0.03%
32	販売活動	商談前後作業	見積	送信確認	見積	連絡（電話・FAX)	社外	NVA	営業上級職	76.03	1.02	36	78	37	2,796	0.03%
33	販売活動	商談前後作業	訪問促進	サンプル手配	見積	PCシステム作	社内	NVA	営業上級職	76.03	0.52	365	39	188	14,277	0.16%
34	販売管理	日報	日報回覧受領	営業日報受領	営業日	その他	社内	NVA	営業上級職	76.03	0.26	232	20	60	4,557	0.05%
35	販売管理	日報	帳合確認	営業日報	営業日	その他	社内	NVA	営業上級職	76.03	3.49	232	266	809	61,520	0.70%
36	販売管理	日報	訪問訪問管理表	営業日	その他	社内	NVA	営業上級職	76.03	3.28	232	249	761	57,873	0.66%

(8) ABCリスト分析例（ABCコストの大きい順に分析）

　ABCリストができたら，調査は終了である。単価の高い順，時間のかかっている順，回数の多い順，コストのかかっている順に並べたり，各切り口で抽出したりして改善課題を探り出したり，活動コストを分析評価することになる。

　図2-1-8 卸売業の営業活動リストの事例では，ABCコストの大きい順に並び替えているが，トップ20の活動（10％の活動）で全体の50％のコストを占めていることがわかる。営業活動で一番コストがかかっているのはやはり「定期訪問のための移動」である。平均約17分で年間647回ということで，1日平均で3回以上移動していることになる。午前午後で2往復すると年間800回になるので，思いのほか移動（定期訪問）が少ないと見ることも可能だ。

　第2位は年間5回発生する自社の催事で1回当たり20時間，約3日間まるまるこの活動にかけている。この催事で売上・利益の多くを占めるのであれば効率的だし，そうでないなら効率化を考える必要がある。

　このようにコストの大きい順に並び替えて，1点1点チェックすることで，改善策が多数見えてくる可能性が大きい。また，コストの大きい活動は改善効果も大きい可能性がある。まずはABCコスト大きい順でのコストチェックが効率的な分析開始手段といえよう。

図 2-1-8 ● ABCリスト分析例（ABCコストの大きい順に分析）

ID	大分類	中分類	小分類	活動単位	活動タイプ	組合せ	活動相手先	付加価値タイプ	リソース	単価	時間	回数	活動単価	手間活動時間	ABCコスト	ABCコスト比率	ABCコスト比率累計
173	販売活動	移動	移動	定期訪問	移動		社外	NVA	営業上級職	76.03	16.86	647	1,282	10,905	829,100	9.43%	9.43%
100	販売活動	得意先訪問	営業実施	定期訪問	大規模1	販売支援	社外	VA	営業上級職	76.03	1,200.93	5	91,306	6,181	469,969	5.34%	14.77%
108	得意先訪問	販売応対	接客支援(販売)	定期訪問	販売支援		社外	VA	営業上級職	76.03	15.58	233	1,184	3,623	275,449	3.13%	17.90%
184	販売活動	得意先訪問	販売応対(運営)	定期訪問	小規模1	販売支援	社外	VA	営業上級職	76.03	255.59	13	19,433	3,206	243,729	2.77%	20.67%
3	受注	注文応対	注文受け	課題	注文受け	資料作成	社外	VA	営業上級職	76.03	3.25	926	247	3,012	228,984	2.60%	23.28%
97	販売活動	商談前後	議事録作成	定期訪問	商談	PCシステム作成	社外	VA	営業上級職	76.03	4.29	647	326	2,777	211,155	2.40%	25.68%
4	受注	注文登録	商談	定期訪問	注文登録		社外	NVA	営業上級職	76.03	1.68	1,618	128	2,724	207,141	2.36%	28.03%
105	受注	特注手配	商談	定期訪問	紙作業		社外	VA	営業上級職	76.03	10.96	231	833	2,531	192,422	2.19%	30.22%
18	販売活動	通常営業	手配書記入	定期訪問	商談		社外	NVA	営業上級職	76.03	2.70	926	205	2,501	190,188	2.16%	32.39%
106	販売活動	通常営業	注文登録	定期訪問	注文登録		社外	VA	営業上級職	76.03	10.55	231	802	2,441	185,610	2.11%	34.50%
107	販売活動	通常営業	パッケージへの商談	定期訪問	商談		社外	VA	営業上級職	76.03	10.45	232	795	2,427	184,499	2.10%	36.59%
21	販売活動	商談前後	見積	その他	商談		社外	VA	営業上級職	76.03	5.60	348	426	1,948	148,070	1.68%	38.28%
15	見積	在庫問合せ	見積	見積	連絡(電話)		社外	NVA	営業上級職	76.03	5.57	348	423	1,937	147,268	1.67%	39.95%
1	販売活動	商談前後	受注見積依頼	見積	連絡(電話)・FAX		社外	VA	営業上級職	76.03	2.40	752	183	1,806	137,311	1.56%	41.51%
10	販売活動	商談前後	朝礼参加	注文登録	週報(電話)・FAX		社外	NVA	営業上級職	76.03	7.61	232	578	1,764	134,127	1.53%	43.04%
2	販売活動	商談前後	見積書作成	見積	紙作業		社外	VA	営業上級職	76.03	1.03	1,618	78	1,307	134,127	1.44%	44.47%
9	販売活動	商談前後	前受金資料作成	注文登録	連絡(電話)・FAX		社外	VA	営業上級職	76.03	4.72	348	359	1,442	1,442	1.42%	45.89%
1	販売活動	商談前後	デザイン会議	会議	会議打合せ		社外	VA	営業上級職	76.03	2.45	647	186	1,197	90,996	1.37%	47.27%
12	販売活動	商談前後	在庫印鑑室	QMプランイ会議	QMプランイ		社外	VA	営業上級職	76.03	60.89	26	4,628	1,137	86,937	1.35%	48.62%
198	販売管理	会議・打合せ	営業・販売会議	欠品(在庫)	連絡(電話)・FAX		社外	NVA	営業上級職	76.03	10.22	141	777	1,445	109,859	1.25%	49.87%
22	受注	欠品対応	商品手配	課題	48014		社外	VA	営業上級職	76.03	48014	3	36,505	1,442	109,599	1.25%	51.11%
101	販売活動	商業巡業訪問	課題対応	定期訪問	商談		社外	VA	営業上級職	76.03	5.64	231	429	1,307	99,351	1.17%	52.24%
19	受注	特注手配	注文登録	注文登録			社外	NVA	営業上級職	76.03	5.35	232	407	1,243	94,534	1.12%	53.32%
6	受注	受注処理	注文回答	注文登録	連絡(電話)・FAX		社外	VA	営業上級職	76.03	0.74	1,619	56	1,197	90,996	1.13%	54.35%
5	受注	受注処理	注文受け	注文受け	紙作業		社外	VA	営業上級職	76.03	0.71	1,618	54	1,144	86,937	1.12%	55.34%
13	受注	欠品対応	商品手配	欠品(在庫)	連絡(電話)・FAX		社外	NVA	営業上級職	76.03	90.36	13	6,870	1,137	86,937	0.98%	56.32%
19	受注	特注手配	注文登録	欠品(在庫)	連絡(電話)・FAX		社外	NVA	営業上級職	76.03	5.66	173	431	980	0.85%	57.17%
20	受注	特注手配	商品手配	受注	紙作業		社外	VA	営業上級職	76.03	60.77					58.00%	
8	受注	欠品対応	商品手配	欠品(在庫)	紙作業		社外	NVA	営業上級職	76.03	225.57	4	17,150	838	63,676	0.80%	59.56%
14	受注	特注手配	商品手配	企画会議			社外	VA	営業上級職	76.03						0.32%	61.05%
52	計画	販売計画前後	手配作業訪問	企画QA企画	紙作業		社外	NVA	営業上級職	76.03						0.72%	61.77%
196	計画	販売計画訪問	特注計画作成	特注計画	紙作業		社外	NVA	営業上級職	76.03						0.72%	62.49%
45	アフター	修理対応	修理	修理	紙作業		社外	VA	営業上級職	76.03	1.79	464	136	832	63,257	0.72%	62.49%
193	販売管理	委員会打合せ	委員会調査	新規	その他		社外	NVA	営業上級職	76.03	60.22	14	4,578	821	62,403	0.71%	63.20%

→ 20%

→ 50%

年5回の大規模イベントで1回で20時間（約3日弱）費やしている

1日最低1回は定期訪問で往復している

TOP20活動（全活動の約10%）で50%のコストを発生させている

移動、販売、応援が多い

⑼ ABCリスト分析例（分類別分析例：営業上級職）

ABCリストを作成し，まず業務の内容を把握する場合，分類別に集計分析するのがよい。分析例のように，大分類，中分類，小分類等の各集計値の大きい順に並べながら何に大きなコストがかかっているか分析する。

この上級職は自身の総コストの52%を販売活動にかけており，商談に総コストの21%を費やしているが，本来の商談と思われる「商談」，「商品説明・訴求」，「情報収集」，「今後の話（提案）」はそれぞれ，４%，２%，２%，２%しかかけられておらず，総コストの10%しか実施できていない。筆者の過去の経験で，営業職の顧客対応時間（Customer Face Time）が営業職の総稼働時間の約10%を超えることは稀である。例に示す営業上級職のように顧客と話ができている時間が10%を超えている営業はまだましなほうであるが，やはり約10%しか顧客に対し正味の営業ができていないというのは経営から見ればショッキングな事実だ。

図 2-1-9●ABCリスト分析例（分類別分析例：営業上級職）

				データ	
大分類	中分類	小分類	細分類	合計 / ABCコスト	合計 / ABC
販売活動	通常営業商談	商談	バックヤードチェック	429,758	5%
			注文取り	428,649	5%
			商談	383,855	4%
			課題回答	190,505	2%
			商品説明・訴求	185,652	2%
			情報収集	137,116	2%
			今後の話（提案）	134,862	2%
		商談 集計		1,870,397	21%
	通常営業商談 集計			1,870,397	21%
	商談前後作業	訪問前準備	課題回答資料作成	211,155	2%
			資料準備	179,413	2%
			企画書作成	167,550	2%
			企画検討	67,412	1%
			商品選定	65,406	1%
			資料作成	55,977	1%
			売れ筋品リスト作成	21,607	0%
			アポ	19,564	0%
			連絡受理	18,996	0%
			欠品リスト作成	16,220	0%
			サンプル手配	14,277	0%
			売れ筋品リスト更新	11,484	0%
			記念品前年実績確認	10,509	0%
			送付手配	10,064	0%
			レター作成	5,538	0%
			送付指示	312	0%
		訪問前準備 集計		875,483	10%
		見積り	商品確定	148,070	2%
			在庫確認	147,268	2%
			見積書作成	124,999	1%
			原価確認	56,842	1%
			業者打合せ（加工費	56,162	1%
			見積算出	29,771	0%
			見積書送信	26,770	0%
			移動業者打合せ（加	19,542	0%
			プリントアウト	17,208	0%
			上長に相談	4,718	0%
			送信確認	2,796	0%
		見積 集計		634,144	7%
		訪問後作業		18,114	0%
	商談前後作業 集計			1,527,742	17%
	自社催事営業	催事実施		469,969	5%
		催事前準備		451,734	5%
		催事後作業		158,891	2%
	自社催事営業 集計			1,080,594	12%
	特注・記念品対応商談			66,866	1%
販売活動 集計				4,545,599	52%

通常商談が21%を占めるが，その半分はバックヤードチェックと注文取りで本来の商談は約10%

10%と準備に商談時間と同じくらいのコストをかけている

さらに見積書作成に7%のコストをかけている

⑽ ABCリスト分析例（活動タイプ別の分析例：営業上級職）

　実際の活動内容の傾向を把握するために、「活動タイプ」と呼ぶ活動の切り口を活動単位にセットすると、どのような活動をやっているのか、別の切り口で業務内容の傾向を把握できる。

　分析例によると、商談関係に確かに22％のコストをかけており、また催事販売応援に15％のコストをかけている。連絡（電話・FAX・メール）のコストが14％と意外に多いことがわかる。また伝票処理などの紙作業に10％のコストをかけていることもわかる。これらから、連絡・紙作業に関する業務に改善の余地を見出すことができる。また、15％のコストがかかっている催事販売応援をどこまでやるべきなのかも検討の余地があるだろう。

　このように活動タイプを各活動にセットし、コストの大きい順に見ていくことで、活動のタイプに応じ何をやっているのか？　と把握、分析できることがわかる。

図 2-1-10 ● ABCリスト分析例（活動タイプ別の分析例：営業上級職）

活動タイプ	小分類	合計 / ABCコスト	合計 / ABCコスト 比率
商談	商談	1,937,263	22%
商談 集計		1,937,263	22%
販売・応援	催事実施	469,989	5%
	催事前準備	367,520	4%
	販売応援	365,677	4%
	催事後作業	158,891	2%
販売・応援 集計		1,362,058	15%
連絡（電話・FAX・メール）	注文確認	421,669	5%
	商品手配	302,788	3%
	見積り	127,195	1%
	版下手配	119,672	1%
	注文回答	90,996	1%
	手配書作成	70,163	1%
	訪問前準備	38,872	0%
	訪問後作業	12,905	0%
	催事前準備	11,639	0%
	品質	11,330	0%
	日報	4,557	0%
	返品処理	1,733	0%
	修理状況確認	898	0%
連絡（電話・FAX・メール等）集計		1,214,417	14%
紙作業	手配書作成	190,188	2%
	伝票処理	130,834	1%
	見積り	124,999	1%
	○Mプラン策定	109,599	1%
	注文回答	86,980	1%
	商品手配	66,710	1%
	特販計画策定	63,676	1%
	返品処理	33,583	0%
	催事前準備	28,762	0%
	チャレンジシート作成	15,051	0%
	品質	10,781	0%
	顧店別販売計画策定	10,285	0%
紙作業 集計		871,448	10%

- 商談関係に22％の時間をかけている
- 催事販売応援で15％のコストをかけている
- 14％と連絡作業が意外に多い
- 紙作業も10％を占める

⑾ ABCリスト分析例（活動単位別の分析例：営業上級職）

「活動単位」とは，ABCリストにおける「回数」の単位のことを指す。その活動が何をもって1回と数えるのか，この「活動単位」によって定義されることになる。したがって，「活動単位」が同じであるということは，回数が同じ活動であるということになる。それは，回数の発生要因が同じ活動であることを意味する。

図2-1-11の例では，「定期訪問」という活動単位で集計されたABCコストが全体の39％もあることがわかる。つまり，全活動コストの39％が「定期訪問」の回数の増減によって影響されるということである。仮に定期訪問の回数が2倍になれば，ここに示されたABCコスト3,397,128円も2倍になる。また「定期訪問」の回数が半分になればABCコスト3,397,128円も同様に半分になるといえるわけだ。また，ABCコスト比率の値を上位から合計していくと，上位11種類の活動単位で全ABCコストの81％を占めることがわかる。これは，この11種類の活動単位（活動が発生する要因）の増減を定期的に測定評価しておけば，営業上級職の約81％のコスト増減を継続管理できることを意味する。また，これらの活動単位を増減させることにより，営業上級職のコストをコントロールすることが可能になる。

この活動単位別の分析が，活動コストを左右するドライバー（要因）単位で分析されることから一般的に活動ドライバー分析とも呼ばれることもある。

図 2-1-11 ● ABCリスト分析例（活動単位別の分析例：営業上級職）

活動単位	合計 / ABCコスト	合計 / ABCコスト比率
定期訪問	3,397,128	39%
大規模イベント	589,548	7%
見積り	521,227	6%
受注	519,703	6%
注文書	511,338	6%
小規模イベント	469,561	5%
修理	257,827	3%
企画（百貨店）	255,190	3%
電話受注	228,984	3%
会議	221,007	3%
欠品	185,969	2%
営業日	141,513	2%
欠品（緊急）	137,311	2%
週	134,127	2%
引き合い訪問	126,726	1%
棚卸	118,811	1%
○Mプラン策定	109,599	1%
欠品（在庫無）	91,341	1%
企画外商	86,580	1%
伝票処理	78,448	1%
加工	75,703	1%
特販計画策定	63,676	1%

（注記）定期訪問の回数に依存しているコストが総ABCコストの39％を占める

（注記）Top11種類の活動単位で総ABCコストの81％のコストを占める

2●ABMとは？

(1) ABM（Activity Based Management）とは？

「ABCを活用した経営改善の仕組み」を一般に「ABM」（Activity Based Management）と呼ばれている。本書では，ABMを「アクティビティ単位の個別分析を通し，組織として，注力すべき活動と，注力せざるべき活動を分類・定義することにより，競争力強化とコスト削減を両立させ，経営資源の最適活用を達成する経営手法」と定義した。

一連のABMの施策サイクルを図表に掲げる。日本の工場の中ではTQCやTQMとして品質改善，コスト改善目的で継続的に取り組まれてきたことも，工場の外で継続的に行われているケースは少ない。ABMは工場内外にかかわらず，人材（人件費）のパフォーマンス改善が必要な領域で継続的に取り組むことのできる方策である。

図2-2-1●ABM（Activity Based Management）とは？

> アクティビティ単位の個別分析を通し，組織として，注力すべき活動と，注力せざるべき活動を分類・定義することにより，競争力強化とコスト削減を両立させ，経営資源の最適活用を達成する経営手法。

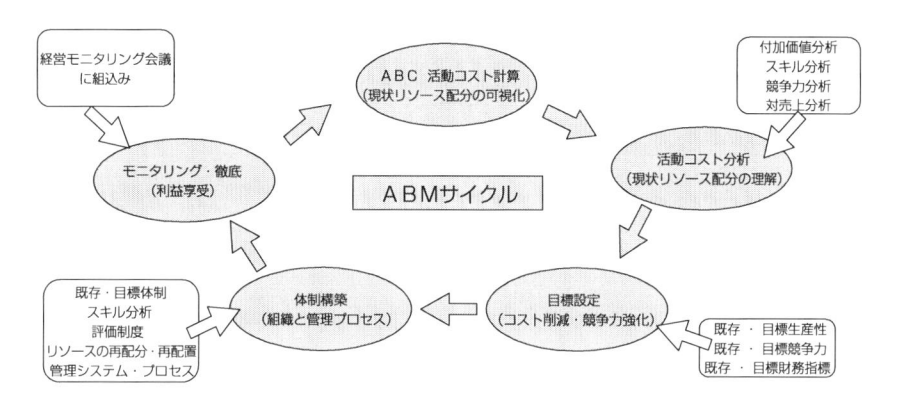

ABMサイクル：
- 経営モニタリング会議に組込み → モニタリング・徹底（利益享受）
- ABC 活動コスト計算（現状リソース配分の可視化）
- 活動コスト分析（現状リソース配分の理解）← 付加価値分析／スキル分析／競争力分析／対売上分析
- 目標設定（コスト削減・競争力強化）← 既存・目標生産性／既存・目標競争力／既存・目標財務指標
- 体制構築（組織と管理プロセス）← 既存・目標体制／スキル分析／評価制度／リソースの再配分・再配置／管理システム・プロセス

(2) ABMサイクルの例（目標設定）

　まずは，目標設定である。仮にABCの計算・活動コスト分析を行っていない企業でも，何らかの経営目標は持っているものだ。例えば，売上を2倍にしたい，だがコストはあまりかけずに，利益率も維持したいなど。そのような目標設定は大変結構なことだが，管理職も社員も，そのために何をどうすべきかわからない。経営側が社員たちにただハッパをかけるだけでは，実際には何も変わらず，経営目標は達成できない。

　ABCの計算と活動コスト分析が行われている場合は，どうすることができるだろうか？　まず，現状の活動の実態が客観的な数字で明らかになっている点が異なる。例えば，営業上級職には1分当たり76円の人件費がかかっていることが意識された上で，次のようなことがわかっているはずである。

① 注文確認・注文登録・商品手配・見積りなど，業界知識も業務専門性もそれほど必要とされない事務処理に約13％の活動コストがかかっている
② 本来の商談活動には約10％の活動コストしか費やされていない
③ 移動に約9％の活動コストがかかっている
④ 大規模イベント支援に約7％の活動コストがかかっている

　なんでもかんでもコスト削減すればよいわけではない。本来この会社が全力を尽くして注力すべき活動は何なのか，一方，割りきってよい活動は何なのか。それを峻別するための議論がABMの第一歩となる。

　これらの事実が判明したこの会社では，営業上級職（単価76円）が行うべき活動を図表のように定義することができた。また，そのための時間を創出するため，各上級職に対して営業支援職（単価38円）を採用しペアにしてつけるという新施策を考え，支援職にさせるべき活動を明確にして分業体制を作ろうとしている。このチームを作るためには営業にかかる人件費として新規採用する営業支援職の追加コストが発生するが，これまで営業上級職が行っていた活動のうち，事務処理と大規模イベント支援を営業支援職にシフトし，上級職が本来の商談活動に充てる時間を3倍にすることで売上機会を増やそうと目論んでいる。これならば，コストは増えるものの，商談活動に充てる時間を3倍にした結果，売上を2倍まで上げることが達成できれば，経営目標である「売上2倍」

「営業利益率維持」を両立することが不可能でないことが具体的になり、社員全員で共有できる。

　このような目標設定はそれ自体、実際にはチャレンジングではあるものの、達成のために必要なアクションと中間目標が何であるのか経営側も、管理職も、社員もすべてが理解できている。アクティビティ単位の実態を把握し、アクティビティ単位でどうするか方針を決めることにより、「社員が納得ずくで改革に挑む」という関門をクリアすることができるのである。

図 2-2-2 ● ABM サイクルの例（目標設定）

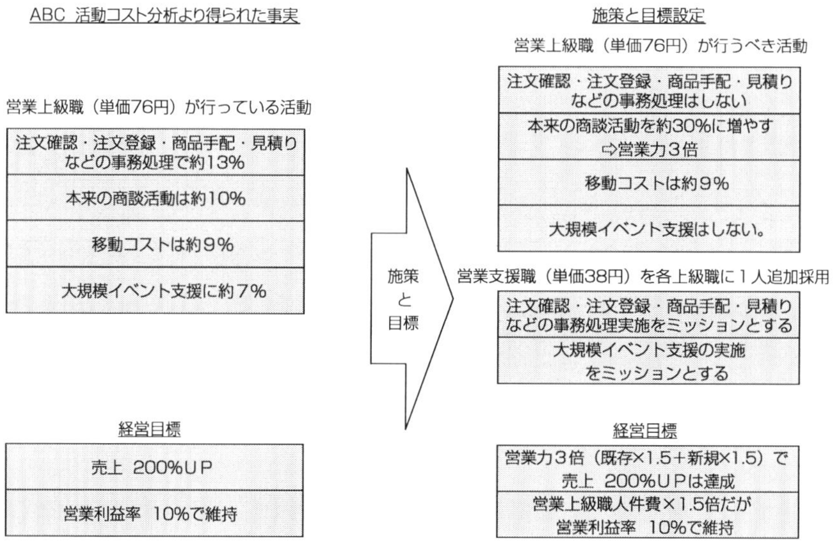

ABC 活動コスト分析より得られた事実

営業上級職（単価76円）が行っている活動

| 注文確認・注文登録・商品手配・見積り などの事務処理で約13% |
| 本来の商談活動は約10% |
| 移動コストは約9% |
| 大規模イベント支援に約7% |

経営目標

| 売上 200%UP |
| 営業利益率 10%で維持 |

施策と目標 ⇒

施策と目標設定

営業上級職（単価76円）が行うべき活動

| 注文確認・注文登録・商品手配・見積り などの事務処理はしない |
| 本来の商談活動を約30%に増やす ⇒営業力3倍 |
| 移動コストは約9% |
| 大規模イベント支援はしない。 |

営業支援職（単価38円）を各上級職に1人追加採用

| 注文確認・注文登録・商品手配・見積り などの事務処理実施をミッションとする |
| 大規模イベント支援の実施 をミッションとする |

経営目標

| 営業力3倍（既存×1.5＋新規×1.5）で 売上 200%UPは達成 |
| 営業上級職人件費×1.5倍だが 営業利益率 10%で維持 |

(3) ABM サイクルの例（体制構築・改善実行）

次のステップは，体制構築・改善実行である。目標を設定し，それを全社で共有できたので，実際に実行に移すことになる。今回のケースは，新規に営業支援職を採用し，それによって営業上級職の商談活動時間を3倍にし，それをテコにして売上を2倍にまで上げるという施策である。したがって，まず人事部門では営業上級職と連携をとることができる能力を持ちながらも1分当たり単価が38円で済むような営業支援職を採用するという難易度の高いアクションを実行することが求められる。営業部門では，新たに採用された支援職をフル活用して確実に営業上級職の商談活動時間を3倍にすること，そしてその時間を既存・新規の顧客に対して効果的に振り分けて2倍の売上に結びつけることが求められる。

全社プロジェクトとしての売上2倍増達成プロジェクトは，経営レベル，本部長レベルでそれぞれ進捗が把握されており，各部門では，営業，人事，経営企画それぞれに具体的な責任を持たされており，それぞれが達成をコミットしている。

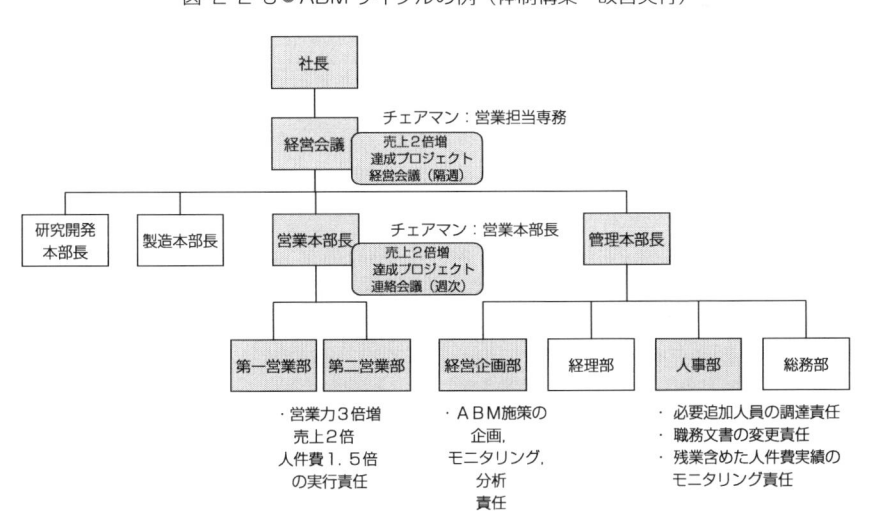

図 2-2-3 ● ABM サイクルの例（体制構築・改善実行）

(4) ABMサイクルの例（モニタリング徹底）

　次のステップは，モニタリング徹底である。例えば前述の会社における売上２倍増達成プロジェクトとして，①支援職の採用と定着施策の段階では，対前年人件費のモニタリングが必要だ。支援職を新たに採用する分，営業人件費が増加することになるが，それが余計なコスト増につながっていないか，また，順調に定着して各自の残業代が増加していないか，などである。同時に，対前年正味商談時間もモニタリングしなければならない。支援職の定着が進むにつれて，対前年正味商談時間が増えていかなければならないのである。

　②正味商談時間アップ施策の段階では，もはや対前年人件費が増加してはならない。また，対前年正味商談時間が予定する期間までに３倍になる曲線を描けているかをモニターする必要がある。予定どおり正味商談時間が３倍になる頃には，次の施策である③商談時間を売上アップにつなげる施策を開始する。この段階では，売上高が順調に伸びているかどうかをチェックする必要がある。

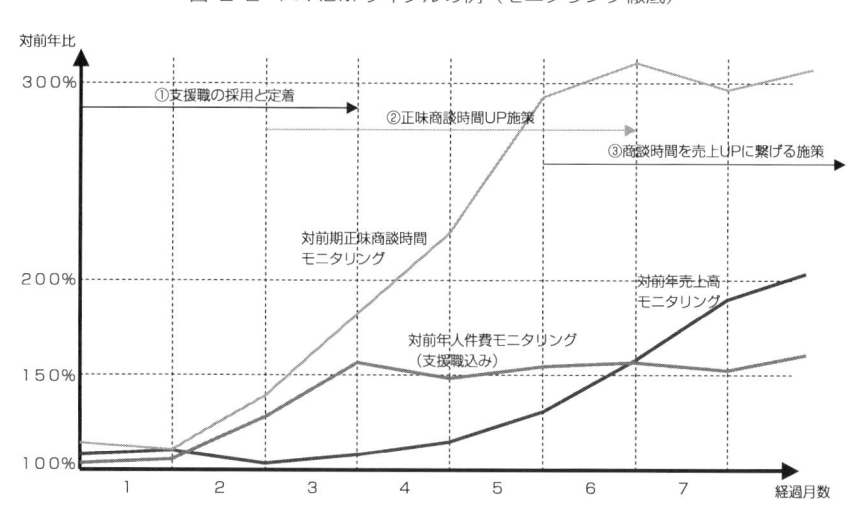

図 2-2-4 ● ABMサイクルの例（モニタリング徹底）

(5) ABMの視点（どうしてそのような状況なのか？）

前項までで，ABMの一連のサイクルを述べた。単純な業務の可視化であるABCが，経営の仕組みに組み込まれていくステップを理解いただけたと思う。

ABCリストを分析して実態を把握していく段階で，常に意識する必要のあることとして重要なポイントは「なぜ？　なぜこのような状況になっているのだろう？」という疑問を素直に抱くことである。実は「このような状況に至る経緯」には，いくつかの典型的なパターンがある。

企業で勤めたことのある読者ならば，思い至る点がいくつもあるだろう。うまくいっていない状況とそこに至る経緯には，それなりの理由があるものだ。ただ，その理由に納得して負けてしまうことなく，理由を排除して改めることができる組織は恵まれている。ABCリストには「なんとなくダメな理由」に負けないだけの客観的数値情報が満載だ。これまでの社内の常識に流されず，「活動の実態・現実」を読み込み，真の理由を発見して共有することが大切である。

図 2-2-5 ● ABMの視点（どうしてそのような状況なのか？）

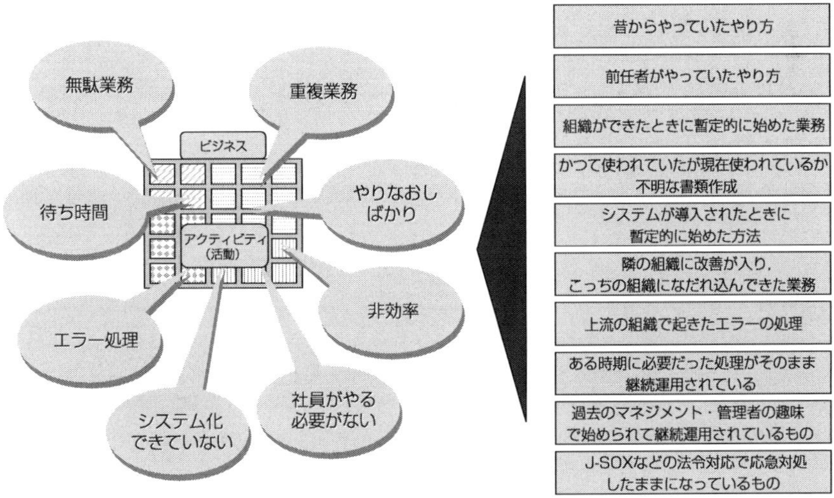

(6) ABMの視点（誰がやらせているのか）

もう1つ，重要な視点がある。それは，ABCリストを見れば誰もが気づく「無駄」と思われる活動も，よく調べると「誰かからのリクエストに基づいている」ことに気づかなければならないということだ。

すべての業務コストは誰かのリクエストに基づいて発生していることを認識することが重要であり，リクエストごとにコストがかかっていてそれが結局受益者の負担になっているということをお互いに認識することが重要である。リクエストが正しく伝わっていなくて，不必要な高い品質で高コストになっていたり，不必要なサービスを余計にやっていたり，また必要な品質やサービスのレベルになっていなくて，受益側組織でやり直しが入っているためトータルで高コストになっていたりすることも多い。上流組織の的確な指示は下流組織の無駄を排除する一番の方策である。そのためにも，ABCで下流組織のコストと上流組織のリクエストの関係を明確化することが重要である。

図 2-2-6 ● ABMの視点（誰がやらせているのか）

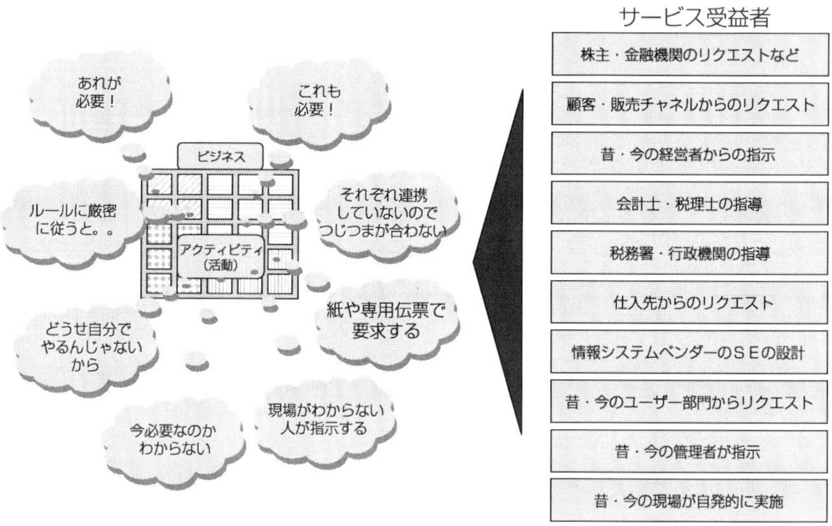

(7) 活動コストを公開し，アピールすること
（オープン ABC の基本概念）

「誰がやらせているのか」という視点を持つようになり，相手方に無理なリクエストをやめてもらえれば，その分を価格に還元できる，ということを主張するためには，自社・自部門の ABC コストをその相手方に公開（オープン化）しなければならない。これは従来の常識からすればありえないことかもしれないが，部門間・企業間をまたがったコストの最適化をするためには，実は最も欠かせないポイントでもある。

従来の発想では，商品やサービスの提供者側にとって，価格というものは原価にマージンを乗せて決めるものであった。費用はそのマージンの範囲内でまかない，うまくコントロールして利益を出してきたわけである。一方，商品やサービスの受益者（相手方）にとっては，そのマージンをいかに買い叩くか？というインセンティブが働くのが常である。もし買い叩くことができなければ，徹底的に「追加の無料サービス」をさせるようなインセンティブが働くだろう。当然である。価格が一定なのであれば，いろいろな「おまけ」をつけてもらえるほうがいいに決まっている。ここに「無理なリクエスト」の原因があるのだ。

ところが，ABC を導入した組織では，活動に関連したコストというものが客観的数値をもってわかっている。それらの活動の発生要因が商品・サービス受益者側のリクエストによるものであるものがいくらであることもわかっている。そういうことであれば，コストの要因（無理なリクエスト）を減らすと，それが提供者側のコスト削減になり，ひいては受益者側の負担コストの削減に反映できることを実際に相手方にオープンにしてしまえば，提供者側と受益者側で真剣な討議を重ねて，本当に必要なサービス（活動）を選択し，それを組み合わせて価格を構成・計算するという方式もとることができるのである。この手法は「オープン ABC」と呼ばれる。

提供者側が従来の発想で固定料金やマージンベースによる一律的な価格を設定するとき，提供者と受益者の利害は真っ向から対立する。そのため，不毛な買い叩き・無理なリクエストが横行する。結果として，提供者は利益の確保ができなくなり，長期的に高品質な商品・サービスを提供することが難しくなる

可能性がある。そうなれば最終的に不利益を被るのは受益者である。

　一方，ABCをベースとした選択的な料金体系を組み立てることができれば，提供者・受益者双方で必要十分な商品・サービスのレベルを話し合って決めることができる。提供者側から，価格を下げるためのアイディアを提案することもできるし，受益者側からも，「そんな無駄なことをやっているならばこのサービスはいらないから，その分価格を下げてくれ」という提案もできる。これならば，無理なリクエストには相応の対価をもって請求し，またリクエストがなければその分を値引きすることが可能となる。受益者は必要十分なコスト負担で済み，提供者も無駄を省いてコストを消耗することがなくなる。両者の利害が一致するので，互いに長期的で安定したビジネスを営むことが可能となる。

　「オープンABC」を実現するためには，提供者側の活動と活動コスト内訳とその要因（ABCリストから導き出すことができる）を受益者側にオープンにし，理解してもらうことが不可欠だ。次のことを共有することができれば，新たな取引関係を築くことができるようになる。

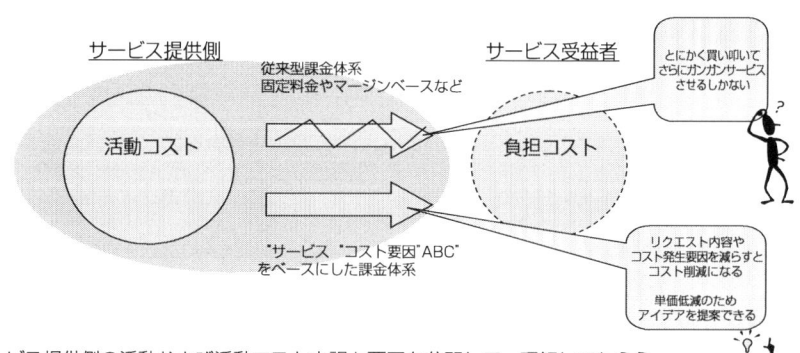

図 2-2-7 ●オープンABCのモデル

サービス提供側の活動および活動コスト内訳と要因を公開して，理解してもらう
1. すべてサービスにはそれぞれコストがかかっている
2. サービス提供側コストの内訳は明確かつ正当で無駄のないものである
3. 主なコスト要因は受益者側のリクエストに基づいている
4. 受益者リクエストの増減が最終的に受益者側の負担コストに直結している
5. リクエスト削減かまたはサービスの質的変更以外に受益者側の負担コスト削減は困難

(8) 社内でのオープンABCの応用例
　（間接業務の改革＝クロスチャージ）

　今度は，どの企業にも存在する間接業務，まずは経理業務に焦点を当てて具体例を紹介していこう。オープンABCは企業対企業の価格取り決めスキームだけではなく，社内でも適用することができる。

　経理部門は，間接部門として位置づけられ経営側から予算を割り当てられ，必要な業務を行っている。この部門の管理者・担当者たちは，日々会社にとって必要な仕事をこなしている。だが，たいていの場合，「今行っている仕事が誰かのための『付加価値のついたサービス』である」と明確に意識して仕事をしている担当者は少ない。彼らは「わが部門の役割であるからこなしている仕事である」と認識している例が大半であろう。

　しかし，ABCリストを見ていると，実際は「サービス」の提供者側となっていることがよくわかる。例えば会計業務，IR業務，資金管理業務，税務申告業務といった仕事は，経営者に対してこれらを代行している「サービス」と捉えることができる。また，経費精算業務，売掛金回収業務，管理会計業務，予算策定業務などは，営業その他現場の直接部門が受益者となる「サービス」と捉えることができる。ここでは経理部門はサービスの提供者であり，経営者と営業その他現場の直接部門がサービスの受益者となっている構図がわかる。また，経理部門が固定的な価格（経理部予算）でこれらのサービスを行っていることがわかる。しかも，経営者も営業その他現場の直接部門は「間接部門は使わなければ損である」という意識で接していることもわかる。

　こうした環境で，前述の「オープンABC」を適用すれば，経理部門では，受益者のために行っている業務をすべて「サービス」として定義し，それぞれの受益者から「サービス対価」を得る構造に転換することができる。提供者である経理部門は，自部門への完全固定的予算を放棄する代わりに，例えば経費精算サービスの受益者である現場部門に対して，かかったABCコストに見合った対価をチャージすることができるようになる。このような仕組みを「クロスチャージ」と呼ぶ。

　オープンABCによるクロスチャージが実現すれば，経理部門は現場部門に

対し,「経費精算申請を期日までにすべてのメンバーが100％出してくれれば,あなたの部門にチャージする対価をXX万円下げることができる」「申請書の不備が毎月XX件ある。あなたの部門からの不備をゼロにしてもらえれば,あなたの部門にチャージする『不備対応』にかかるコストをゼロにすることができる」等という交渉・提案ができる。受益者である現場部門側も,経費精算サービスをしてもらう経理部門に対して,最適なコストを支払うために現場部門側でできる必要な改善(不備をなくす,期日を守るなど)を行うインセンティブが働くようになる。お互いの利害が一致するので改善が進むのである。

同じように,人事部門におけるオープンABCによるクロスチャージ実施の例を図表に示した。実施前と実施後で,提供者・受益者双方の意識が大きく変化しているのがおわかりいただけるだろうか。実施前の様子は,どの会社でも見られそうな光景である。

オープンABCの社内適用,特に間接業務への適用が,いかにメリットの大きいものかおわかりいただけると思う。

① 社内でもオープンABCの実施は可能である
② 間接部門をサービス提供者,その他部門を受益者と設定することができる
③ 従来のように,間接部門のコストを直接部門に固定的に配賦してしまうと,受益者側は「間接部門は使わなければ損」とばかり「無料サービス」「無理なリクエスト」が増大する
④ 「無理なリクエスト」の結果,間接部門側の予算も膨れ上がる
⑤ オープンABCとクロスチャージの導入により,間接部門のコストをABCベースで変動的に賦課することができれば,上記③④の問題を回避することができる
⑥ 結果,社内の改善へのインセンティブが大きく高まる

第2章　ABC/ABMとは？●49

図 2-2-8●クロスチャージの例（経理部門）

会計サービス
IRサービス
資金管理サービス
税務申告サービス

サービス受益者
経営者

サービス提供者　経営者向サービス　サービス対価

経費精算サービス
売掛金回収サービス
管理会計サービス
予算策定サービス

現場向サービス

サービス提供者
サービス対価

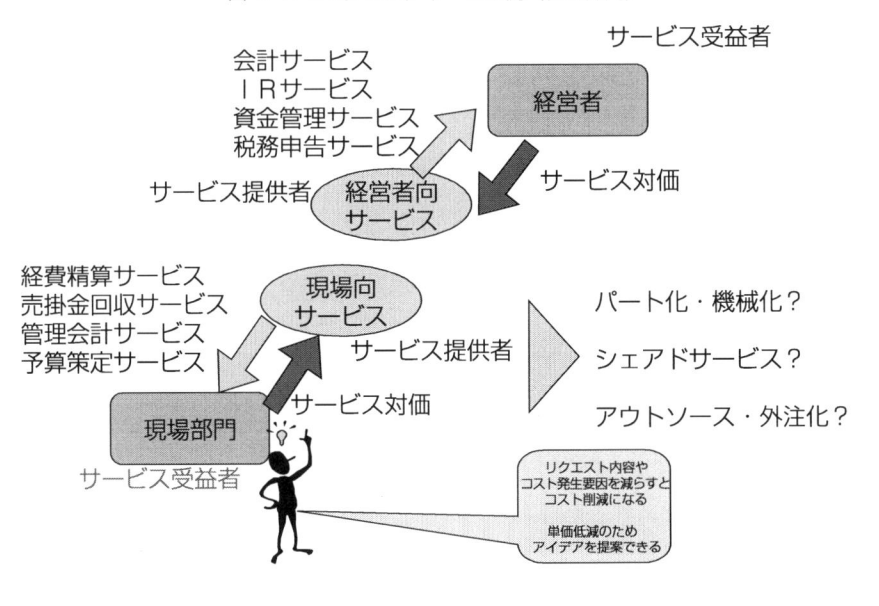

現場部門
サービス受益者

パート化・機械化？
シェアドサービス？
アウトソース・外注化？

リクエスト内容や
コスト発生要因を減らすと
コスト削減になる

単価低減のため
アイデアを提案できる

図 2-2-9●クロスチャージの例（人事部門と営業部門）

ABC導入前

人事部給与計算担当課長
　営業部門から送られてくる業務報告書と残業申請書に不備が多い上に、いつも締め切りに間に合っていない。結果として月末の残業が多くなってしまっているが、ユーザー部門からの依頼に答えるのがわれわれの仕事だ。どうしようもない。

営業部門A課課長
　われわれの仕事はお客様に対応することであって人事部のためにあるのではない。どの程度のエラーが起きているのかわからないが、多少の業務報告と残業処理のエラーくらい人事部のほうでカバーするのが当たり前だし、月末はわれわれも忙しいので、売上関係はともかくコスト関係の報告は後回しだ。

ABC導入後

人事部給与計算担当課長
　ABCを実施したら、わが課における全業務の60％が不備対応・問合せ処理・月末の締切遅れなどのエラー対応だった。10％の心ない部門のために90％のエラー対応が行われている。データを社内にオープンにするとともに各部門にエラー処理の分だけコストの負担「クロスチャージ」をお願いする。

営業部門A課課長
　自分の課に限ってこんなにエラー処理を人事部にさせていたとは驚いた。エラー処理としてこんなにコストを負担するくらいならエラーのないようダブルチェックの徹底と、ちゃんとした前倒しの事務処理を課内に徹底させることとしよう。

(9) ABCで共通認識を確立すべき利害関係者

　オープンABCは，活動の実態をABCによって客観的数値化できることによって可能になる。そのメリットは，定性的な情報に基づく交渉・説得に比べ，はるかに効果が大きい。提供者も受益者もお互いに「思い込み」で仕事をしていたものが，詳細な活動実態とABCコストという数字を開示されることによってはじめて「事実認識」に基づく理性的な判断ができるようになるのだ。

　ABCを実施することで，それまでブラックボックス化していた活動の実態が数字をもって白日のもとにさらされる。その事実を受け容れて，経営目標と活動実態を一致させる経営の仕組みがABMサイクルであり，取引先や社内各部門でのコスト最適化への取組みがオープンABCである。いずれも，ABCの計算だけでは実現できない。そこで得られた情報をもとに，理性的な議論を進めて目標達成やコスト最適化に向けて利害を越えて取り組む。活動実態がブラックボックスであったときは関係者間で対立していた利害認識を，一致させるか同じ方向に持っていくということ。これがABCのあるべき使われ方であり，ABM推進にあたり最も重要な考え方といえよう。

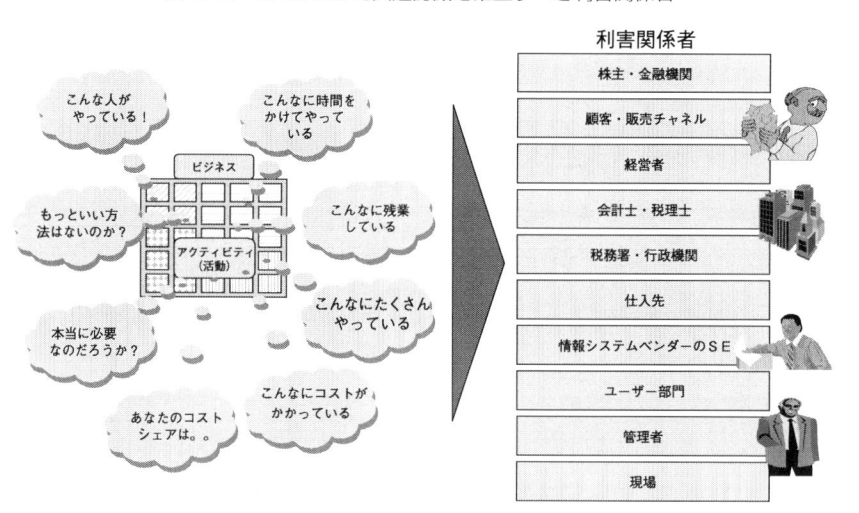

図 2-2-10 ● ABCで共通認識を確立すべき利害関係者

3●セグメント別管理会計

(1) 2つのABC～活動コスト調査とセグメント別管理会計
（2つのABCは企業に両方必要である）

活動コストを単価×時間×回数で計算する方式を「積上ベースABC」と呼び「活動コスト調査」に用いられる。「積上ベースABC」は，活動種類数も多く，また，細かい活動の調査・分析が可能となる。

「セグメント別管理会計」視点での顧客別，商品別採算性の把握や改革達成度のモニタリング，インセンティブ制度における従業員の評価等には，「コスト配賦ベースABC」が用いられる。この方式は分析よりも評価が目的なので，活動の数は20～200程度と比較的少ない。

そもそも「積上ベースABC」と「コスト配賦ベースABC」は使い分けられる性質のものであり，企業には両方とも必要である。「積上ベースABC」をまず実施し，業務特性を理解して，順次「コスト配賦ベースABC」を導入するのが順当であるが，「コスト配賦ベースABC」から導入し，評価制度の変更後，社員のコスト意識を高めてから，「積上ベースABC」を実施する企業もある。

図 2-3-1●2つのABC～活動コスト調査とセグメント別管理会計

	＜活動コスト調査＞ コスト積上ベースABC	＜セグメント別管理会計＞ コスト賦課ベースABC
目的	改善・改革 戦略シミュレーション 価格決定	セグメント別（顧客・商品別）採算性 改革達成度のモニタリング 評価報奨（給与連動）
管理すべき 活動種類数	2,000～5万／会社	10～200／会社
データ更新 頻度	1回・2回／年	週次・月次・四半期
計算ロジック	＜活動コスト(ABC)計算ロジック＞ 活動コスト＝(単価×時間)×回数	＜原価割当てベース＝CAM-I ロジック＞ 活動コスト＝資源コスト ×資源ドライバー(資源消費量／資源総量) ×活動ドライバー(活動消費量／活動総量) または ＜活動ベース配賦＞ 活動の特性を勘案した適切な配賦基準で配賦
財務会計との差異	"積上ベース"なので 単価に標準値を使うと 差異が発生する	"配賦ベース"か "賦課ベース"なので 差異が発生しない
システム	DB系システム (Excel，データウエアハウス)	管理会計システム ABCパッケージ (財務会計システムと連動)

(2) コスト割当てベースのABC計算ロジック (CAM-I Cross)

ABC計算ロジックをCAM-I (Consortium for Advanced Manufacturing - International) のモデルで説明する。

「積上ベースABC」は"活動コスト＝単価×時間×回数"の積上げで業務コストを計算するが,「コスト配賦ベースABC」は一般的に"原価割当てベース"で活動コストを計算する場合が多い。

図表では，ある企業の支店の経理担当者が経費精算にかけるコストを事例にコスト割当ての流れを説明している。

CAM-IのABCモデルは，企業の資源がどういった活動のために使われ，その活動が何のために消費されたのかについて算出する計算ロジックにおけるグローバル標準であるため，ぜひ理解しておきたい。

図 2-3-2 ●コスト割当てベースのABC計算ロジック (CAM-I Cross)

<CAM-I>
Consortium
for Advanced Manufacturing
- International

Cost Assignment View
コスト割当ての流れ

資源 Resources
支店経理担当2人分の人件費＝1,400万円

資源割当て Resource Cost Assignment

資源ドライバー Resource Drivers
支店経理担当者労働時間＝400日／年
経費精算業務時間＝20日／年

Process View
プロセス分析の流れ

活動 Activities
経費精算業務＝70万円／年

コストドライバー Cost Drivers
経費精算件数＝1,000件

評価指標 Performance Measures
経費精算コスト／件＝700円／件

活動コスト割当て Activity Cost Assignment

活動ドライバー Activity Drivers
経費精算対象者＝100人
A部門担当者数＝10人

原価計算対象 Cost Objects
A部門経費精算業務＝7万円／年

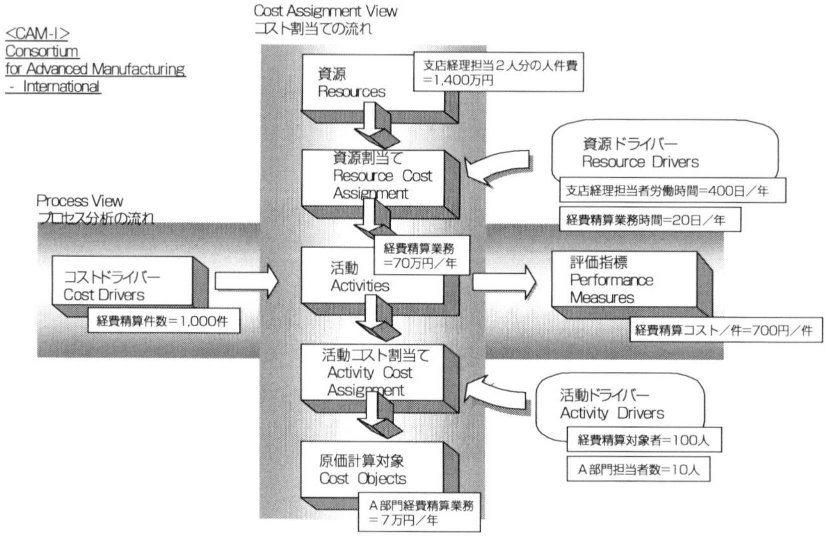

(3) 事業ライフサイクルと重点管理指標

　企業における事業のライフサイクルと経営の重点管理指標との関係について見てみる。事業の立上準備期に，いかに必要な資金を調達できるかは，情報収集力や企画力によるところが大きい。立上期には，事業の生産力や販売力をもとに，シェアの拡大や，売上・粗利益の増大が最大の関心事となるだろう。

　事業が拡大し，生産や販売が安定してくると事業は成熟期を迎え，企業の重点管理指標は営業利益や，営業利益を構成する販管費へとシフトする。キャッシュフローの改善により，事業価値が向上するのもこの時期である。この期間をいかに長く，かつ高収益に保つかが事業価値構築のすべてといっても過言ではない。競争力を狙いすぎると収益性を阻害するし，高収益を狙いすぎると競争力を早期に失うことになる。この微妙なサービスとコストのバランス維持にABC/ABMが活躍することは間違いない。

　やがて事業は清算期に入る。この時期になると，事業の重点管理指標はキャッシュフローや在庫，資金回転率などへと移行する。

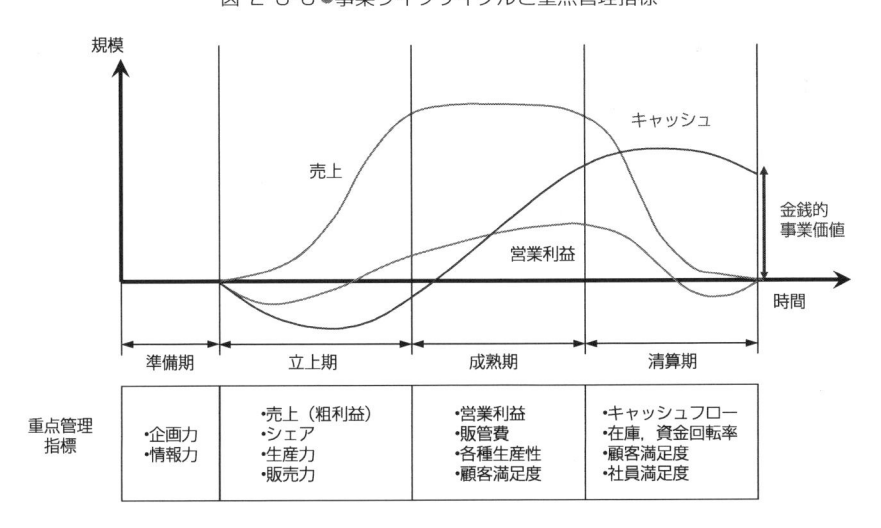

図 2-3-3 ●事業ライフサイクルと重点管理指標

重点管理指標	準備期	立上期	成熟期	清算期
	・企画力 ・情報力	・売上（粗利益） ・シェア ・生産力 ・販売力	・営業利益 ・販管費 ・各種生産性 ・顧客満足度	・キャッシュフロー ・在庫，資金回転率 ・顧客満足度 ・社員満足度

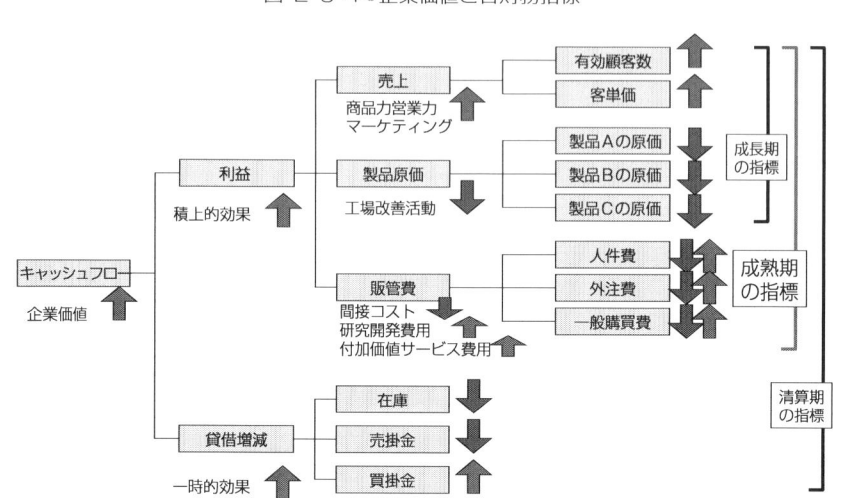

図 2-3-4 ●企業価値と各財務指標

```
                              ┌─ 有効顧客数 ↑ ┐
                    ┌─ 売上 ──┤               │ 成長期
                    │  商品力営業力 客単価 ↑   │ の指標
                    │  マーケティング          │
                    │                          │
                    │         ┌─ 製品Aの原価 ↓┤
          ┌─ 利益 ──┼─ 製品原価┤ 製品Bの原価 ↓│
          │ 積上的  │  工場改善 └ 製品Cの原価 ↓┘
          │ 効果   活動
キャッシュフロー                ┌─ 人件費 ↕ ┐
企業価値  │        └─ 販管費 ──┤ 外注費 ↕ │ 成熟期
          │           間接コスト└ 一般購買費↕┘ の指標
          │           研究開発費用
          │           付加価値サービス費用
          │                    ┌─ 在庫   ↓ ┐
          └─ 貸借増減 ──────────┤ 売掛金  ↓ │ 清算期
             一時的効果         └ 買掛金  ↑ ┘ の指標
```

(4) 営業利益管理〜財務会計と ABC 管理会計の違い

営業利益の計算過程における，財務会計と管理会計との違いを見ておきたい。営業利益は，企業における「真の儲け」を示すものである。

財務会計上の営業利益は，売上から売上原価を差し引いた粗利益から，販売費・一般管理費を控除した額で計算される。投資家や債権者など外部の利害関係者にとって，他社との比較容易性という観点からみれば，信頼性の高い仕組みである。しかしながら，製品のライフサイクルが極端に短期化し，機能や品質に競合との差はほとんど見られない今日，ブランド戦略やマーケティング，研究開発や付加価値サービスが大きな差別化要因となっている。財務会計では，それらの情報を一括して控除するブラックボックス化した仕組みしか求められていない。

財務会計上一括してレポートされている重要なコストを，活動と関連付け，売上や売上原価との因果関係を明らかにすることによって，適切な経営判断を行うための情報を提供するのが，ABC 管理会計の強みであろう。

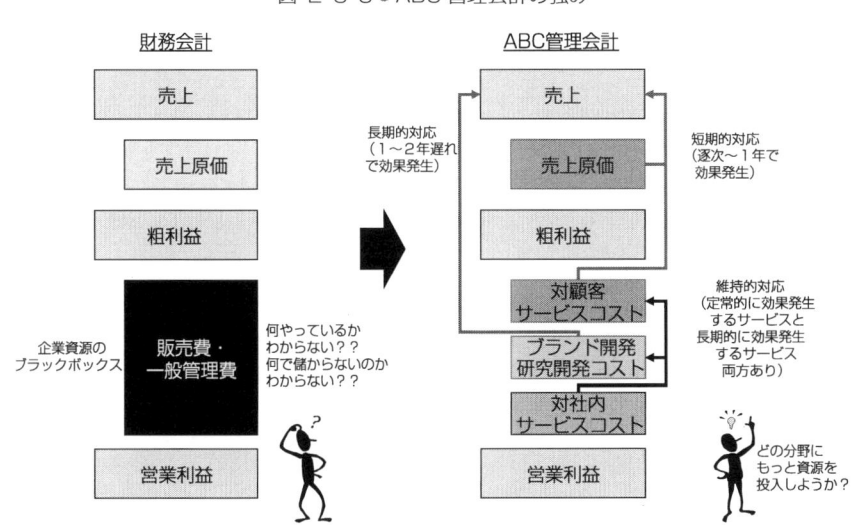

図 2-3-5 ● ABC 管理会計の強み

(5) 営業利益管理～企業を取り巻く環境

　グローバル競争はますます激化し，長引く景気低迷の結果，熾烈な価格競争はとどまるところを知らない。日本では今後ますます人口が減少し，マーケットが縮小していくことが見込まれている。消費者の価値観やニーズは多様化してきており，単にものを供給すれば売れるといった時代はとうの昔に過ぎ去った。サービス化の進展は今後ますます続くだろう。企業の不祥事や法令違反は，一夜にして企業に大きなダメージを与える。社会から信用を失った企業は，市場から退場を余儀なくされることも珍しくない。コンプライアンスやリスク対応コストなどのオペレーションコストも企業に大きくのしかかってきている。

　こうした昨今の企業を取り巻くさまざまな背景は，ものを作れば売れるといったかつてのトレンドとは大きく異なる。売上の飛躍的増加は望めず，さまざまな要因でコストは増える一方，サービスコストや研究開発費，オペレーションコストなどの販管費の全コストに占める比率が高まっているのである。

図 2-3-6 ●営業利益管理～企業を取り巻く環境

- 継続的な粗利の低下傾向
  ・グローバル競争による販売価格(or 仕切価格)の低下
  ・マーケットの縮小とサービス化の進展　【粗利益】

- サービスコスト・研究開発費の増加傾向(ものからことへ)
  ・顧客(消費者・企業)ニーズに対する個別対応が必須
  ・ものあまり，量産品ビジネスは新興国へ　【販管費 研究開発費】

- オペレーションコストの増加傾向
  ・サービス化・個別化・コンプライアンス対応など増加する要因が増加
  ・固定費として扱われておりオペレーションの過不足が測定不能　【販管費 研究開発費】

⇒ 利益のとれる構造になっていない

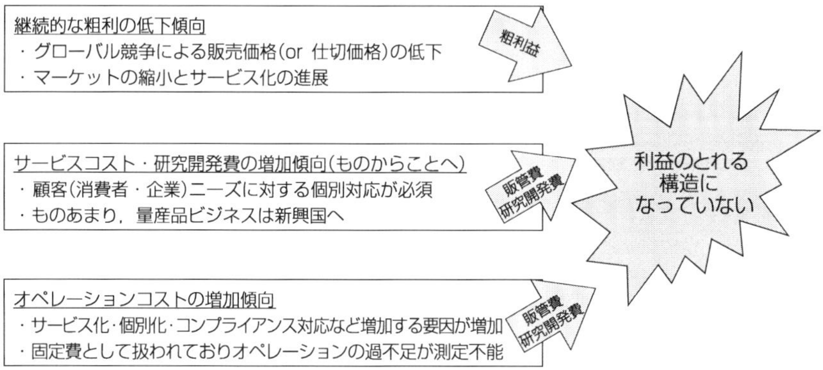

(6) 顧客別営業利益管理とは（販売会社・卸売業の例）

先に述べたとおり，顧客や消費者ニーズの多様化によって，企業が提供する一律のサービスでは競争に勝ち残ることはできない。多くの企業が，顧客サービスをどのように行うべきかに頭を抱えている。「どの顧客が儲かっていて，どの顧客が儲かっていないのか」といった経営者からの質問に，顧客別の営業利益を算出する際，販管費を顧客ごとの売上比率などで一律配賦している場合が多い。これでは，業務の実態を報告しているとはとてもいえないし，経営者の意思決定を間違った方向に導く危険性がある。

営業マンが利益規模が伸長する可能性が少ない顧客に足繁く通っていたり，倉庫では顧客からの小ロットオーダーに対し，そのつど個装するといった無駄な作業を行っているかもしれない。

こうした営業マンや現場の作業について ABC の情報をベースに算出し，顧客別に割り当てることができれば，経営者は本当に儲かっている顧客，儲かっていない顧客を正確に把握でき，どのように顧客サービスを行うべきかの対策を間違えずに実行できることになるだろう。

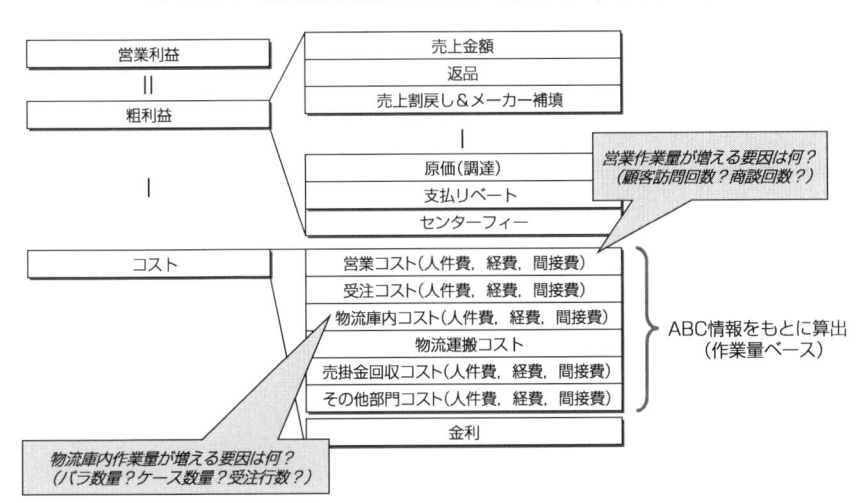

図 2-3-7 ●顧客別営業利益管理とは（販売会社・卸売業の例）

(7) 顧客別営業利益計算と分析の例

どのような形式であれ、多くの企業で顧客別の総利益管理は行っているだろう。顧客別の売上、返品、値引き、割戻し（リベート）、仕入原価により総利益（粗利益）は簡単に把握できる。

しかしながら営業利益レベルまで顧客別に把握している企業はかなり少ないはずだ。ここからさらに顧客別販管費＝サービス原価×顧客別のサービス消費量（＝回数データ）を差し引けば顧客別営業利益は算出できる。

アクティビティモデルに従って分類された販管費は、個々にサービス原価（活動原価）を持っており、顧客ごとにカウントされたサービス消費量（例えば営業マンの訪問回数や伝票処理件数など）に基づき顧客ごとに賦課される。

図2-3-8の「スーパー#30」を見てみると、総利益率は比較的高く、儲かっている顧客といえそうである。しかし、販管費を賦課した結果、営業利益ベースでは赤字で決して儲かっていないことがわかる。なぜ儲かっていないのだろう。

販管費に目を向けると、「スーパー#30」はセンターフィーや営業直接費、営業管理費などの比率が比較的高く、利益を圧迫していることがわかる。同じことは総じて他のスーパーにもいえ、総利益だけで儲かっていると思っていた顧客が、販管費をABCベースで賦課してみると、実は赤字で「儲かっている」顧客ではないことがわかってくる。

図 2-3-8●顧客別営業利益計算と分析の例

総利益計算

顧客名	顧客業態	総売上高	返品	返品総売比	値引	値引総売比	割戻	割戻総売比	値引割戻	値引割戻総売比	純売上高	売上原価	総利益	総利益総売比
スーパー#28	スーパー	2,359,817	65,666	2.78%	1,686	0.07%	24,814	1.05%	26,500	1.12%	2,267,652	2,047,499	220,153	9.33%
ディスカウント#38	ディスカウ	1,615,074	23,118	1.43%	13,253	0.82%	16,809	1.04%	30,062	1.86%	1,561,894	1,395,377	166,516	10.31%
複合型#67	複合型	989,542	1,215	0.12%	20,028	2.02%	0	0.00%	20,028	2.02%	968,299	835,085	133,214	13.46%
スーパー#30	スーパー	963,436	20,363	2.11%	26,501	2.75%	18,872	1.96%	45,373	4.71%	897,699	793,910	103,789	10.77%
ディスカウント#40	ディスカウ	936,525	191	0.02%	0	0.00%	0	0.00%	0	0.00%	936,334	899,412	36,922	3.94%
ディスカウント#39	ディスカウ	717,337	4,481	0.62%	11,422	1.59%	7,122	0.99%	18,544	2.59%	694,312	626,236	68,075	9.49%
スーパー#29	スーパー	656,912	48,799	7.43%	24,124	3.67%	6,264	0.95%	30,388	4.63%	577,725	504,476	73,249	11.15%
複合型#62	複合型	656,394	7,202	1.10%	3,515	0.54%	3,744	0.57%	7,259	1.11%	641,933	563,230	78,704	11.99%
ドラッグ#47	ドラッグ	606,809	14,729	2.43%	191	0.03%	0	0.00%	191	0.03%	591,889	515,073	76,816	12.66%
スーパー#4	スーパー	529,059	20,372	3.85%	1,708	0.32%	4,067	0.77%	5,775	1.09%	502,911	439,981	62,930	11.89%
スーパー#1	スーパー	393,062	978	0.25%	93	0.02%	3,922	1.00%	4,015	1.02%	388,069	342,449	45,620	11.61%
ディスカウント#42	ディスカウ	380,174	3,464	0.91%	10,202	2.68%	10,705	2.82%	20,907	5.50%	355,803	324,069	31,733	8.35%
スーパー#24	スーパー	365,074	19,567	5.36%	1,258	0.34%	2,848	0.78%	4,106	1.12%	341,401	303,222	38,179	10.46%
スーパー#27	スーパー	344,769	20,409	5.92%	5,739	1.66%	0	0.00%	5,739	1.66%	318,621	282,330	36,291	10.53%

総利益総売比

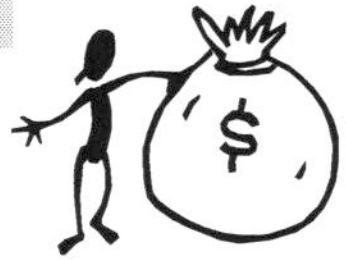

ABCベース販管費賦課計算（サービスコスト計算）　営業利益計算

顧客名	顧客業態	センターフィー	センターフィー総売比	営業直接費	営業直接費総売比	営業管理費	営業管理費総売比	受注費	受注費総売比	物流人件費	物流人件費総売比	物流運搬費	物流運搬費総売比	物流その他計	物流その他総売比	総販管費	総販管費総売比	全利	全利総売比	営業利益	営業利益総売比
スーパー#28	スーパー	50,954	2.16%	45,856	1.94%	16,896	0.72%	5,403	0.23%	52,098	2.21%	10,040	0.43%	41,771	1.77%	223,018	9.45%	9,946	0.42%	−12,811	−0.54%
ディスカウント#38	ディスカウ	42,542	2.63%	27,084	1.68%	10,255	0.63%	1,039	0.06%	14,092	0.87%	11,430	0.71%	16,979	1.05%	123,421	7.64%	9,315	0.58%	33,781	2.09%
複合型#67	複合型	39,143	3.96%	24,008	2.43%	7,133	0.72%	2,765	0.28%	23,032	2.33%	18,324	1.85%	16,960	1.71%	131,365	13.28%	3,094	0.31%	−1,245	−0.13%
スーパー#30	スーパー	32,282	3.35%	25,290	2.62%	8,415	0.87%	717	0.07%	26,897	2.79%	11,832	1.23%	19,201	1.99%	124,634	12.94%	4,669	0.48%	−25,514	−2.65%
ディスカウント#40	ディスカウ	136	0.01%	8,215	0.88%	6,648	0.71%	114	0.01%	0	0.00%	5	0.00%	0	0.00%	15,118	1.61%	2,262	0.24%	19,543	2.09%
ディスカウント#39	ディスカウ	0	0.00%	14,873	2.07%	5,363	0.75%	669	0.09%	5,998	0.84%	7,879	1.10%	5,649	0.79%	40,430	5.64%	2,938	0.41%	24,707	3.44%
スーパー#29	スーパー	19,734	3.00%	20,348	3.10%	4,517	0.69%	1,249	0.19%	18,119	2.76%	9,385	1.43%	15,699	2.39%	89,051	13.56%	2,272	0.35%	−18,074	−2.75%
複合型#62	複合型	15,612	2.38%	12,053	1.84%	4,570	0.70%	1,290	0.20%	16,627	2.53%	7,925	1.21%	13,879	2.11%	71,957	10.96%	3,968	0.60%	2,778	0.42%
ドラッグ#47	ドラッグ	0	0.00%	9,858	1.62%	3,867	0.64%	2,678	0.44%	21,237	3.50%	11,297	1.86%	19,466	3.21%	68,403	11.27%	1,726	0.28%	6,687	1.10%
スーパー#4	スーパー	16,207	3.06%	5,836	1.10%	4,531	0.86%	1,797	0.34%	14,046	2.65%	8	0.00%	12,416	2.35%	54,842	10.37%	2,467	0.47%	5,621	1.06%
スーパー#1	スーパー	0	0.00%	6,954	1.77%	2,975	0.76%	0	0.00%	0	0.00%	0	0.00%	0	0.00%	9,929	2.53%	9	0.00%	35,682	9.08%
ディスカウント#42	ディスカウ	0	0.00%	9,758	2.57%	2,894	0.76%	0	0.00%	0	0.00%	0	0.00%	0	0.00%	12,652	3.33%	−8	0.00%	19,089	5.02%
スーパー#24	スーパー	25,999	7.12%	9,573	2.62%	2,708	0.74%	632	0.17%	2	0.00%	68	0.02%	2	0.00%	38,984	10.68%	2,497	0.68%	−3,302	−0.90%
スーパー#27	スーパー	11,851	3.44%	7,437	2.16%	2,414	0.70%	866	0.25%	8,576	2.49%	4,700	1.36%	7,792	2.26%	43,635	12.66%	1,284	0.37%	−8,628	−2.50%

(8) 売上（総利益率）の高い顧客が儲かっているとは限らない

　ABCに基づき顧客別利益計算をしてみると、さまざまなことがわかってくる。売上高や総利益率の大小で客をランキングして見ることは、どの企業でも実施されている分析手法である。だが、それだけで優良顧客と判断したり、ましてや顧客との取引停止を決断したりしてしまっては早急にすぎる。販管費も含めた営業利益まで測定、分析しないと、本当に儲かっているか顧客なのかどうかはわからない。

　ある専門店は、総利益率ではいつもランキングが高いにもかかわらず、顧客別利益管理で見てみると、営業利益では赤字であることがわかった。分析してみると、この専門店には、ベテラン営業マンが、商品陳列や売場作り、新商品の販促に足繁く訪問しており、営業コストが利益を圧迫していることが原因と判明した。営業部長は、この専門店には若手営業を充て、訪問サイクルを伸ばすよう指示し、代わりにベテラン営業には、売上ランキングの低い顧客を担当させ、店舗指導をもっと強化するよう命じた。専門店と複合型店舗では、注文数や注文回数の違いから、売上に対する倉庫業務の人件費のかけ方がまったく異なるし、店舗面積の大小でスーパーごとの配送費に大きな差が生じているかもしない。

　売上や総利益率だけを見ていては、重要な判断を誤ることとなるのである。顧客営業利益を分析することで、より顧客ごとの特性と利益向上のための対策が見えてくる。

第2章 ABC/ABMとは？●61

図2-3-9●売上（総利益率）の高い顧客が儲かっているとは限らない

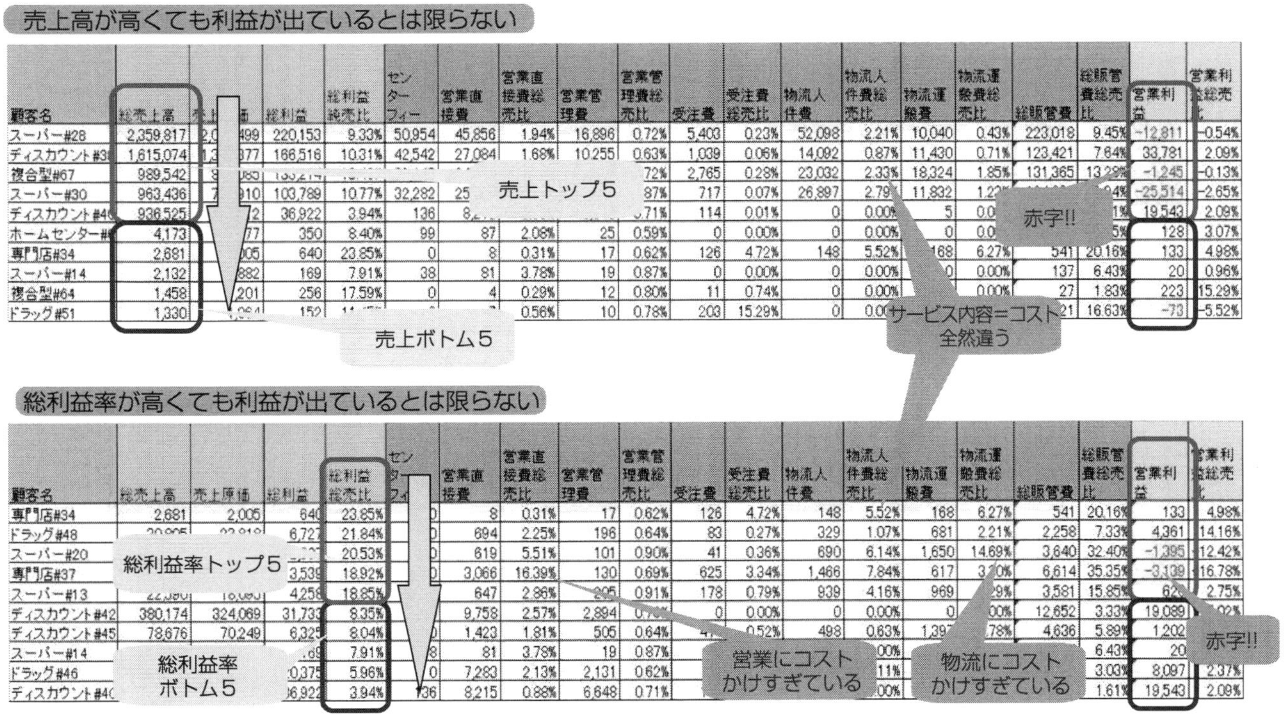

(9) 儲かっていない顧客はどれ？ なぜ儲かっていないのか？？

　顧客別利益管理は，先に述べたように，儲かっていない顧客はどれか，なぜ儲かっていないのか，そのような顧客に対し，どのようなアクションを起こすべきかについての情報を提供してくれる。

　儲かっていない顧客だからといって，すぐにその顧客に対するサービスや取引を停止することは早急すぎる意思決定である。まずは，儲かっていない理由を分析し，利益改善のためのさまざまな施策を考えるべきである。営業コストの対売上比率が，他の顧客と比較して高いのであれば，訪問回数や商談回数などが多すぎるのかもしれないし，物流費の対売上比率が高いのは，配送の回数や流通加工における検査回数などが，他と比べて多いことが原因となっているかもしれない。顧客別利益管理は，儲からない理由が必ず数量＝回数で説明できるので，どこの部門のどういった活動が原因となっているかなどが明らかとなり，意思決定や改善のための議論が容易にできるようになるのである。

　営業部では，ある商品の提案回数を増やして売上を伸ばすのか，逆に提案回数を減らすことで営業コストを削減し利益を改善するのかといった議論を行うことができるだろう。また，人事部と報酬制度を検討し，売上連動から利益連動へと変えることで利益改善を促進させるかもしれない。場合によっては，顧客や商品を取捨選択もありうるだろう。顧客別営業利益管理は，企業のさまざまな意思決定に適用できる。

第2章 ABC/ABMとは？●63

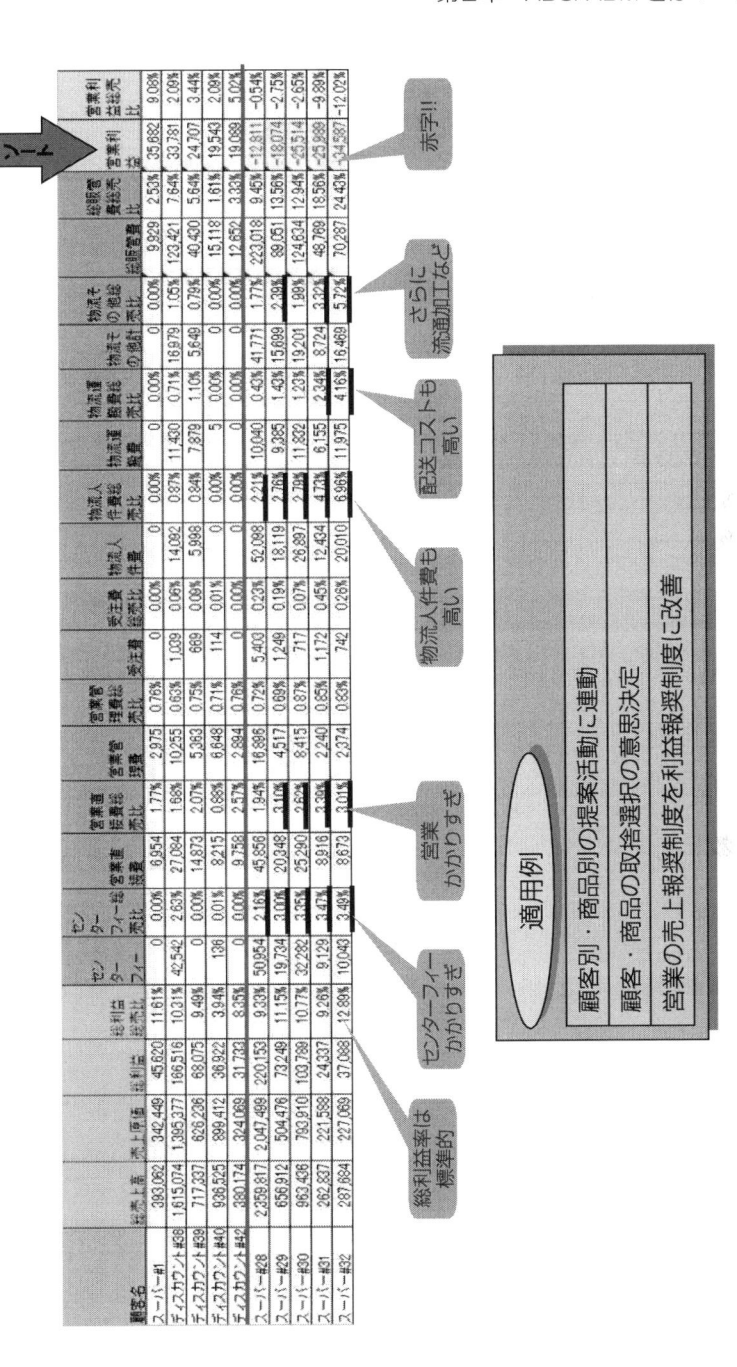

図 2-3-10 ● 儲かっていない顧客はどれ？ なぜ儲かっていないのか？？

顧客名	総売上高	売上原価	総利益	総利益÷総売上比	センターフィー	センターフィー÷売上比	営業直接営業費	営業直接費÷売上比	営業管理費	営業管理費÷売上比	受注者	受注者÷総売上比	物流人件費	物流人件費÷売上比	物流重量	物流重量費÷売上比	物流その他	物流その他÷売上比	総販管費	総販管費÷売上比	営業利益	営業利益÷売上比
スーパー#1	393,062	342,449	45,620	11.61%	0	0.00%	6,954	1.77%	2,975	0.76%	0	0.00%	0	0.00%	0	0.00%	0	0.00%	9,929	2.53%	35,682	9.08%
ディスカウント#38	1,615,074	1,385,377	166,516	10.31%	42,542	2.63%	27,084	1.68%	10,255	0.63%	1,009	0.06%	14,092	0.87%	11,430	0.71%	16,979	1.05%	123,421	7.64%	33,781	2.09%
ディスカウント#39	717,337	626,206	68,075	9.49%	0	0.00%	14,873	2.07%	5,363	0.75%	669	0.09%	5,998	0.84%	7,879	1.10%	5,649	0.79%	40,400	5.64%	24,707	3.44%
ディスカウント#40	938,525	899,412	36,922	3.94%	136	0.01%	8,215	0.88%	6,648	0.71%	114	0.01%	0	0.00%	5	0.00%	0	0.00%	15,118	1.61%	19,543	2.09%
ディスカウント#42	380,174	324,069	31,733	8.35%	0	0.00%	9,758	2.57%	2,894	0.76%	0	0.00%	0	0.00%	0	0.00%	0	0.00%	12,652	3.33%	19,080	5.02%
スーパー#8	2,359,817	2,047,499	220,153	9.33%	50,954	2.16%	45,858	1.94%	16,896	0.72%	5,403	0.23%	52,098	2.21%	10,040	0.43%	41,771	1.77%	223,018	9.45%	-12,811	-0.54%
スーパー#29	656,912	504,476	73,248	11.15%	19,734	3.00%	20,348	3.10%	4,517	0.69%	1,249	0.19%	18,119	2.76%	9,385	1.43%	15,699	2.39%	89,051	13.56%	-18,074	-2.75%
スーパー#30	963,436	793,910	103,789	10.77%	32,282	3.25%	25,290	2.62%	8,415	0.87%	717	0.07%	26,897	2.79%	11,822	1.23%	19,201	1.99%	124,634	12.94%	-25,514	-2.65%
スーパー#31	262,837	221,588	24,337	9.26%	9,129	3.47%	8,916	3.39%	2,240	0.85%	1,172	0.45%	12,434	4.73%	6,155	2.34%	8,724	3.32%	48,769	18.56%	-25,989	-9.89%
スーパー#32	287,684	227,089	37,088	12.89%	10,043	3.49%	8,673	3.01%	2,374	0.83%	742	0.26%	20,010	6.96%	11,975	4.16%	16,469	5.72%	70,287	24.43%	-34,587	-12.02%

ズーム

赤字!!

さらに流通加工など

配送コストも高い

物流人件費も高い

営業費かかりすぎ

センターフィーかかりすぎ

総利益率は標準的

適用例

- 顧客別・商品別の提案活動に連動
- 顧客・商品の取捨選択の意思決定
- 営業の売上報奨制度を利益報奨制度に改善

⑽ 営業利益の積上グラフ「クジラ曲線」

　顧客別の営業利益累計を金額の大きい順に並び替え，さらに営業利益の累積値を算出，積上グラフにする。例によると，企業全体では3,000万円の黒字が出ていたものの，その内訳は半分の顧客は2.7億円の黒字であったものの，残りの半分の顧客では2.4億円の赤字であったということを示している。ある程度予測できていたこととはいえ，この値は衝撃的事実である。つまり，赤字顧客をせめて利益ゼロ（トントン）まで持っていけば，2.7億円の営業利益を稼ぎ出すポテンシャルがあるというわけだ。

　顧客別であれ，製品別であれ，プロジェクト別であれ，セグメント別営業利益を計算し，この積上グラフを作成するとこのような形になる。この形は鯨の背中の形に似ていることから「クジラ曲線」ともいわれる。

図 2-3-11 ●営業利益の積上グラフ「クジラ曲線」

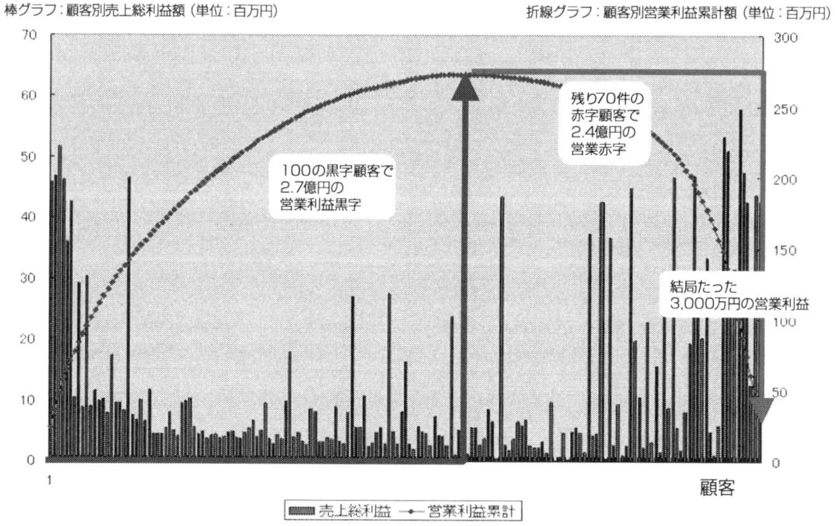

⑾ 顧客セグメンテーションと経営資源の重点配備

重要なのは，顧客別利益管理をどう次の改善にフィードバックしていくかである。

顧客は利益性の評価軸とマーケットの評価軸とで区分される。既存顧客についての採算性は，すでに顧客別営業利益管理システムで把握ができている。採算性が高く，今後も取引を継続することで，自社の事業拡大を期待できそうな超優良または優良顧客については拡大ゾーンに位置付けられる。将来の事業拡大を期待して戦略的に取引している顧客もこのゾーンに含めてもいいだろう。このゾーンの顧客との取引は，顧客サービスを向上させるなど，さらに資源を投入することで，売上の拡大を図っていくことが必要である。

マーケットの状況から，あまり将来の成長が期待できない一般または衰退顧客については，資源の再配分を考えることなく現状の取引維持を考えるのが妥当だろう。

最も注力しなくてはならない，現在赤字を生み出している顧客との取引についてはどうだろう。コスト構造を分析し，投資するか，もしくはあまり手間をかけず黒字化することを考える。場合によっては，その顧客との取引を停止し，そこに投入している資源を新規顧客や市場の開拓に回すことも考える必要がある。

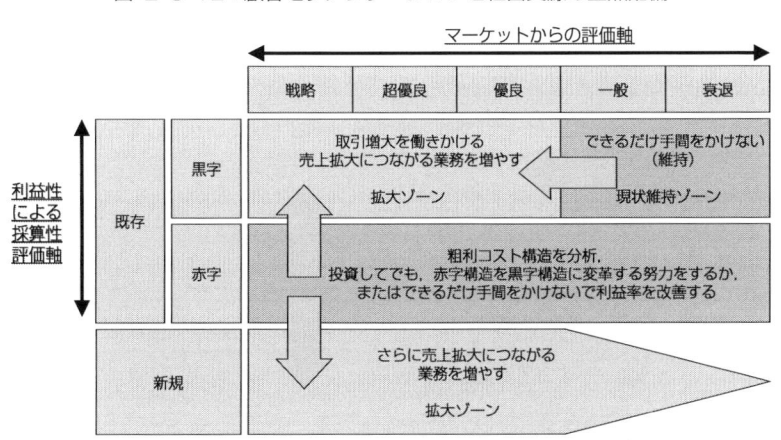

図 2-3-12 ●顧客セグメンテーションと経営資源の重点配備

⑿ 製品別利益管理（製品ライフサイクルマネジメントの例）

顧客別利益を算出するロジックは，もちろん製品別利益管理の場合であっても同様に扱うことができる。

製品が企画されてから，市場から消えるまでの間での利益の累積を「製品生涯価値＝プロダクトライフタイムバリュー」という。この製品生涯価値の累積が企業価値そのものともいえる。この値をいかに最大化するかがプロダクトマネジャーの評価となる。製造業や小売業でプロダクトマネジャーやマーチャンダイザーがいない企業はないと思うが，この製品生涯価値を算出して評価している企業はほとんどないといっていいほど少ない。

製品のライフサイクルは短くなってきており，日々市場に新たな製品が投入されている。こうした企業の製品戦略についても，ABCロジックを用い，粗利益ではなく営業利益をベースとした将来の投資回収シナリオで描く必要がある。

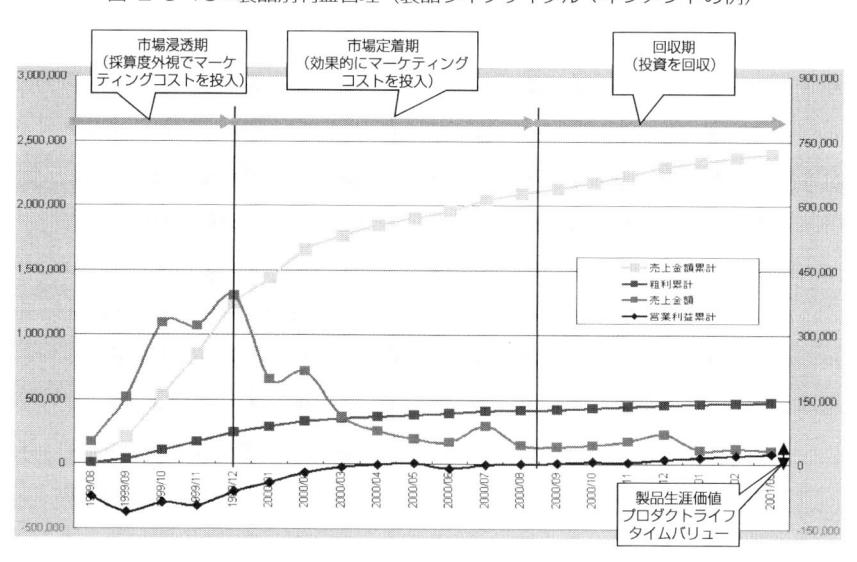

図 2-3-13 ●製品別利益管理（製品ライフサイクルマネジメントの例）

⒀ 営業利益管理で効果の出る業界・産業

　営業利益管理で効果の出る業界はどんな業界であろうか？　結論からいうと，顧客の管理を必要とする，ほぼすべての業界・産業に営業利益管理は有効である。

　市場が飽和状態となり，顧客ニーズが多様化した成熟社会において，よりきめ細かい顧客サービスを提供するための間接コストの管理が重要となってきたことが，営業利益管理が重要になってきた背景である。しかしながら顧客サービスコストが増大し，現状の原価計算システムでは顧客ごとの営業利益管理を適切に行えないのは，どの産業においても共通の課題である。

　製造業にあっては，小ロット多品種生産による段取りコストや，研究開発費，品質管理コスト，物流費が増加しているし，金融事業においても，リスク対策費や情報関連投資などのオペレーショナルコストが肥大化している。公共公益事業は，過去に例のないほど財政状態の厳しい状態が続いてきており，業務改善やコストの削減が急がれている。

図 2-3-14 ●営業利益管理で効果の出る業界・産業

ターゲット	顧客を管理しなければいけない企業
ねらい	営業利益向上（サービスとコストのバランスによる）

業種		事業特性
製造・メーカー	広告代理店	・顧客ごとにサービス内容にばらつきがあり採算性を確認する必要がある。さらに価格設定を差別化する必要がある ・顧客からのサービス要求が強く，利益性が疑問視されている ・販管費（販売費・一般管理費）が利益性を圧迫している ・一部の優良顧客で大半の利益を獲得している
部品・材料メーカー	IT関連・アウトソーシング	
商社・販社	卸売業	
ゼネコン・建設業	電力・ガス・通信	
銀行・金融機関	公共・公益事業	

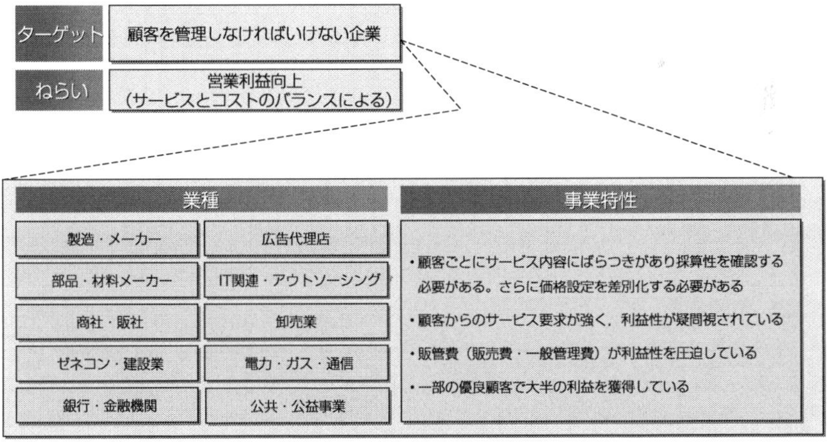

⑭ 営業利益を獲得・向上させるためには

　営業利益管理を実施している企業でも，顧客サービスコストやオペレーションにどれくらいのコストをかけているかを，ちゃんと把握している企業はきわめて少ないだろう。利益の改善を行うのであれば，まずは顧客との取引で，どれくらいコストがかかっているのかを知ることから始めなければならない。

　営業利益を獲得するために必要なことは，非常に単純ではあるが，顧客との取引で得られる粗利金額以上にコストをかけないということである。

　日本企業の多くは，現場の努力により，徹底的なコスト削減を実施してきているし，生産地の移転や調達の見直しなどにより今後も改善は継続していくだろう。そのためのノウハウやシステムもすでに持っている。

　一方，販管費については，現在ある仕組みの中ではブラックボックス化しており，前述のように，実際はいくらかかっているのかさえわからないのが現状である。取引高の少ない顧客との事務処理で必要以上の手間をかけていないか，特定の顧客に対してのみ売掛金の照合に時間がかかっているのではないか，ある取引先にのみ検品作業に労力をかけていないかなど，販管費を一律の配賦基準で顧客別に振り分ける現在の仕組みでは，コスト改善のための問題点さえ議論できないだろう。

　顧客別にかかったコストを可視化し，利益がどういう活動コストで構成されているかを知ることからスタートしなければ何も始まらないのである。

図 2-3-15 ●営業利益を獲得・向上させるためには

> **単純！**
> 顧客との取引で獲得できる粗利金額以上にコストをかけない

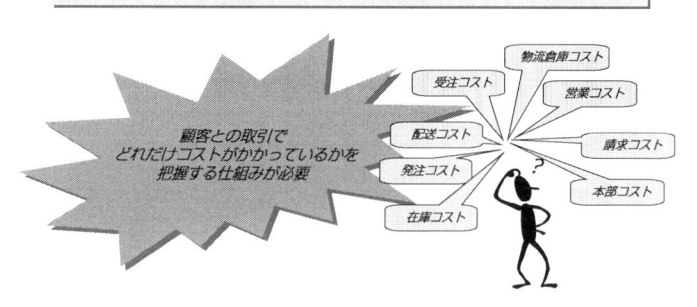

顧客との取引でどれだけコストがかかっているかを把握する仕組みが必要

- 受注コスト
- 物流倉庫コスト
- 営業コスト
- 配送コスト
- 請求コスト
- 発注コスト
- 本部コスト
- 在庫コスト

⒂ 利益を改善するための管理サイクル

　顧客別営業利益管理や製品別営業利益管理，プロジェクト別営業利益管理など，セグメント別営業利益計算の仕組みを導入しただけで利益が改善されるわけではない。徹底的な利益の改善を行うには，改善のサイクルを繰り返し実行していくことが必要である。

　最も大事なことは，改善施策の実施状況を常にモニタリングすることである。実施の進捗状況を報告するだけでなく，進捗が思わしくない場合は，滞っている原因を分析し，すみやかに改善の障害を取り払わなければならない。

　改善施策は，実績値としてセグメント別管理会計に反映される。改善が不十分であれば，関係部署に警告が発せられることになるし，改善が完了していれば次の改善施策を打つことになるだろう。

　こうした管理サイクルを，日々の業務に取り入れることで，企業は利益性重視の組織へと生まれ変わっていくことができる。

図 2-3-16 ●利益を改善するための管理サイクル

```
┌─────────────────────────┐
│ 1、セグメント別営業利益計算 │
└─────────────────────────┘
　　　・セグメント（例：顧客・製品・プロジェクト）ごとの売買収支の明確化（どの顧客が
　　　　儲かっている。どの顧客が儲かってない）
┌─────────────────────────┐
│ 2、PL分析（問題点の認識） │
└─────────────────────────┘
　　　・儲かってる理由の分析 ➡ セグメント別にさらに多くの利益を確保するための着眼点は…
　　　・儲かってない理由の分析 ➡ セグメント別に少しでもマイナスを減らすための着眼点は…
┌─────────────────────────┐
│ 3、営業利益改善施策の立案 │
└─────────────────────────┘
　　　・分析結果に基づいた，セグメント別利益改善施策の立案
┌─────────────────────────┐
│ 4、改善取組（問題の解決） │
└─────────────────────────┘
　　　・改善施策の実行，改善障壁分析，成功事例，失敗事例の共有
┌─────────────────────────┐
│ PLに反映される利益の改善  │
└─────────────────────────┘
```

　　　　　　　　　　　このような取組みを継続していくことが必要

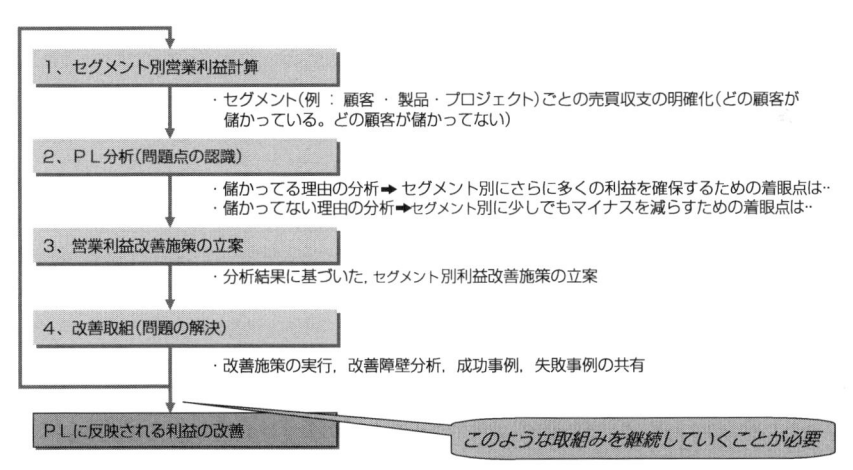

⒃ 営業利益管理のシステム

　営業利益管理の継続的改善には，情報技術の活用が不可欠である。もちろん，高額な情報投資をしないと，顧客別管理ができないといっているわけではない。むしろ，当初はスプレッドシートなどのツールを用いて，安価に始めるべきだろう。

　しかし，改善のための管理サイクルを組織的に実行に移すとなると，業務量やデータ量，処理頻度の問題で情報システムの活用が前提となってくる。

　顧客別データや販管費のデータは，既存の会計システムや基幹系システムから容易に取り出すことができる。

　ABCの導入で一番障害となるのは，時間や回数など現場担当者の活動データ入力のワークロードであるが，最近はモバイルやRFID，Web入力などリモートによるデータ転送の技術が進んでいる。データ入力も以前ほど負担はかからないであろう。

　取得した販管費や活動データは，データ連携のための汎用ミドルウェアを通して，配賦分析データベースに送られる。週次や月次，四半期など必要な頻度でデータを転送し，データベース上で高度な配賦処理を行う。

　配賦結果のデータは，社内ポータルやOLAP分析ツールと連携し，顧客別利益管理レポートのような形式で，社内ポータルのオンライン画面や印刷帳票として出力する。

　ERPパッケージやBIツールにも，ABCの機能が備わったソフトウェア製品があるので，事情にあわせて導入を検討するのもいいだろう。詳しくは後の章で紹介する。

第2章　ABC/ABMとは？●71

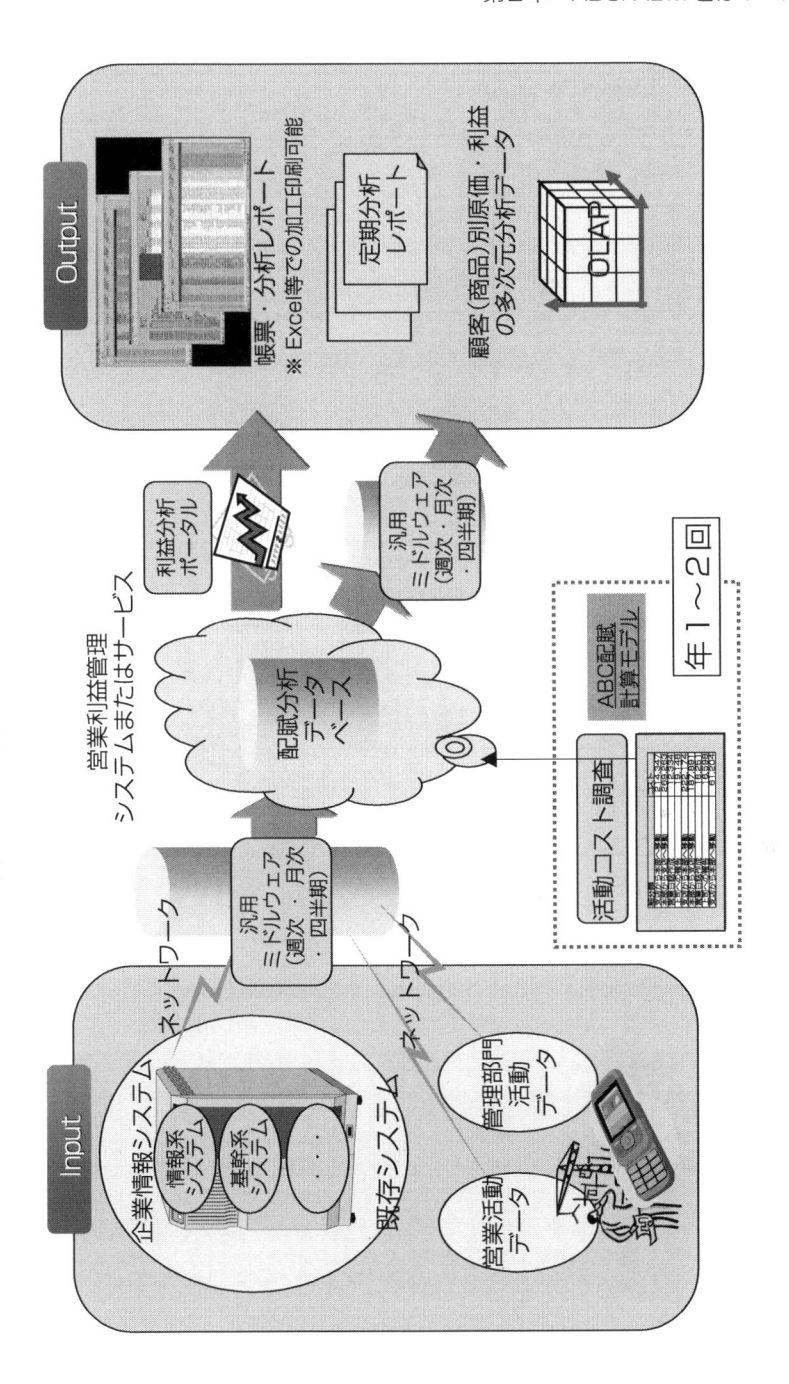

図2-3-17●営業利益管理のシステム

(17) 顧客別営業利益管理の継続的活用

　顧客別営業利益管理は，継続的な改善活動に利用されなければ，せっかく導入しても何の意味もない。要は，企業が重要としている管理単位に，いかに効率的に資源配分するかの仕組みである。当初はスモールスタートで導入するかもしれないが，管理の目的を明確にし，段階的に適用範囲を広げていくやり方が一般的である。

　管理を実現するためには，どのような管理を行っていくか明確にする必要がある。管理の対象は，顧客単位なのか，顧客セグメント単位なのか。管理すべきコストの範囲どこまでか，それぞれのコストの管理責任者（部門）も明らかにしておく必要がある。また，運用していくための社内プロセスやルール，どういったシステムでサポートするかについて決めておくことが，継続的活用には不可欠である。

図 2-3-18 ●営業利益管理ルール策定の視点

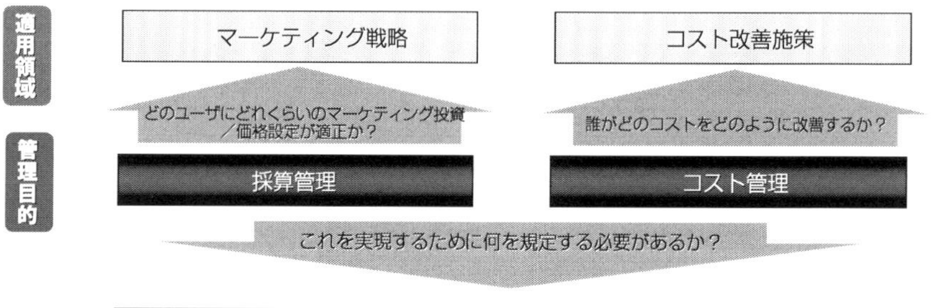

視点		内容
適用領域	マーケティング戦略	どのユーザにどれくらいのマーケティング投資／価格設定が適正か？
	コスト改善施策	誰がどのコストをどのように改善するか？
管理目的	採算管理	これを実現するために何を規定する必要があるか？
	コスト管理	
実現に必要な要素	管理単位	どの切り口で管理を行っていくか？（顧客別，顧客セグメント別，商品別．．）
（管理方式）	管理対象コスト	どのコストまでを管理対象とするか？（本社間接費…）
	管理責任部門	どの部門がどのコストの管理責任を持つべきか？（営業部門，営業企画部門，サービス企画部門…）
	管理プロセス・ルール	上記を実現するプロセス・ルールはどうあるべきか？
	管理システム	上記を実現するシステムはどうあるべきか？

⒅ 会社全体がその気にならないと利益は出ない！営業任せではだめ

　顧客別営業利益管理システムは，企画部や経理部の担当者のみを満足させる分析ツールで終わらせてはならない。この仕組みの導入は，本来全社的な取組みであるべきである。

　改善サイクルが企業全体に浸透し，顧客別の費用や活動が明らかになると，会社全体のコスト意識は劇的に変わる。「企業内において顧客別利益に関わらない組織などありえない」からだ。

　顧客別利益管理は，予算作成や日々の企業活動，活動のモニタリングなど全社のプロセスとして確立する必要がある。顧客別営業利益管理の結果出てきた改善施策に基づき，営業は常に顧客ごとの収益性を意識した営業活動を行い，サポート部門は改善施策を実施する。システム部門から提供されるレポートは，各関連組織へ送られ，経営管理部など戦略策定部門で，改善効果の検証や改善施策に問題があればさらなる施策が追加される。これらの施策は予算作成プロセスにフィードバックされ，次期顧客別利益予算に反映されることになる。

図 2-3-19 ●全社をあげた営業利益管理サイクル

・顧客別の費用／活動ごとの費用の可視化が全社的に利益意識・コスト意識を生み，利益性を重視した改善サイクルが企業に浸透することを可能とします。

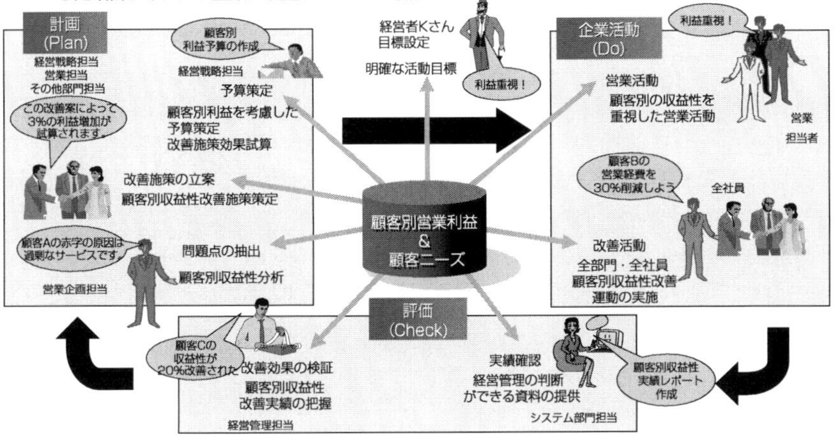

⑲ 顧客別営業利益（顧客別PL）管理サイクル導入プランの例

　顧客別営業利益管理を導入しても，周囲からデータの正確性や公平性に疑問を持たれ，あまり活用されないままお蔵入りとなってしまうケースがよくある。導入後も社内浸透に十分な時間をかけ，改善に向けた積極的な議論を行うためのトータルかつ長期的に運用すべきシステムとして構築する必要がある。

　導入の一例である。導入プロジェクトチームが，まず行うことは，顧客別営業利益作成のための検討である。当然，営業利益を作成することのみがプロジェクトの目的ではないので，並行して，顧客別営業利益の分析方法や活用のための方法についても検討を進めていく。

　顧客別営業利益の雛形がある程度固まった段階で，顧客別営業利益の信頼性を高めるためABCをどのように適用するかの検討を始める。

　定着化を図るには，評価報酬制度と連動したシステムとすることが望ましい。導入する企業によって取り組み方は異なるものの，企業全体を収益性重視の組織として変革させることが目的であるなら，早い時期から評価報酬制度の検討を始めておきたい。

図 2-3-20 ●顧客別営業利益（顧客別PL）管理サイクル導入プランの例

	20X1/04-06	20X1/07-09	20X1/10-12	20X2/01-03
PL作成 －可視化－	顧客別PL作成（配賦基準検討含）		顧客別PL作成（月次，累計）	
分析方式確立 －分析－		PL分析方法検討 改善の抽出 （テストフェーズ）	PL分析，改善の抽出（全顧客，全部門）	
活用方式確立 －活用－		ABC導入 / プロト改善組織立上 / プロト改善案 改善障壁検討	プロトタイプ 改善実行 効果測定	改善案，改善障壁検討 改善実行 効果測定
	PLから検出した問題点へのABC		プロト成功事例の創出	
社内体制整備 －定着化－			新評価報奨制度検討	新評価報奨制度導入準備（給与，昇進，賞罰等）
				来期から導入

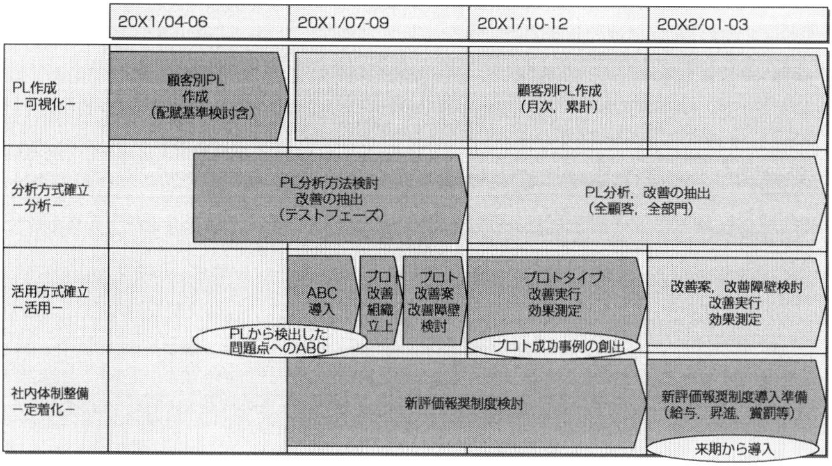

第3章

ABM の分析

1 ● 戦略性分析

(1) アクティビティ分類の切り口

　ABC/ABMの分析において，アクティビティ単位にその特性を割り振ることをアクティビティ分類という。この分類の切り口についてはいろいろな考え方があり，分析の目的に従って設計する必要がある。この切り口により，分類が変わるので，分析により見えてくるものがまったく違ってくることになる。

- 戦略性分析
　　　会社の方向性，戦略と関係あるか？
　　　自社競争力の源泉か？　そうでないか？
　　　顧客に対する付加価値があるか？　ないか？
　　　企業リスクを探索，低減する活動か？
　　　企業存続のためのコアか？　コアでないか？
- 役割・ミッション分析
　　　どの部門のどの担当者で行うべきか？
　　　機械化・ＩＴ化できるか？　できないか？
　　　パート化できるか？　できないか？
　　　組織的に分散する必要があるか？　集中化できるか？
　　　アウトソースできるか？　自前で行うべきか？
- スキル（技能）分析
　　　必要なスキル（技能）は何か？　特定のスキルは必要か？
- モチベーション分析
　　　社員がわくわくする仕事か？　そうでないか？

(2) 戦略性分析：顧客価値分析

例えば，顧客価値の観点からの分析を行う場合を考えてみよう。

「競争力源泉活動（SC：Strategic Core）」とは，とにかく「他社よりも……である」という活動である。どのような企業においても顧客がいて売上が上がっているのはすべて競争力源泉活動がどこかで存在したからだ。もし，「他よりブランドがある」，「他よりいい場所に店舗がある」といった理由であったとしても，他社との違いの創造はすべて人間の活動によるものであるからだ。この活動が標準化・プロセス化できると圧倒的な差別化要素になるが，競合に真似されやすくなる危険性もある。

「付加価値活動（VA：Value Added Activity）」については，製品やサービスの直接的研究開発，製品やサービスの直接的調達製造販売サービス，製品やサービスの改善に関わる活動ということになる。

「非付加価値活動（NVA：Non-Value Added Activity）」は上記以外のすべての活動である。一般的には顧客から見て関係ない事務処理や調整業務，企業内の管理業務などとなる。

図 3-1-1 ● 顧客価値分析

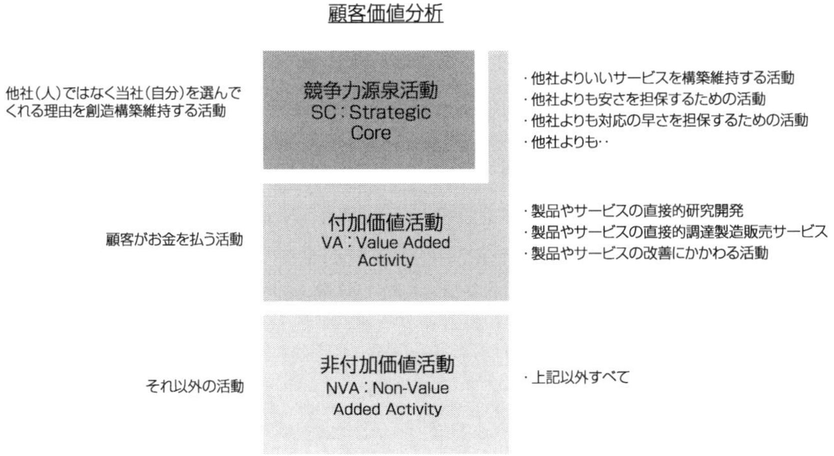

顧客価値分析

他社(人)ではなく当社(自分)を選んでくれる理由を創造構築維持する活動	競争力源泉活動 SC：Strategic Core	・他社よりいいサービスを構築維持する活動 ・他社よりも安さを担保するための活動 ・他社よりも対応の早さを担保するための活動 ・他社よりも‥
顧客がお金を払う活動	付加価値活動 VA：Value Added Activity	・製品やサービスの直接的研究開発 ・製品やサービスの直接的調達製造販売サービス ・製品やサービスの改善にかかわる活動
それ以外の活動	非付加価値活動 NVA：Non-Value Added Activity	・上記以外すべて

(3) 戦略性分析：企業がもっとやるべきこと

　企業の競争力を高めるという意味では，「競争力源泉活動：SC」に企業資源を徹底投入するために「非付加価値活動：NVA」を徹底削減することが必要となる。もっとやるべき活動とは「顧客がより多くお金を払いたくなるようにする活動」，「社員がより付加価値を出せるようにする活動」，「社会や環境がよりよくなるようにする活動」，「企業リスクを未然に回避する活動」である。当然，いくら人がいても足りない活動である。

　非付加価値活動は一般的に「顧客から見えない，やらされている事務処理調整業務・管理業務」である。これらの業務は上位組織から「やれ」といわれることはあっても「やめろ」といわれることはほとんどありえない。まじめな社員であればあるほどこの非付加価値活動をやめられないので，この減らすべき非付加価値活動は一般的にどんどん膨れ上がる傾向にある。ABCを通して活動と投入コストの棚卸しを定期的に実施することで，この非付加価値活動のメンテナンスをしないこと以外にこれを抑える方法はない。

図 3-1-2●企業がもっとやるべきこと

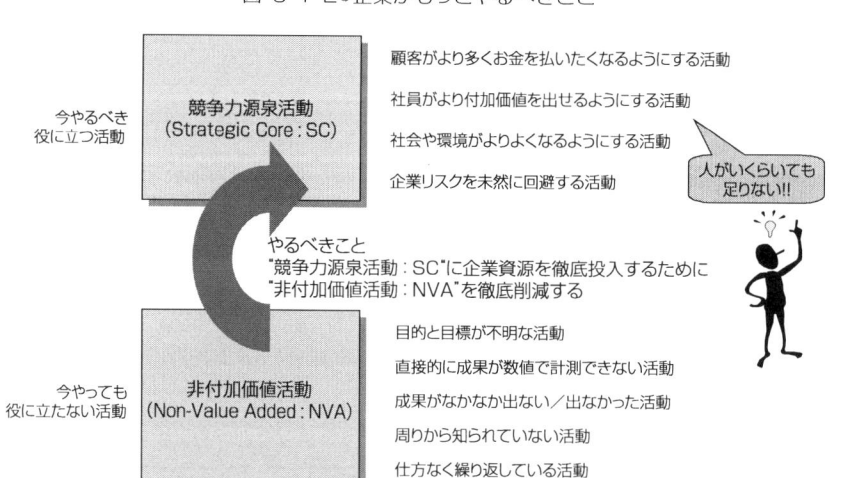

今やるべき役に立つ活動
競争力源泉活動 (Strategic Core：SC)
- 顧客がより多くお金を払いたくなるようにする活動
- 社員がより付加価値を出せるようにする活動
- 社会や環境がよりよくなるようにする活動
- 企業リスクを未然に回避する活動

人がいくらいても足りない!!

やるべきこと
"競争力源泉活動：SC"に企業資源を徹底投入するために
"非付加価値活動：NVA"を徹底削減する

今やっても役に立たない活動
非付加価値活動 (Non-Value Added：NVA)
- 目的と目標が不明な活動
- 直接的に成果が数値で計測できない活動
- 成果がなかなか出ない／出なかった活動
- 周りから知られていない活動
- 仕方なく繰り返している活動

(4) 一律リストラの悪例（販売会社営業事務職の削減）

リストラは本来，前述の「非不可価値活動：NVA」を減らし，「競争力源泉活動：SC」を増やすことが目的であるべきだが，世の中で散見されるのは図表のような事例であろう。まさに惨憺たる結果であるが，他人事ではない。業務内容が不明なために，営業事務職のメインの仕事である書類作成業務（売上報告・売上予測・請求書業務・回収チェック・経費精算）を減らさず，営業事務職を削減した結果，書類作成業務が営業職にそのまま移行。営業職の正味営業時間が4分の3になり，書類作成時間が1.3倍になってしまったのである。本来行うべき活動に割くべき時間が価値を生み出さない事務作業に振り向けられてしまい，本末転倒の結果になってしまっているのである。

先にも述べたが，上位組織から「やれ」といわれて「やめろ」といわれてない業務はどんどん引き継がれていくことになる。

原因はいうまでもなく，営業職，営業事務職に対するABCベースの業務分析を実施しなかったことである。それぞれの活動の意味合いを把握することなく，大雑把に一律にて人員を削減し，成り行きに任せることは経営上大変危険な暴挙であるといえよう。

図 3-1-3●一律リストラの悪例

営業事務職リストラ前の営業業務

正味営業業務 20%			社内事務業務 37%			移動時間 43%	
面談準備	顧客面談	事後サポート	営業報告書類作成	営業会議&会議準備	営業事務書類作成	顧客先移動&待時間	自宅会社間移動
7%	7%	6%	11%	18%	8%	30%	13%

営業事務職リストラ後の営業業務

正味営業業務 15%			社内事務業務 44%			移動時間 41%	
面談準備	顧客面談	事後サポート	営業報告書類作成	営業会議&会議準備	営業事務書類作成	顧客先移動&待時間	自宅会社間移動
6%	4%	4%	14%	18%	12%	28%	13%

営業職，営業事務職のABCを実施せず業務内容が不明。営業事務職のメインの仕事である書類作成業務を減らさず，営業事務職を削減したため，書類作成業務が営業職にそのまま移行され，営業職の正味営業時間が4分の3になり，書類作成時間が1.3倍増になっていた。

(5) 一律リストラの罠

　活動の意味合いを分析，把握することなく，コストの一律削減を行うと，付加価値活動が減少し，生産性の低下，企業のリスク拡大を引き起こす。この結果，収益性の悪化が進み，さらなるコスト一律削減が実施され，一層の付加価値活動の減少が発生する。結果として，どんどん先細りしてゆく「魔のサイクル」に突入し，じり貧の状況が続くことになる。いわば無闇なダイエットの結果，筋肉が落ちてしまい，不健康な痩せ方をして，結果としてリバウンドを引き起こすのに似ている。時間や資金に対して削るべきコストなのか増やすべき投資なのか，の判断はきわめて重要である。コストの一律削減が生産性向上の観点から逆効果なのはこのようにシンプルな理屈なのだが，驚くほど多くの企業でコストの一律削減に「一生懸命に」取り組んでいるのは，今の時代，どこでも見聞きすることではないだろうか。世にいう「現場が疲弊するリストラ策」の典型である。

　日本では市場成長の不透明感から新卒採用を抑えている企業が多い。新卒採用を抑えたまま成り行きに任せている結果，若手社員がするべき「企業競争力（技術・文化等）の継承」ができないままこれらの貴重なノウハウが外注に流れていってしまっていて，気が付くと手遅れになってきている状況も見受けられる。企業の貴重な人的資源に変化が予測される場合は，同様にやるべき活動とやらざるべき活動をABC/ABM実施の上，再構築する必要がある。

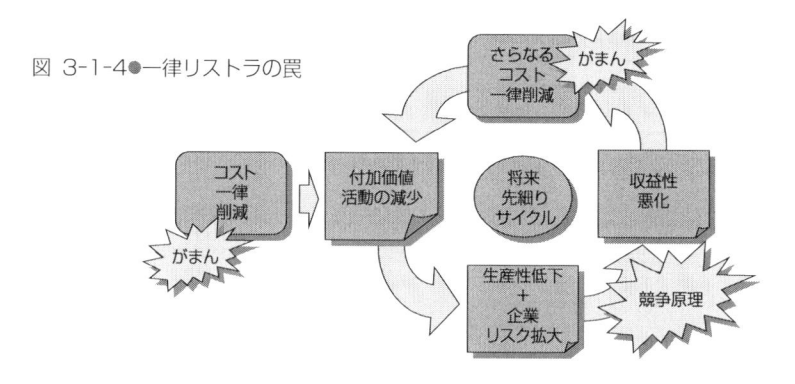

図 3-1-4●一律リストラの罠

"これからの時代はどんなにがまんしたって誰も助けてくれない"

(6) 営業の人数を増やさず営業力を倍増させた好例
（自動車販売会社の例）

　ABC分析を行った結果，望ましい形でのコスト削減と生産性の向上を実現した事例をここで紹介したい。図表はある自動車販売会社における営業力改善の事例である。この会社では営業職の活動をABC分析した結果，正味営業時間が17％であることが判明した。思いの外，事務作業に時間がかかっているということである。改善策として，営業職社員の事務業務を事務職社員が電話で聞き出しその場で入力する業務プロセスにした結果，営業職の事務処理時間，会社に行く時間が削減され，正味営業時間が倍増した（全体時間の17％から35％へ）。また成績の悪かった契約営業職を数人減らすことでコールセンター投資費用の捻出にも成功した。業務のスリム化をうまく行うことで，コスト削減と営業力の倍増を実現したという事例である。

図 3-1-5●営業の人数を増やさず営業力を倍増させた好例

営業職の限りある貴重なアクティビティコスト内訳

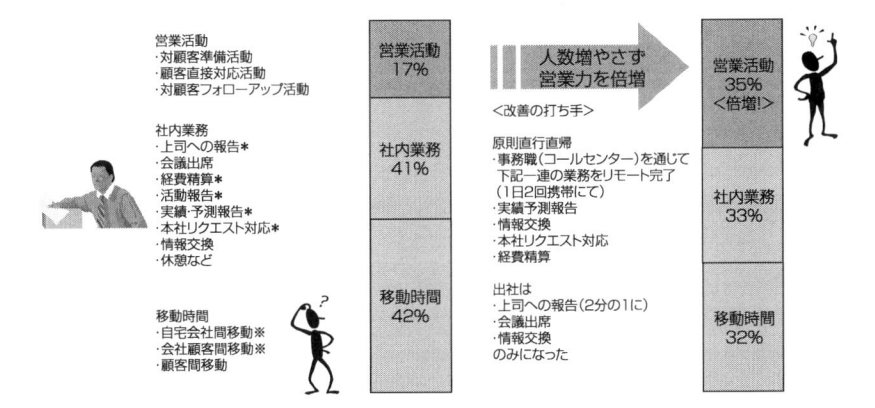

営業活動
・対顧客準備活動
・顧客直接対応活動
・対顧客フォローアップ活動

社内業務
・上司への報告※
・会議出席
・経費精算※
・活動報告
・実績・予測報告※
・本社リクエスト対応※
・情報交換
・休憩など

移動時間
・自宅会社間移動※
・会社顧客間移動※
・顧客間移動

営業活動 17％
社内業務 41％
移動時間 42％

人数増やさず営業力を倍増

＜改善の打ち手＞
原則直行直帰
・事務職（コールセンター）を通じて下記一連の業務をリモート完了（1日2回携帯にて）
・実績予測報告
・情報交換
・本社リクエスト対応
・経費精算

出社は
・上司への報告（2分の1に）
・会議出席
・情報交換
のみになった

営業活動 35％ ＜倍増！＞
社内業務 33％
移動時間 32％

営業職のABCの結果，正味営業時間が17％であることが判明。社員の事務業務（上記※）を事務職が電話で聞き出しその場で入力するプロセスにした結果，営業職の事務処理時間，会社に行く時間（時期※）が削減され，正味営業時間が倍増した。成績の悪かった契約営業職を数人減らすことでコールセンター投資費用を捻出

(7) 商品担当の人数を増やさず商品開発力を倍増させた好例（小売業の例）

別の事例を紹介しよう。図3-1-6はある小売業において，商品担当者の人数を増やすことなく，商品開発力を倍増させることに成功した事例である。商品担当職（マーチャンダイザー＝商品仕入・新製品開発担当）職の活動をABC分析した結果，他社にない独自商品の開発時間（競争力源泉業務）がわずか5％であることが判明。改善策として，「情報の標準化とデータベース化」，「意思決定基準の明確化」，「インターネットなどによる情報共有手段により，やり取りの削減」，「スキャナ，デジカメ活用」，「無料ネットミーティングシステムの導入」，「会議回数の削減と会議内容の標準化，簡素化」などを採用した。これらの標準化，基準明確化，IT活用の徹底により，6ヶ月後には競争力源泉業務が実に6倍になった。本来注力すべき業務に十分に経営資源＝時間を割いていないということはままあることだが，このように定量的に実情を把握することで，より効果的な改善が期待できるというのはABC/ABMの優れたところである。

図 3-1-6●商品担当の人数を増やさず商品開発力を倍増させた好例

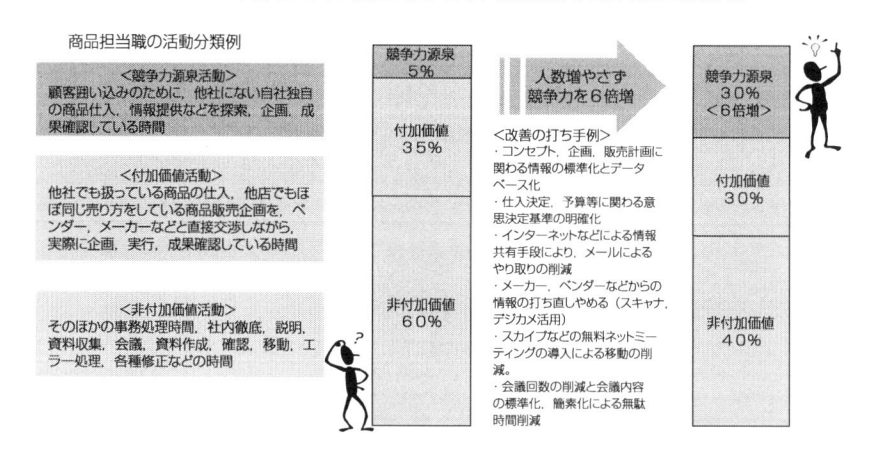

商品担当職（マーチャンダイザー＝商品仕入・新製品開発担当）のABCの結果，他社にない独自商品の開発時間（競争力源泉業務）が5％であることが判明。標準化，基準明確化，IT活用による移動削減などと，ニュースレターなどの啓蒙活動の徹底により，6カ月後には競争力源泉業務が6倍増になった。

(8) 企業競争力増強ステップ

　ここで企業の競争力そのものを増強する場合のステップについて考えてみよう。まずは「個人が持っている強みに気付いてない」状態をABMで可視化し，「強みに気付いているが，社内でも他人には真似できない」状態を経て，業務プロセス化し，「会社のプロセスにし，他人でもできるようにする」いわば，「プロセス化されている会社の強み」へと変換していくことが求められる。

　同様に「プロセス上の強みに気付いていない」状態をABMによる可視化を行うことで，「プロセス上の強みに気付いている」状態を経て，最終的には，個人の強み，会社の強みの両方を兼ね備えた「新しい商品，顧客を通し，新規事業を構築する」という状態を目指すことが望ましい。

　競争力源泉活動の項目でも述べたが，この活動が標準化・プロセス化できると圧倒的な差別化要素になるが，競合に真似されやすくなる危険性もあるので，あえて可視化したり標準化しない，いわゆる「職人的競争力」を維持しようとする組織も少なからず存在することを付記する。

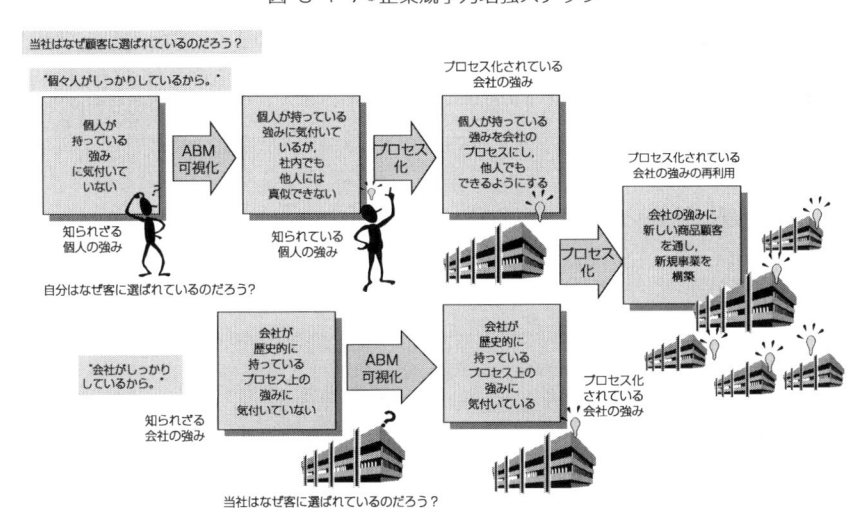

図 3-1-7●企業競争力増強ステップ

(9) 企業競争力増強ステップ（人材派遣業 A 社の例）

例えば人材派遣業 A 社において「営業担当者 S 君の派遣する案件はなぜか客からのクレーム，トラブルがない。いつもリピート注文をとれる。それはなぜだろうか？」という個人の強みに注目したとき，ABM によって S 君の実際の行動を可視化し，分析し，同様のアプローチをプロセス化し，社内に導入した。

S 君のメモから構築した人材ニーズの聞き取りシートを作成し，営業担当者全員に実践させた。結果として，派遣者決定の際，聞き取りシートをもとに，細かいニーズに対応した人材を派遣することが可能になり，これらのプロセスの積み重ねによって企業内に多くの企業の人材ニーズが聞き取れており，蓄積されているといった状況を実現でき，さらにはこれらのデータを統計的に処理しトレンドやニーズに合った採用や教育のアウトソース事業を開始するに至った。

優れた個人の活動パターンを ABC で分析することで通常社員の業務品質や生産性を向上させることを可能とした好例である。

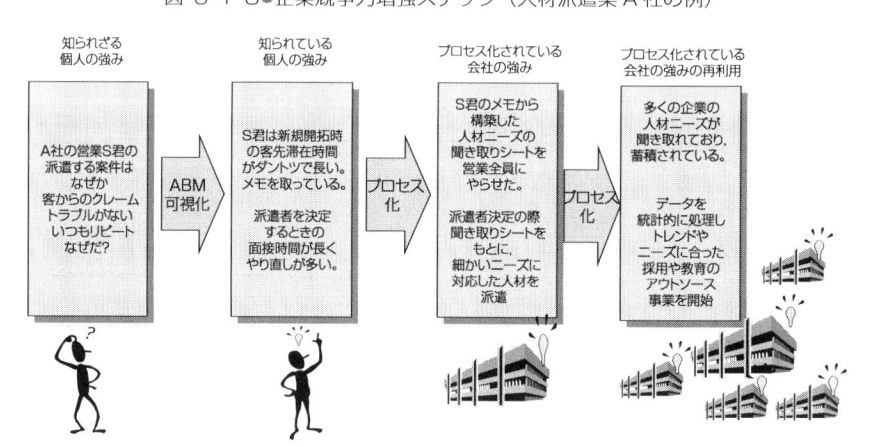

図 3-1-8●企業競争力増強ステップ（人材派遣業 A 社の例）

⑽ 企業競争力増強ステップ（卸売業B社の例）

別の事例を挙げてみよう。卸売業での事例である。卸売業B社では人件費削減のために最新の高速自動仕分装置を導入した。このシステムは人件費削減に貢献するとともに顧客の経営層が見学に来ることで営業効果も期待できる，と考えられていた。

ところがABC/ABMを用いて分析によりコストベースで可視化を図ったところ，人件費は確かに安く済んでいるが，仕分装置のコストがかさんでいて，むしろこの設備は運用上割高であることが判明した。

B社では短時間で作業を終えられることと，人件費がかからない強みを武器にして，受注締切時間を他社より遅く設定するサービスおよび夜間の仕分配送の物流アウトソース業務を構築した。ABM分析を行うことで，強みを把握し，他社にできないサービスを生み出し，新しい競争力の源泉にすることに成功したといえる。漠然としか理解していなかったシステム導入メリットも再検証することで新規事業開発につながるという好例である。

図 3-1-9●企業競争力増強ステップ（卸売業B社の例）

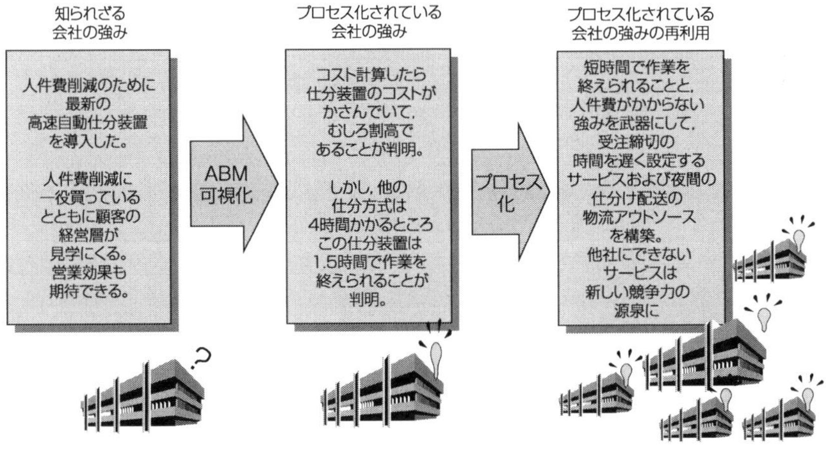

(11) 競争力増強アプローチ

　企業競争力の増強アプローチは以下のようにまとめられる。まずは「①戦略の明確化と共有を行う」。そもそも企業は何を目指し，どこへ向かおうとしているかが明確でないと改善策の策定もできないため，ここは非常に重要なプロセスである。次に，「②それらに基づき現状業務を可視化する」。ここで業務活動を分析する手法であるABCが生きてくる。そして「③その中から競争力源泉活動となるものを抽出」し，「④競争力の源泉となるようなビジネスプロセス化」するのだが，前述の人材派遣業A社の事例がそれに該当する。そして最後に「⑤新たな競争力の源泉となるビジネスを構築する」のであるが，これは卸売業B社の事例が好例であろう（前述した事例を再度参照いただきたい）。このことにより，結果として「直接コストの競争力増強」が図られ，マーケット拡大が可能となる。

図 3-1-10●競争力増強アプローチ

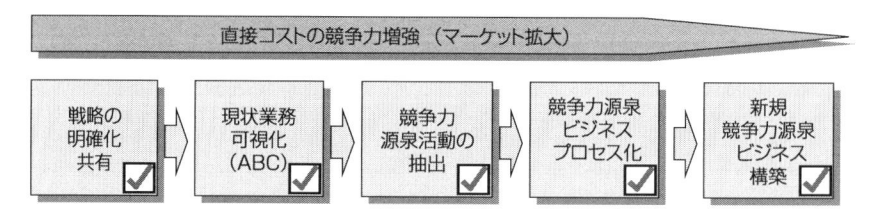

直接コストの競争力増強（マーケット拡大）

戦略の明確化共有 → 現状業務可視化（ABC） → 競争力源泉活動の抽出 → 競争力源泉ビジネスプロセス化 → 新規競争力源泉ビジネス構築

2●顧客ニーズ分析

(1) 顧客ニーズ調査・分析

　顧客価値分析において，どの活動を競争力源泉活動，付加価値活動，非付加価値活動（SC，VA，NVA）のそれぞれに切り分けるかがいつも課題となる。付加価値分析の対象となる活動を実際に実施している当人からすればすべての活動が付加価値活動であり，それを否定されることは自身の価値を否定することにもつながりかねない。

　一番わかりやすくて公平な方法が，そのまま顧客に聞いてみること，つまり顧客ニーズ調査・分析である。実施しているサービスおよびそれを構成している活動に対し，顧客に，競争力源泉活動，付加価値活動，非付加価値活動のいずれに当たるかヒアリングし，分類する。

図 3-2-1●顧客ニーズ調査・分析のモデル

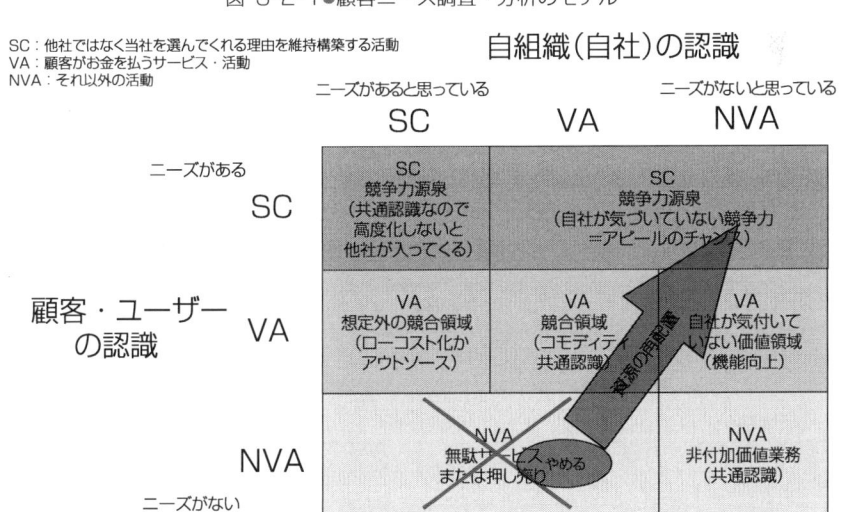

SC：他社ではなく当社を選んでくれる理由を維持構築する活動
VA：顧客がお金を払うサービス・活動
NVA：それ以外の活動

	自組織（自社）の認識		
顧客・ユーザーの認識	ニーズがあると思っている		ニーズがないと思っている
	SC	VA	NVA
ニーズがある SC	SC 競争力源泉（共通認識なので高度化しないと他社が入ってくる）		SC 競争力源泉（自社が気づいていない競争力＝アピールのチャンス）
VA	VA 想定外の競合領域（ローコスト化かアウトソース）	VA 競合領域（コモディティ共通認識）	VA 自社が気付いていない価値領域（機能向上）
ニーズがない NVA		NVA 無駄サービスやめるまたは押し売り	NVA 非付加価値業務（共通認識）

(2) サービス別顧客ニーズ分析の例

　サービス別顧客ニーズ調査では，横軸に自組織の認識度ないしは投入コスト，縦軸に顧客側のニーズの強度をとり，その交点に顧客に対して提供しているサービスまたは活動をプロットする。右上が両方とも必要としているサービス・活動であり，左下は両方とも必要としていない活動。右下が顧客は不要だと思っているのに，自社は重要だと思っているいわゆる「無駄打ちサービス」。左上は顧客が必要だと思っているのに自社が気付いていない，いわゆる「足りない付加価値サービス」である。

　「足りない付加価値サービス」は，より提供していることをアピールし顧客に競争力を認識させ，さらにそれらのサービス活動を強化する。「無駄打ちサービス」は経営資源投入を減らすか，顧客の認識が足りないのであれば逆にアピールしてその競争力を認識してもらう等の努力が必要となる。

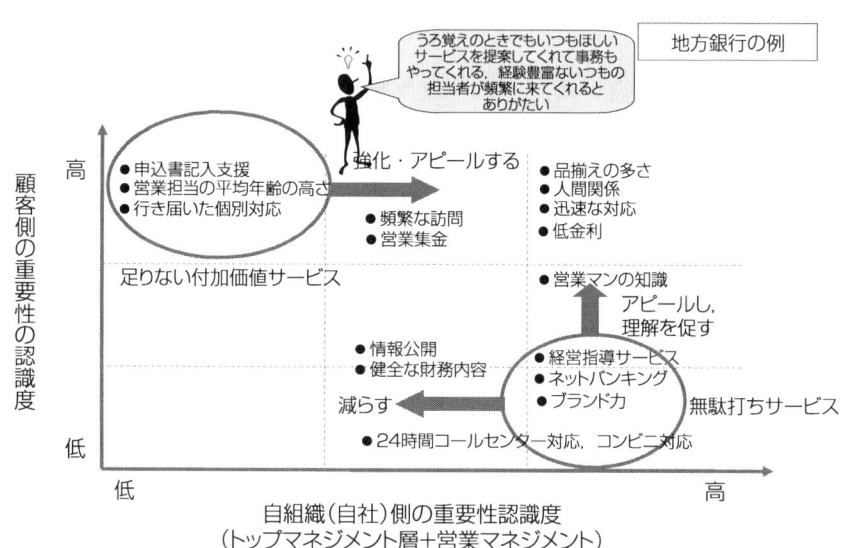

図 3-2-2●サービス別顧客ニーズ分析の例

地方銀行の例

うろ覚えのときでもいつもほしいサービスを提案してくれて事務もやってくれる，経験豊富ないつもの担当者が頻繁に来てくれるとありがたい

顧客側の重要性の認識度

高

● 申込書記入支援
● 営業担当の平均年齢の高さ
● 行き届いた個別対応

強化・アピールする

● 品揃えの多さ
● 人間関係
● 迅速な対応
● 低金利

● 頻繁な訪問
● 営業集金

足りない付加価値サービス

● 営業マンの知識

アピールし，理解を促す

● 情報公開
● 健全な財務内容

● 経営指導サービス
● ネットバンキング
● ブランド力

減らす

無駄打ちサービス

● 24時間コールセンター対応，コンビニ対応

低

低　　　　　　　　　　　　　　　　　　高
自組織(自社)側の重要性認識度
(トップマネジメント層+営業マネジメント)

(3) 顧客と自社認識のギャップ
　　～顧客ごとにニーズが違う～顧客A・B

　ここではある地方銀行で実施した2つの異なる顧客アンケート結果とそれに基づく打ち手について比較してみる（図3－2－3，3－2－4）。顧客Aは担当営業に対して商品の提案力や申込書の記入など雑多な事務作業を行ってくれる親切丁寧な個別サービスを求めていることがわかる。顧客Bは営業訪問に頼らず，インターネットサービスや24時間取引など，いつでもどこでも物理的な制約のない利便性の高いサービス提供を求めていることがわかる。

　これらさまざまな顧客ニーズを平均してもすべてのニーズが真ん中に集まってきてしまって無意味である。顧客ニーズは平均するのではなく，バラバラの顧客ニーズを「個別サービス要求型」，「サービス無用価格重視型」，「頻繁訪問要求型」，「24時間ネット型」などのようにカテゴリー分類する。さらに，分類ごとの利益性を顧客別管理会計を用いて客観的に評価した上で，顧客カテゴリーごとにどのようなサービス・活動を強化すべきか，または省力化すべきか？を検討することが必要である。

図 3-2-3●顧客と自社認識のギャップ～顧客ごとにニーズが違う～　顧客Aの場合

地方銀行の例

うろ覚えのときでもいつもほしいサービスを提案してくれて事務もやってくれる。経験豊富ないつもの担当者が頻繁に来てくれるとありがたい

顧客側の重要性の認識度

高
- ● 申込書記入支援
- ● 営業担当の平均年齢の高さ
- ● 行き届いた個別対応

価値あり 足りない付加価値サービス

- ● 頻繁な訪問
- ● 営業集金

- ● 品揃えの多さ
- ● 人間関係
- ● 迅速な対応
- ● 低金利

価値あり 競合領域

- ● 営業マンの知識

価値なし

- ● 情報公開
- ● 健全な財務内容

- ● 経営指導サービス
- ● ネットバンキング
- ● ブランド力

価値なし 無駄サービス

● 24時間コールセンター対応、コンビニ対応

低　　　　　　　　　　　　　　　　　　　　　　　　　　　　　　　　　　　　高

自組織(自社)側の重要性認識度
(トップマネジメント層＋営業マネジメント)

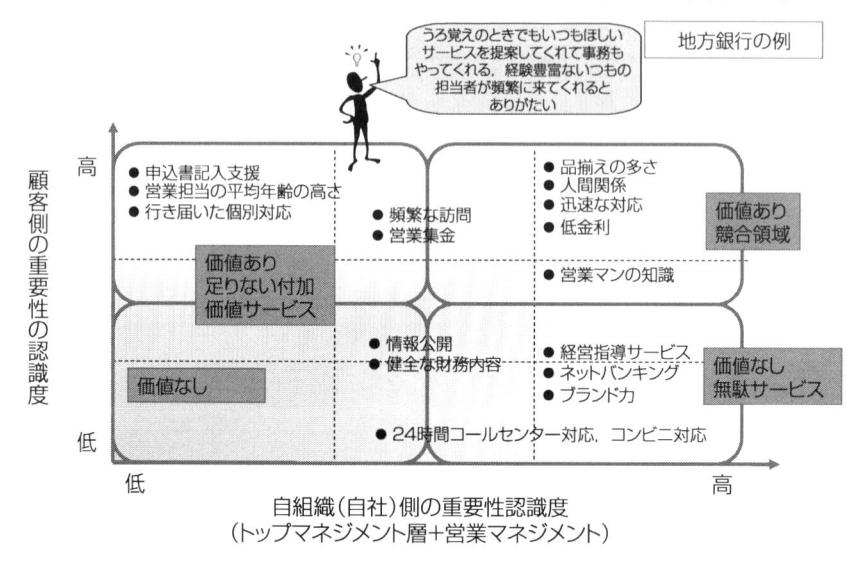

図 3-2-4●顧客と自社認識のギャップ～顧客ごとにニーズが違う～　顧客Bの場合

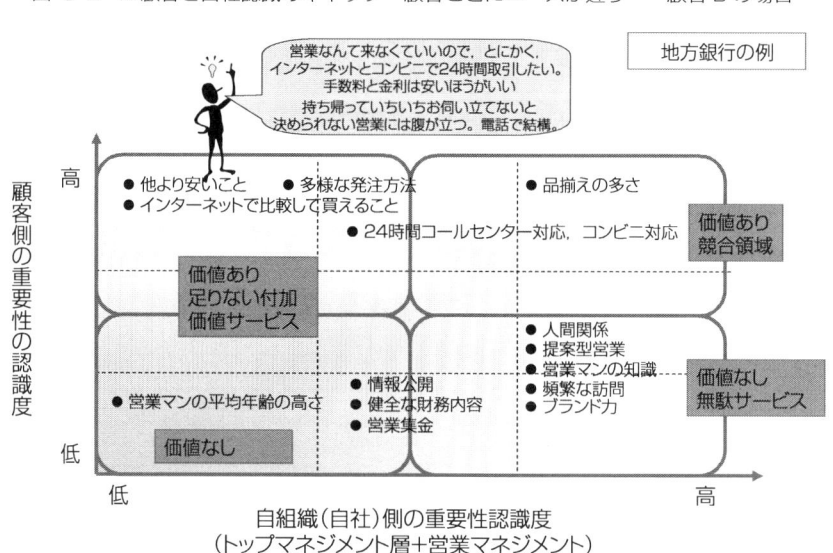

地方銀行の例

営業なんて来なくていいので、とにかく、インターネットとコンビニで24時間取引したい。手数料と金利は安いほうがいい。持ち帰っていちいちお伺い立てないと決められない営業には腹が立つ。電話で結構。

顧客側の重要性の認識度

高
- ● 他より安いこと
- ● 多様な発注方法
- ● インターネットで比較して買えること

- ● 24時間コールセンター対応、コンビニ対応

- ● 品揃えの多さ

価値あり 競合領域

価値あり 足りない付加価値サービス

- ● 営業マンの平均年齢の高さ

- ● 情報公開
- ● 健全な財務内容
- ● 営業集金

- ● 人間関係
- ● 提案型営業
- ● 営業マンの知識
- ● 頻繁な訪問
- ● ブランド力

価値なし 無駄サービス

価値なし

低　　　　　　　　　　　　　　　　　　　　　　　　　　　　　　　　　　　　高

自組織(自社)側の重要性認識度
(トップマネジメント層＋営業マネジメント)

3● その他の活動分類

(1) スキル（技能）分類

　ここでは業務を ABC により細分化された活動ごとに，業界や企業知識と専門性という2つの視点でスキル分類をする。活動ごとにスキルレベルを整理し分析することで，本来その活動をどの社員（人的資源）に担当させるべきか意思決定できる。高単価の人材はより専門性が高く，業界知識を必要とする活動を行うべきであり，それらのスキルを必要としない活動に高スキル，高コストな人的資源を割り当てるのは明らかにコスト高で非効率である。

　業界知識とは企業がビジネスを行う上で必要な，業界特異性，業界の慣例・慣習，競合状況，特有のビジネスモデルといった，当該業界において不可欠な知識である。また専門性とは特定の活動を多くの経験を積むことにより成熟度が増す活動である。

図 3-3-1 ● スキル（技能）分類

	専門性：高い活動	専門性：低い活動
業界・企業知識：必要な活動	社員がすべき活動 （業界・企業知識要・専門性高）	若手社員がすべき活動 （業界・企業知識要・専門性低）
業界・企業知識：不要な活動	専門家にアウトソースすべき活動 （業界・企業知識不要・専門性高）	効率化・低コスト化対象活動 （業界・企業知識不要・専門性低）

(2) スキル（技能）分類例（間接部門のスキル分類）

　スキル分類を用いて間接部門のスキル項目を整理した例を挙げる。業界・企業の独自性が必要なスキル区分の項目にある，対象部門のビジョン・戦略の理解や企業ルールの理解など，業務を遂行する上で必要な自社の独自の情報を理解できることは間接組織の社員のみならず，企業に属するメンバーとしては不可欠な項目である。

　一方で業務の専門性が求められる各種の法規制，制度をはじめとする専門知識や特殊技能を必要とされるスキルは社内の人的資源で実行するよりも外部の専門家を活用するほうが通常有効であるが，企業のマネジメント上競争力の開発やリスクマネジメントの高度化を図るためには，業界・企業独自性と業務専門性との両方のスキルが必要となる。

図 3-3-2●スキル（技能）分類例（間接部門のスキル分類）

スキル区分	スキル区分説明	スキル項目
業界・企業独自性	業務の遂行に必要な自社独自の情報およびノウハウ	対象部門のビジョン・戦略の理解
		企業内ルールの理解
		自社商品・サービス・技術の理解
		自社の市場・顧客の理解
		顧客・社外との交渉力
		他部門の機能の理解（社内業務の理解）
		商談プロセスの理解
		社内システムの理解
業務専門性	業務の遂行に必要な専門知識および技術	各種社会保険制度に関する知識
		年金制度に関する知識
		退職給付に関する知識
		業績配分に関する知識
		給与支払に関する知識
		人員計画（短期・中期・長期）に関する知識
		人事異動・配置，出向・転籍に関する知識
		退職予測管理と雇用調整に関する知識
		採用に関する知識
		人事評価制度に関する知識
		雇用制度に関する知識
		他

(3) わくわく度（モチベーション）分析

わくわく度分析とは文字どおり対象となる活動を行う際のモチベーションの度合いを分析する手法である。組織の雰囲気や、社員間の連携やコミュニケーションの実態を掴むのに有効な分析手法である。

ABCリストで細分化された活動に対して分析の切り口としてモチベーション分類（ここでは高、中、低としている）を付け業務比率を分析する。社員別にこのモチベーション分析結果と業務の生産性（営業成績や書類作成時間など）を比較すると、通常モチベーション比率が高い社員のほうがよりパフォーマンスが高いことが多い。ABCリストを用いて、モチベーションの低い活動に対する打ち手を検討できる。例えば、担当の変更や低モチベーションの理由がスキル不足にあるならスキル強化を行うなど、心理的な要因とは別に、社員の活動レベルでモチベーションアップにつながる施策の検討が可能となる。

また、組織ごとにモチベーションを集計し、比較したり、リーダーとメンバーのモチベーションを集計、比較するなど、さまざまな分析が可能である。

図 3-3-3●わくわく度（モチベーション）分析

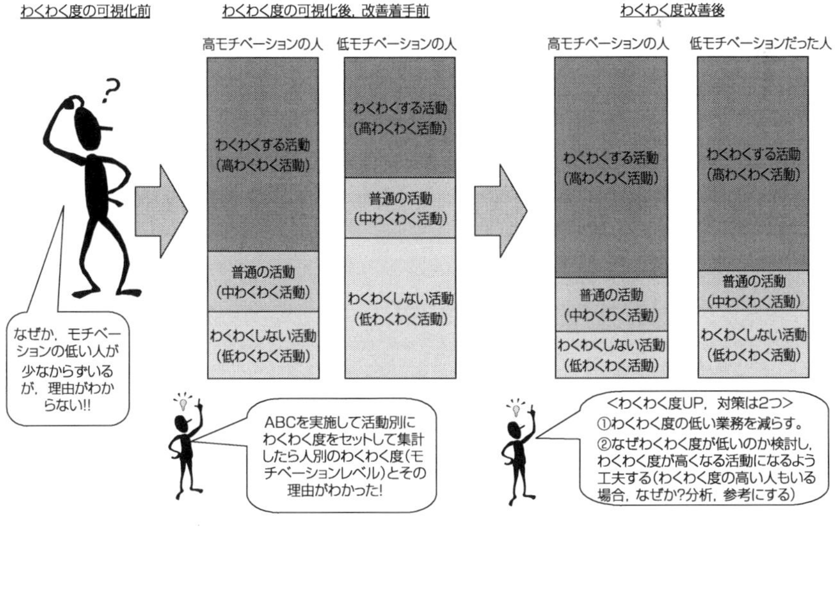

(4) わくわく度分析の例（営業管理職の例）

営業管理職の例を用いてみてみよう。A 部長から D 課長までの各担当者の活動のにわくわく度分析の分類をして集計してみると，個人によってわくわく度の比率にばらつきがあることがわかった。中でも B 課長と C 課長のわくわく度が他と比べて低い。活動レベルまでドリルダウンして明細分析してみると，わくわく度の低い活動は共通して移動と部内会議であることがわかった。この２つの活動に対するわくわく度の低い理由を個別にヒアリングをし，要因を取り除く具体的な打ち手を実行できればよい。

このように，ABC により活動単位に人的資源がどれだけ時間・コストをかけているか分析ができるため，モチベーション分類をセットすることで，モチベーションが低い活動を探し出し，モチベーションアップにつなげることができる。

図 3-3-4●わくわく度分析の例（営業管理職の例）

わくわく度集計結果

担当者	わくわく度	年間ワークロード(分)	構成比	平均差異
A部長	高	128,470	89%	29%
	中	10,509	7%	-7%
	低	5,821	4%	-21%
	集計	144,799	100%	0%
B課長	高	93,202	56%	-4%
	中	16,124	10%	-5%
	低	57,854	35%	9%
	集計	167,180	100%	0%
C課長	高	96,947	51%	-9%
	中	10,699	6%	-9%
	低	82,898	44%	18%
	集計	190,544	100%	0%
D課長	高	60,271	47%	-13%
	中	54,212	42%	28%
	低	13,642	11%	-15%
	集計	128,124	100%	0%
平均	高	94,722	60%	
	中	22,886	15%	
	低	40,054	25%	
	集計	157,662	100%	

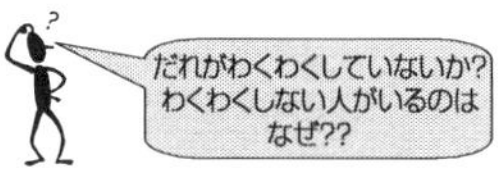

わくわく度別ワークロードTOP5

B課長

高わくわく活動

	年間ワークロード(分)
受注(FAX)	31,480
商談	28,468
店舗調査	5,280
返品	5,101
受注(電話)	3,988

低わくわく活動

移動	23,664
会議(部内)	20,644
開店応援	2,880
打ち合せ(部内)	2,607
業務推進目標管理表(半期)	2,340

C課長

高わくわく活動

受注(店舗)	55,073
受注(FAX)	20,231
商談	7,434
受注(電話)	4,693
品出し	4,171

低わくわく活動

移動	60,482
会議(部内)	11,220
開店応援	2,880
原価割リスト記入	2,781
見積書作成	1,660

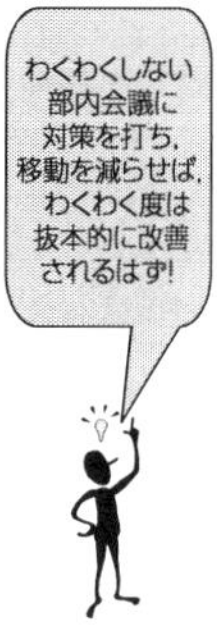

⑸ とことん分析
（アクティビティレベルの分析では足りないときの詳細分析）

　ABCリストを用いた分析に加えて，さらに詳細な分析手法を紹介する。ABCの結果，事前に分類された活動の詳細度では，その活動の品質や性質を判断する材料として十分でない場合が多くある。

　ある企業の営業組織において，会議やプレゼンテーション準備にコストと時間が費やされていることがわかった。会議時間の短縮やプレゼンテーション準備の効率化に対する定性的な指示やキャンペーンがなされてはきたが，本質的な解決策にならなかった。ABCを実施してもやはり同様の結果が出た。ここではこの会議をどうとことん分析するのか見ていきたい。ここでいう「とことん分析」とは「とことん細かく・深く分析する」ことを示している。

　まず何をとことんまで分析するのか目的を決める。会議の内訳（アジェンダ別の所要時間），参加者の付加価値（発言回数，発言内容）など，何を検証するためにとことん調べるのかを明確にする。またある程度の仮説をもって会議の運営方法を分析すれば無駄な時間の使い方が見えてくる。例えば会議中に手持ち資料の説明が30分かかっているとすると，事前に資料配布し参加者各自が目を通しておけば，その時間は大幅に削減することが可能である。また報告を受けるだけの会議に全員が参加している必要が本当にあるのかなどの仮説をベースに検討することで，報告目的の会議はメールに置き換えることもできる。

　また，これらを先ほどのわくわく度分析と組み合わせてみてもよい。なぜならば，単に時間がかかる活動はそれを行う社員にとって，毎回わくわく度の低い苦痛を伴う業務であることが多いからだ。何も決まらずと特定の声の大きな人だけが発言するような長時間に渡る定例会議はまさにその一例であろう。

図 3-3-5 ● とことん分析の例（会議運用の改善）

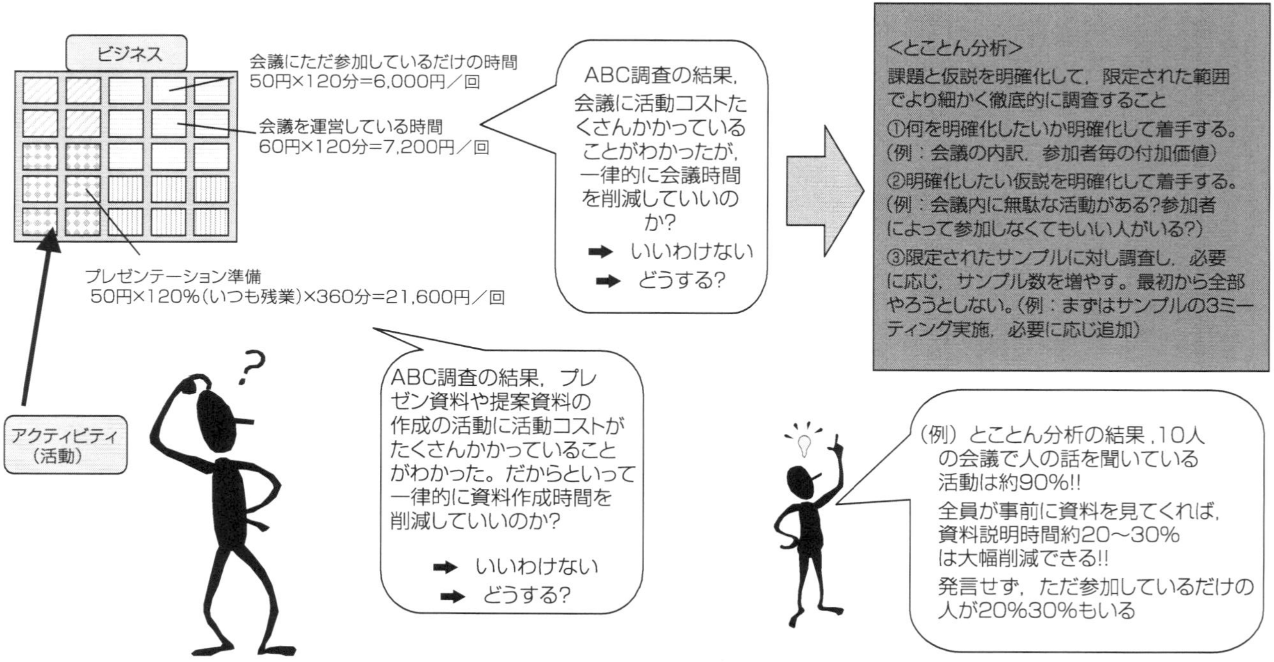

<とことん分析>
課題と仮説を明確化して、限定された範囲でより細かく徹底的に調査すること
① 何を明確化したいか明確化して着手する。（例：会議の内訳、参加者毎の付加価値）
② 明確化したい仮説を明確化して着手する。（例：会議内に無駄な活動がある？ 参加者によって参加しなくてもいい人がいる？）
③ 限定されたサンプルに対し調査し、必要に応じ、サンプル数を増やす。最初から全部やろうとしない。（例：まずはサンプルの3ミーティングで実施。必要に応じ追加）

（例）とことん分析の結果、10人の会議で人の話を聞いているだけの活動は約90%！！
全員が事前に資料を見てくれれば、資料説明時間約20〜30%は大幅削減できる！
発言せず、ただ参加しているだけの人が20%〜30%もいる

ABC調査の結果、会議運営にコストがくさんかかっていることがわかったが、一律的に会議時間を削減していいのか？
→ いいわけない
→ どうする？

会議にただ参加しているだけの時間
50円×120分＝6,000円/回

会議を運営している時間
60円×120分＝7,200円/回

プレゼンテーション準備
50円×120分（いつも残業）×360分＝21,600円/回

ビジネス

アクティビティ（活動）

ABC調査の結果、プレゼン資料や提案資料作成の活動にコストがたくさんかかっていることがわかった。だからといって一律的に資料作成時間を削減していいのか？
→ いいわけない
→ どうする？

96

(6) とことん分析の例
(システム企業の提案書作成活動内訳分析の例)

　この企業において，会議に次いで時間がかかっており，品質を問われる代表的な活動は提案書作成である。この分析ではABCリストを分析した結果，営業担当者ごとに提案書の作成という活動に費やす時間にも大きな差があることがわかった。

　また各営業担当者が過去に作成した提案書を集め，それをページごとに分類し，内容の内訳をとことん分析してみたところ，その目次構成や目次毎の内容量にもばらつきがあることがわかった。提案書を短時間でかつ品質の高いものにするため，誰が作っても同じものは標準化，フォーマット化し，またいくつかのサービス分類ごとに提案の流れをパターン化することで作成時間を短縮することが可能となった。また短縮された時間を提案書の質を高める時間，例えば顧客ニーズを深く調査，分析，訴求するなど，他社との差別化要因を訴えるページのブラッシュアップなどに置き換えることが可能となった。結果，提案の品質強化とコストダウンが両立したことになる。

図 3-3-6●とことん分析の例（システム企業の提案書作成活動内訳分析の例）

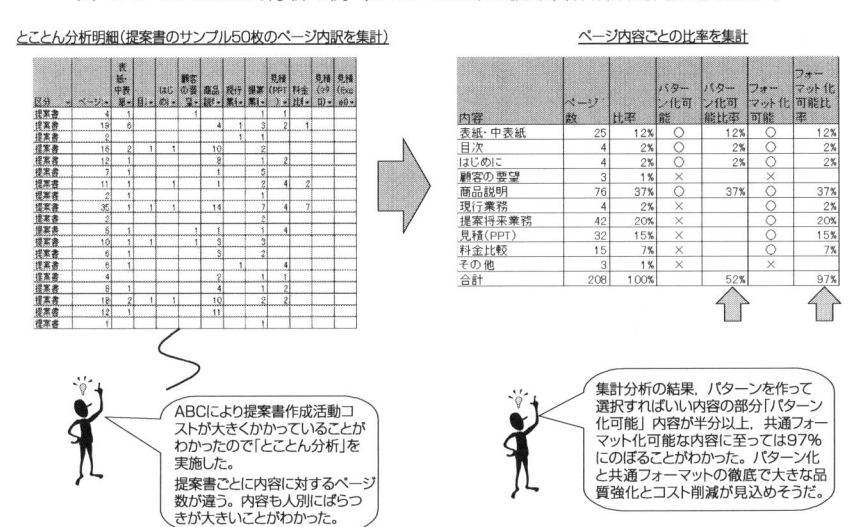

とことん分析明細(提案書のサンプル50枚のページ内訳を集計)

ページ内容ごとの比率を集計

内容	ページ数	比率	パターン化可能	パターン化可能比率	フォーマット化可能	フォーマット化可能比率
表紙・中表紙	25	12%	○	12%	○	12%
目次	4	2%	○	2%	○	2%
はじめに	4	2%	○	2%	○	2%
顧客の要望	3	1%	×		×	
商品説明	76	37%	○	37%	○	37%
現行業務	4	2%	×		○	2%
提案将来業務	42	20%	×		○	20%
見積(PPT)	32	15%	×		○	15%
料金比較	15	7%	×		○	7%
その他	3	1%	×		×	
合計	208	100%		52%		97%

ABCにより提案書作成活動コストが大きくかかっていることがわかったので「とことん分析」を実施した。
提案書ごとに内容に対するページ数が違う。内容も人別にばらつきが大きいことがわかった。

集計分析の結果，パターンを作って選択すればいい内容の部分「パターン化可能」内容が半分以上，共通フォーマット化可能な内容に至っては97%にのぼることがわかった。パターン化と共通フォーマットの徹底で大きな品質強化とコスト削減が見込めそうだ。

第4章

ABMの適用と効果

1 ● プロセス改善

(1) プロセス改善とその抽出手法

ABCリストを用いたプロセス改善の進め方は以下7つのステップで進める。プロセス改善の対象業務範囲や組織人数にもよるが，情報の鮮度を保つためにも①〜⑥までのステップを約3ヶ月で完了することを目標にしたい。長期化すると，組織や業務プロセスが変更されたり，改善のモチベーションが維持しにくくなるからである。

① ABCリスト準備

対象業務に関する社内資料，過去のプロジェクト資料，部門長のインタビューなどからアクティビティリストを作成する。アクティビティリストは分類ごとに体系的にかつ規則的に整理され，第三者が客観的に理解できることが望ましい。

アクティビティリストをもとに，業務担当者に対し，インタビューないしはアンケート調査を実施し，細分類の追加，修正を行い，その後細分類アクティビティごとの実施時間，実施回数を調査する。実施時間と実施回数を乗算し年間の作業時間の合計を算出する。

通常インタビュー，アンケートによって積み上げられる作業時間の合計は実際の業務時間をオーバーしていたり，下回ったりすることが多い。ホワイトカラー業務に関するABC調査では，非定型業務が多く，業務内容と時間にばらつきが生じやすいため，特にこの傾向が出やすい。より実態業務を正確に反映させるために，細分類アクティビティの網羅性の検証，または作業時間が大きいものや実施回数が多いものから検証を行い，データの精度を向上させることが必要となる。ABCを用いたプロセス改善において，このデータの収集と精度向上がプロジェクトの成功を左右する最大のポイントといえる。なぜならすべての分析や効果検証はこのデータをもとに算出され，データそのものの信憑性が調査・分析の成功を左右するからである。

② 抽出ソート

　ABCリストの準備が整ったら，次にそのデータをもとに改善機会の抽出を行う。このデータ分析において大量のデータに埋もれないために，まずアクティビティ大分類などハイレベルな単位で時間やコストの大きいアクティビティに着眼する。さらに中分類，小分類，細分類，分析の切り口とのクロス集計という順にデータを加工し分析するとよい。

　コストの大きいアクティビティは改善機会が大きい可能性が高いし，単価の高い人が実施している活動は役割の変更による改善できる可能性が大きい。

　付加価値分析した場合は，非付加価値活動を抽出，コストの大きいアクティビティを抽出する。スキル分析をした場合は，それぞれのスキル分類で大きい順に並べる。このように分析の切り口を設定した場合，各切り口ごとにコストの大きいアクティビティを把握することが，改善機会を探る近道になる。

　また，コストの大きい順に並べ，パレート分析すると，やはり20対80の法則が成り立つことが多い。つまり，トップ20％の活動で80％のコストを占めていることが多いということである。活動を細かくしたからといってすべてを分析対象にする必要はないかもしれない。まずはトップ20％を分析するのが分析の効率性をアップさせるには有効である。

③ 原因究明

　改善機会の抽出が終わったら，アクティビティの問題点とその原因を究明する。例えば，他社，もしくは他部門と同じアクティビティを実施しているにもかかわらず，1回当たりの作業時間が長いということであれば，どこかに原因があるはずである。また同じアクティビティを行っているのに実施回数が多いなどが着眼点となる。実施時間が長い，実施回数が多いというデータから見える事実は必ずしもネガティブなものとは限らないが，着眼するポイントとして改善効果の高いアクティビティであることが多い。

　図表に示した事例ではプロマネごとのやり直し時間について作業時間に大きなばらつきがあることをデータから指摘している。要件確認にきっちり時間（1回当たりの要件確認時間）を掛けるプロマネはやり直し作業が少ないというような，後工程のやり直しが少ないのは，前工程に費やされる時間を多くとり，品質を保っているからだということがわかる。

④ 改善策検討，改善効果試算

　原因が究明されたら，それらに対する改善策を検討する。図表に示す例を見ると，個人差がある要件確認作業の品質を向上するために，モデルになりうる"できるプロマネ"のやり方を標準化して全員で徹底する。品質を標準化するためにテンプレート化し要件チェックシートとしてツール化し，事前入力を徹底するというような改善策を策定する。

　改善策に基づきそれぞれのアクティビティの改善効果の試算を行う。増加や削減対象となるアクティビティの実施時間や回数を，改善策のシナリオに合わせて作業時間を再計算する。

　改善効果を試算すると経営的効果がはっきりするので，実行へのモチベーションが増す。もちろん試算は試算であるから，実際は改善実行後違う結果が出ることもありえるが，この試行錯誤の繰り返しの蓄積により，試算精度が増すことになる。

⑤ 優先順位設定

　原因究明により抽出された改善機会に対する改善策検討と改善効果試算が完了したら，それらの改善施策に優先順位を設定する。すべての改善策を実施するのは現実的ではないし，それに費やす時間やリソースにも限界がある。改善効果試算により改善効果の高い改善策が明確になるので，それらを着手容易性，重要度，緊急度などの要素と組み合わせて優先順位を決定する。緊急度が高く，重要度が高いものから着手優先順位を決定することになる。同様に，緊急度は低いが重要度が高い長期的な施策についても取組みのスタートの検討を同時並行的に進めることが，重要度の高い取り組み成果を早める結果になる。

⑥ 徹底体制，役割設定

　優先順位を設定し着手すべき改善策が決定したら，次にそれを改善に確実に近付けるための実行の徹底体制と実行責任者とアクションプランを策定する。いくら緻密な分析をして改善策を打ち立てても，明確な責任者と実現に向けてのアクションなしでは，せっかくの改善策も画に描いた餅で終わってしまう。ここで重要なのは経営層を巻き込んでの体制作りと実行の徹底である。現場任せの改善実行は，いつの間にか当事者意識が薄れ日々の業務に追われるという，それ以前の姿に容易に戻ってしまうことが多い。

⑦ 改善実行モニタリング

　改善実行計画に従い，予定どおり改善が実行されているかモニタリングする。先に述べたように改善実行を完全に現場任せにはせず，実行計画と実行のモニタリングは経営陣か企画部門にて継続実施するべきである。改善が実行されれば，最終的には，人事異動などの全社的施策として，経営的成果として数値として現れることになる。

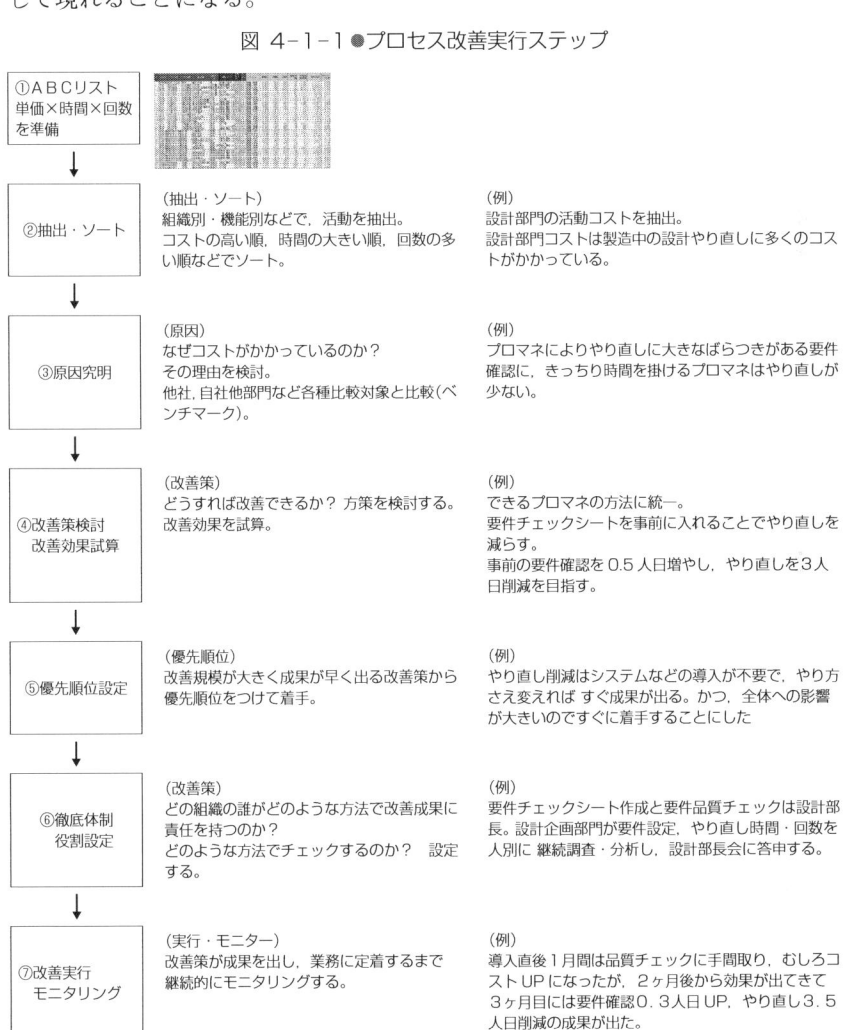

図 4-1-1 ● プロセス改善実行ステップ

①ABCリスト 単価×時間×回数を準備		
②抽出・ソート	(抽出・ソート) 組織別・機能別などで，活動を抽出。コストの高い順，時間の大きい順，回数の多い順などでソート。	(例) 設計部門の活動コストを抽出。設計部門コストは製造中の設計やり直しに多くのコストがかかっている。
③原因究明	(原因) なぜコストがかかっているのか？ その理由を検討。他社，自社他部門など各種比較対象と比較（ベンチマーク）。	(例) プロマネによりやり直しに大きなばらつきがある要件確認に，きっちり時間を掛けるプロマネはやり直しが少ない。
④改善策検討 改善効果試算	(改善策) どうすれば改善できるか？ 方策を検討する。改善効果を試算。	(例) できるプロマネの方法に統一。要件チェックシートを事前に入れることでやり直しを減らす。事前の要件確認を0.5人日増やし，やり直しを3人日削減を目指す。
⑤優先順位設定	(優先順位) 改善規模が大きく成果が早く出る改善策から優先順位をつけて着手。	(例) やり直し削減はシステムなどの導入が不要で，やり方さえ変えれば すぐ成果が出る。かつ，全体への影響が大きいのですぐに着手することにした
⑥徹底体制 役割設定	(改善策) どの組織の誰がどのような方法で改善成果に責任を持つのか？ どのような方法でチェックするのか？ 設定する。	(例) 要件チェックシート作成と要件品質チェックは設計部長。設計企画部門が要件設定，やり直し時間・回数を人別に 継続調査・分析し，設計部長会に答申する。
⑦改善実行 モニタリング	(実行・モニター) 改善策が成果を出し，業務に定着するまで継続的にモニタリングする。	(例) 導入直後1月間は品質チェックに手間取り，むしろコストUPになったが，2ヶ月後から効果が出てきて3ヶ月目には要件確認0.3人日UP，やり直し3.5人日削減の成果が出た。

(2) 長期的改善と短期的改善の例

　先に述べたプロセス改善とその抽出手法で説明した方法で，多くの改善策が出てくるはずである。ここではさまざまな改善の例を示す。対象組織が継続的に何らかの改善活動を行ってきたかどうかによりその期待効果は変わるが，改善活動を積極的に実施していない組織において，ABC/ABM手法を活用した改善策抽出は，3ヶ月以内に効果が見込める短期的改善は総コストの10%～30%，3ヶ月以上かかる長期的な改善は20%～40%の効果が見込めることが多い。

図 4-1-2 ● 長期的改善と短期的改善の例

- 短期的（改善着手より3ヶ月以内）な改善を狙える業務
  - 事前チェック，意識改革などで削減できるエラー処理
  - 段取り変え，並列処理，意識改革などで削減できる待ち時間
  - 目的，役割，成果を再確認にすることで削減できる無駄な業務
  - 上流部門の非効率が原因で発生している無駄な業務
  - 目的，役割，成果を再確認にすることで削減できる部門間重複業務
  - 各拠点でそれぞれ行う必要のない事務処理（集約化対象業務）
  - 人員の配備や段取り不適切なため残業が発生している業務
  - 以前は必要だったが今はいらなくなった無駄な業務
  - システムの活用が不十分で非効率が残っている業務
  - プロセスやシステムの設計が不十分で非効率になった業務
  - 管理者が見ていない報告書，日報
  - 得意ではない人がやっていて非効率な業務
  - 単価の高い人や社員がしなくてもいい業務
  - 誰も見ていない定期的なシステム出力帳票

  ＜改善目標の目安＞
  対象人件費の
  10～30%
  改善

- 中長期（改善着手より3ヶ月超）の取組みが必要な改善
  - 顧客との取組みが必要な改善
    ・取引条件・提案・価格交渉・受注・納入・請求・回収などのプロセス改善
  - 仕入先との取組みが必要な改善
    ・取引条件・提案依頼・価格交渉・発注・仕入・検品・請求・支払などのプロセス改善
  - 製造拠点・物流センター・基幹システム・製品の設計変更等大掛かりな投資が必要な改善
  - アウトソースや外部委託など，業務を社外に出すことの検討が必要な改善

  ＜改善目標の目安＞
  対象人件費の
  20～40%改善

(3) 改善探索の切り口とその分類

　図表は，改善探索の切り口とその分類である。このようなチェックリストを作成し，抽出された活動を評価しながら，改善策を探索する方法の活用も分析の網羅性を増すことになる。分類としては短期的に改善できる改善策から長期的にかかるものまで，「組織単体で実行可能な改善策」，「組織間の調整が必要な改善策」，「設備投資と啓蒙教育が必要な改善策」，「社外との取り組みが必要な改善策」のように分類できる。

図 4-1-3 ● 改善探索の切り口とその分類

短期改善

組織単体で実行可能
- 目的明確化・省略・省力化で活動削減
- チェック強化でエラー削減
- プロセス再設計で効率化・エラー削減
- 役割明確化・標準化で効率アップ・エラー削減
- スキル強化で効率アップ・エラー削減
- パート化・アルバイト化で単価削減

組織間の調整が必要
- 情報共有で業務効率化・無駄・待時間削減
- 上流業務品質向上で下流業務効率アップ
- 承認階層削減
- シェアドサービス活用

設備投資と啓蒙教育が必要
- 移動削減（直行直帰，電子会議，役割再配置）
- コールセンター活用による効率アップ
- システム化・ワークフロー化による効率アップ
- 画像・音声などセンサー活用
- 非同期通信による待ち時間削減・割込削減
- オフィスレイアウト・作業環境改善ワークスタイル変革
- 工場・物流センター・本社・支社の配置改善

社外との取組が必要
- アウトソーシング活用
- 顧客・仕入先との取組，ECR，(D) SCM
- 業界標準・行政との取組み

長期改善

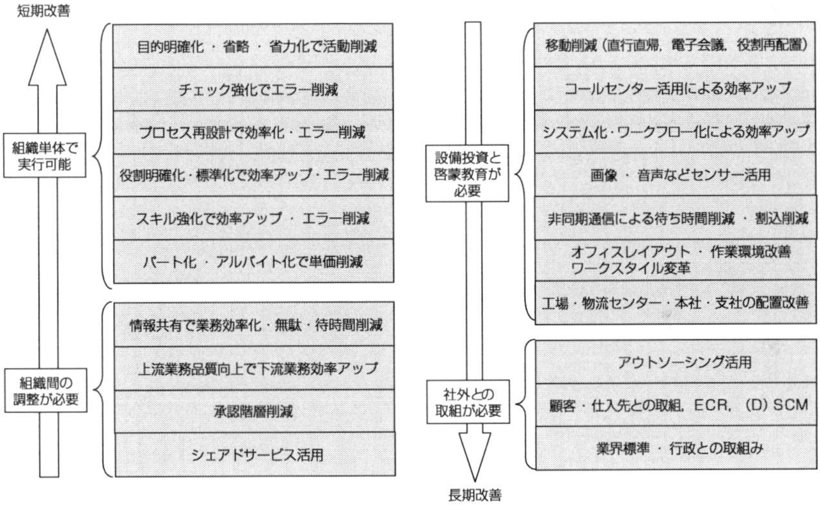

⑷ 改善策・効果試算分析例（経理業務改善データベース）

ABCリストを先に述べた切り口で1件1件活動単位に改善策を抽出すると，図表に示したような改善策のリスト「改善データベース」が作成できる。改善データベースの項目は，対象となる活動とその活動に対する改善策，改善策により期待できる期待効果試算，試算の根拠などが1行となり，リスト化される。1つの活動に多くの改善策が出ることもあるし，多くの活動に対し，1つの改善策が対応することもある。

図 4-1-4●改善策・効果試算分析例（経理業務改善データベース）

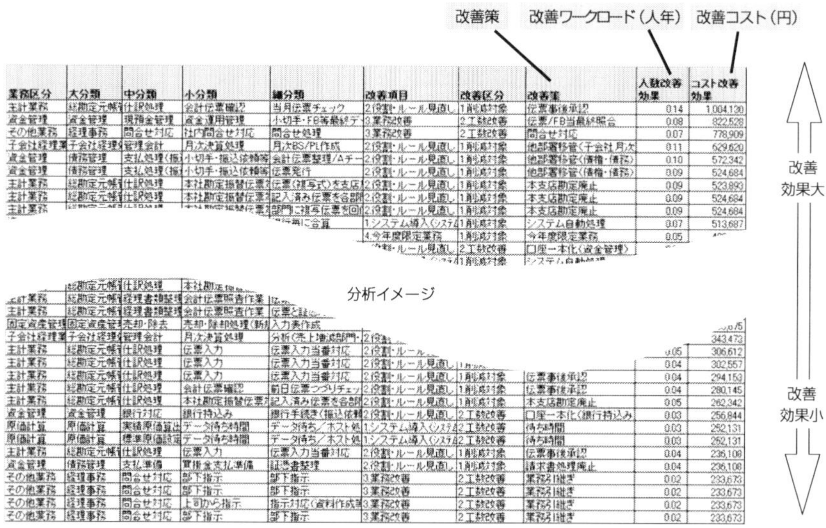

業務区分	大分類	中分類	小分類	細分類	改善項目	改善区分	改善策	人数改善効果	コスト改善効果
主計業務	総勘定元帳	仕訳処理	会計伝票確認	当月伝票チェック	2.役割・ルール見直し	1.削減対象	伝票事後承認	0.14	1,004,130
資金管理	資金管理	現預金管理	資金運用管理	小切手・FB等最終デ	3.業務改善	2.工数改善	伝票/FB当最終照合	0.08	822,528
その他業務	経理事務	問合せ対応	社内問合せ対応	問合せ処理	3.業務改善	2.工数改善	問合せ対応	0.07	778,909
子会社経理業	子会社経理	管理会計	月次決算処理	月次BS/PL作成	2.役割・ルール見直し	1.削減対象	他部署移管（子会社月次	0.11	629,620
資金管理	債務管理	支払処理（振	小切手・振込依頼等	会計伝票整理/Aチー	2.役割・ルール見直し	1.削減対象	他部署移管（債権・債務）	0.10	572,342
資金管理	債務管理	支払処理（振	小切手・振込依頼等	伝票発行	2.役割・ルール見直し	1.削減対象	他部署移管（債権・債務）	0.09	524,684
主計業務	総勘定元帳	仕訳処理	本社勘定振替伝票	伝票（複写式）を支店	2.役割・ルール見直し	1.削減対象	本支店勘定廃止	0.09	523,893
主計業務	総勘定元帳	仕訳処理	本社勘定振替伝票	記入済み伝票を各部	2.役割・ルール見直し	1.削減対象	本支店勘定廃止	0.09	524,684
主計業務				部門に複写伝票を回	2.役割・ルール見直し	1.削減対象	本支店勘定廃止	0.09	524,684
				行毎に合算	1.システム導入（システム	1.削減対象	システム自動処理	0.07	513,687
					4.今年度限定業務	1.削減対象	今年度限定業務	0.05	
					・ルール見直し	2.工数改善	口座一本化（資金管理）		
						1.削減対象			

業務区分	大分類	中分類	小分類	細分類	改善項目	改善区分	改善策	人数改善効果	コスト改善効果
	総勘定元帳	仕訳処理							
主計業務	総勘定元帳	経理書類整理	会計伝票照査作業						
主計業務	総勘定元帳	経理書類整理	会計伝票照査作業						
固定資産管理	固定資産管理	売却・除去	売却・除却処理（新規	入力表作成					
子会社経理業	子会社経理	管理会計	月次決算処理	分析（売上増減部門・	2.役割				343,473
主計業務	総勘定元帳	仕訳処理	伝票入力	伝票入力当番対応	2.役割・ルール			0.05	306,612
主計業務	総勘定元帳	仕訳処理	伝票入力	伝票入力当番対応	2.役割・ルール見直し			0.04	302,557
主計業務	総勘定元帳	仕訳処理	伝票入力	伝票入力当番対応	2.役割・ルール見直し	1.削減対象	伝票事後承認	0.04	294,153
主計業務	総勘定元帳	仕訳処理	会計伝票確認	前日伝票つづりチェッ	2.役割・ルール見直し	1.削減対象	伝票事後承認	0.04	280,145
主計業務	総勘定元帳	仕訳処理	本社勘定振替伝票	記入済み伝票を各部	2.役割・ルール見直し	1.削減対象	本支店勘定廃止	0.05	262,342
資金管理	資金管理	銀行対応	銀行持込み	銀行手続き（振込依頼	2.役割・ルール見直し	2.工数改善	口座一本化（銀行持込み	0.03	256,844
原価計算	原価計算	実績原価算出	データ待ち時間	データ待ち／ホスト処	1.システム導入（システ	2.工数改善	待ち時間	0.03	252,131
原価計算	原価計算	標準原価設定	データ待ち時間	データ待ち／ホスト処	1.システム導入（システ	2.工数改善	待ち時間	0.03	252,131
主計業務	総勘定元帳	仕訳処理	伝票入力	伝票入力当番対応	2.役割・ルール見直し	1.削減対象	伝票事後承認	0.04	236,108
資金管理	債務管理	支払準備	買掛金支払準備	証憑書整理	2.役割・ルール見直し	1.削減対象	請求書処理廃止	0.04	236,108
その他業務	経理事務	問合せ対応	部下指示	部下指示	3.業務改善	2.工数改善	業務引継ぎ	0.02	233,673
その他業務	経理事務	問合せ対応	部下指示	部下指示	3.業務改善	2.工数改善	業務引継ぎ	0.02	233,673
その他業務	経理事務	問合せ対応	上司から指示	指示対応（資料作成等	3.業務改善	2.工数改善	業務引継ぎ	0.02	233,673
その他業務	経理事務	問合せ対応	部下指示	部下指示	3.業務改善	2.工数改善	業務引継ぎ	0.02	233,673

(5) 改善策・効果試算分析例
（経理業務改善データベース：改善策別試算効果分析）

改善データベースに組織別の分類や，「コスト削減」，「残業削減」，「競争力向上」などの成果分類，先に述べた「組織単体で実行可能な改善策」，「組織間の調整が必要な改善策」，「設備投資と啓蒙教育が必要な改善策」，「社外との取り組みが必要な改善策」のような改善分類や「長期的改善」，「短期的改善」のような改善効果時期の分類の切り口を設定することで，それぞれの切り口別集計により効果発現の規模，スピード感，リスクなどが分類集計可能となる。

事例によると116百万円の総コスト（16人分）に対し約25％，総額29百万円のコスト削減（4.3人分）策が試算されている。この中で，役割・ルールの見直しのみで17百万円，2.8人分のコストが削減可能であることが試算されている。

図 4-1-5 ●改善策・効果試算分析例（経理業務改善データベース：改善策別試算効果分析）

(6) 改善策・効果試算分析例
（経理業務改善データベース：組織別試算効果分析）

図表に示した事例は組織別，改善項目別に改善策を集計したものである。現在7.1人でビジネス推進している経理Aチームは30%，4.8人の経理Bチームは18%，4.1人の経理Cチームは25%のコスト削減が試算されている。

図 4-1-6 ●改善策・効果試算分析例（経理業務改善データベース：組織別試算効果分析）

組織	改善項目	現状人数換算	現状コスト	人数改善効果	コスト改善効果	コスト改善効果率
経理Aチーム	2.役割・ルール見直し	1.75	10,689,667	1.56	9,527,909	89.13%
	1.システム導入(システム化)	0.78	4,994,663	0.55	3,501,892	70.11%
	3.業務改善	0.40	3,726,071	0.19	1,734,397	46.55%
	4.今年度限定業務	0.02	235,192	0.02	230,275	97.91%
	6.現状維持	3.43	25,024,042	0.00	0	0.00%
	7.間接工数	0.72	5,147,777	0.00	0	0.00%
経理Aチーム 集計		7.10	49,817,412	2.32	14,994,472	30.10%
経理Bチーム		0.64	4,095,636	0.59	3,740,930	91.34%
		0.33	2,244,069	0.28	1,894,881	84.__%
			621,760	0.06	615,___	
	3.業務改善	分析イメージ				
	5.検討中					
	6.現状維持					
	7.間接工数	0.44				0.00%
経理Bチーム 集計		4.84	36,449,116	0.97	6,649,019	18.24%
経理Cチーム	2.役割・ルール見直し	0.79	5,105,136	0.65	4,166,898	81.62%
	3.業務改善	0.20	1,922,280	0.13	1,281,089	66.64%
	1.システム導入(システム化)	0.55	3,204,519	0.14	1,131,434	35.31%
	4.今年度限定業務	0.17	1,027,053	0.16	966,432	94.10%
	5.検討中	0.00	4,437	0.00	0	0.00%
	6.現状維持	2.09	16,956,016	0.00	0	0.00%
	7.間接工数	0.28	1,766,143	0.00	0	0.00%
経理Cチーム 集計		4.09	29,985,585	1.09	7,545,853	25.16%
総計		16.03	116,252,113	4.38	29,189,345	25.11%

(7) 改善プロジェクト計画のアプローチ例

　ABCから出てきた改善策と効果試算をベースにプロジェクト計画を立て，実際の業務改善を実施する。図表は改善プロジェクト計画作成のアプローチ例である。ABCからの分析結果（改善データベース）と各部門の現状問題をインプットに「改善策を抽出」，「効果試算」，「重要性」，「担当者」，「スケジュール」の各項目を設定し，確認する基本的には推進プロジェクトチームと現場担当者の間で，これらの項目をワークショップ形式で確認しながら整理することが望ましい。経営者がこれらの改善計画を承認することで，プロセス改善のプロジェクト計画が完成する。

図4-1-7●改善プロジェクト計画のアプローチ例

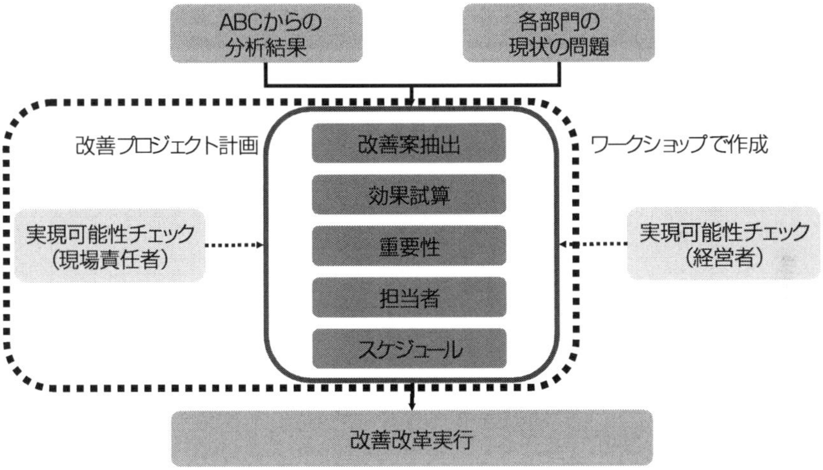

(8) 改善プロジェクト計画・管理表の例
　　（建設業プロマネ業務改革の例）

次頁図4-1-8に示した事例はとある建設会社の改善プロジェクト計画の例である。改善内容，改善試算効果，試算根拠，改善実行担当者，実施期間，着手ステータス，着手（予定）日，完了（予定）日が記載され，複数の改善実行策を統合的に管理できるようになっている。この表に，完了後の効果工数，効果金額が追加記載されることが多い。

(9) 改善障壁分析の例

改善策によっては，スムーズに実行可能なものと，さまざまな障壁がありえる場合がある。図4-1-9に示した事例はこの改善障壁ごとに，改善効果を集計したものである。

改善障壁がなく，スムーズに実行できそうな改善策は総コストの17.1％あることがわかる。

図 4-1-9 ●改善障壁分析の例

改善障壁区分	削減工数（人）	削減ABCコスト（千円）	削減ABCコスト人件費比(%)
障壁なし	31.12	125,467	17.14%
遂行ノウハウの欠如・不足	10.00	61,257	8.37%
率先性・自発性の欠如・不足	3.67	15,296	2.09%
責任部署不明確ないしは不在	1.21	8,847	1.21%
他施策の存在	2.15	8,475	1.16%
認識の欠如・不足	0.64	2,304	0.31%
総計	48.79	221,647	30.27%

第4章　ABMの適用と効果●111

図 4-1-8 ●改善プロジェクト計画・管理表の例（建設業プロマネ業務改革の例）

番号	改善課題区分	改善・改革実施内容1	改善・改革実施内容2	現状課題	削減時間	削減コスト	施策効果	改革実行計画担当	実施時期	改革実施順位（◎：まず取り組む　○：次に取り組む　△：後ろに回す）	あり手日	完了予定日
1	対社サービス（現場・営業件数の見直し、設計業務の外注化）	1. 詳細化・業務細部のDB化 2. 設計メニューの標準化 3. 下請への監理代行業務の外注化	・計画のデータベース化・設計部の作図する設計図面の標準化・レビュアー等からの作業工数の削減・図面の変更（案）主体の図面の更新	現地での工事条件の見積・チェックや品質チェックの安全チェックにおいて、工事の細部から旋削作業にまで幅広いキャリアを有している。	412,855	25,097,087	立地の実体制を充実させること、山田・三井を役目担とし、工事の560時間設計の担当者削減すると予定	山田・三井、設計の担当者	短期	◎	即時	9月末
2	プロジェクトキャリアの設計図確認プロジェクト項目の標準化	1. 各案件項目別化の作成・現場案件リストを作り、・プロジェクトキャリアトによるプロジェクト項目の更新確認	・各案件項目別化の作成、現場案件リストの作成、プロジェクトキャリアトによるプロジェクト項目の更新	計画から現在の数値表による計画修正作業・顧客・協議等の設計変更もプロジェクトによらないことから時間が必要となる	228,394	13,331,294	顧客のコンセプト設定や各仕様の折衝確認などの2倍に対するコスト、調整業務やすべきことにより、経費の負担がかかることや不要な作業時間になるのを解消	渡辺・木手	短期	◎	7月23日	
3	協力業者のネットワーク化		・年内を目的としたドキュメント、ログ作成の項目を記入・印刷等の配布の手配、1件1件連絡		144,119	7,847,664	内部監査は、業者からの見積収集ごとにある業務でのスト入手ラクにより、1業務に10ヶ所でPC3台+X社経理・高木内部監査含む	佐藤・持田	中長期	◎	2004/8/1	第一次：年内半
				分析イメージ								
			・社内メンバ電話はメッセージで電話のみ・ボイスメールの廃止・4アシスタント業務の見直し（運用他の250万円・他計画削減）									
4	協力業者のネットワーク化（見積徴収他）	1. 内訳書のA3判化を発見項目の標準化 2. PC3台経費	・電子入札業者、入札時にExcelの書類化をメインに変更・フォーマット比較書や設計部図のテンスト、入れ替え措置に時間がかかっている。	74.9%			業者見積内容に、業者の業務見直しを重点化かかっている時間的に長く、入札等、重視している下請に要するや、それら問題処理、比較時間等ないないれている。			◎	..04/8/1	第一次：年内
6	標準工事費の設定と標準化推進	1. 標準単価の設定と標準工事の作成 2. 見積項目の作成	・標準単価の設定・図面を中心に評価標準単価の実施・見積項目の作成		79,978	5,017,261	標準単価の入力及び、業者への目、12法律含小、会社業務の100ぼ/Mなどる他	高野	短期	◎	即時	4年購いベースの更新
7	顧客データベース・営業支援の検討	・顧客データベース・営業支援の検討	・見積金の国別信金のDBの発想、・建物系のDBの作成		84,818	3,927,732	国際信金の配信のDBの信金コストが減少、業者デイベクトグループ・業務の比較することにより解消を100M×施設		短期	◎	即時	9月末

⑽ 改善障壁分析と回避策

図表は改善障壁のタイプと回避策の対応表である。

例えば、「遂行ノウハウの欠如・不足」はノウハウを整理し、マニュアル化が必要である。「率先性・自発性の欠如・不足」や「認識の欠如・不足」は啓蒙方策や評価制度を検討する必要がある。

図 4-1-10●改善障壁分析と回避策

No.	改善障壁分析			障壁回避施策	
	改善障壁タイプ	解説	発生ケース＜例＞	障壁回避方向性	障壁回避具体策
1	自発性・率先性の欠如・不足	自分が率先して改善する必要性がない・弱い	自分が率先して改善しても個人的なメリットがない（昇給・昇進に影響がない）	実施モチベーションの向上	本件に関する権限の委譲、改善実施に対する表彰
2	認識の欠如・不足	今すぐに改善する優先順位が低い	多忙、現状でも困っていない、社内調整・社内手続などの手間が面倒	実施優先順位の向上、実施タイミングの見極め	納期の決定、遅延による損失金額提示による心理的圧迫の強化、実施チャンスの模索（期初など）
3	実施ノウハウの欠如・不足	必要性は納得しているがノウハウがない・不足している	改善後のイメージは明確だが実現方法がわからない（アルバイト化したいがトレーニングの方法がわからない）	実施手順の明確化	実現までのアクションプラン・スケジュールの策定
4	他の施策案の存在	自分のやりたい施策があり説明できる理由がある	定量的改善効果・定性的改善効果が存在している	改善施策コンペの実施	比較可能な数値指標設定による改善施策の比較
5	習慣・こだわりの存在	自分のやりたい方法があるが説明できる理由はない	入社して以来の習慣、創業時からの伝統	トップダウンによる強制	役員会などでの承認獲得による強制力の行使
6	心理的抵抗の存在	必要性は納得しているが個人的なデメリットがあるため改善したくない	改善すると忙しくなる、のんびり仕事できなくなる	トップダウンによる強制	役員会などでの承認獲得による強制力の行使
7	責任部署の不在・不明確	どの部署が改善を推進するのか不明確	部署ごとの業務分掌がない、そもそも担当部署がない、複数部署間を調整する部署がない	責任部署の選定	必要機能・理由確認の上、適任部署の選定・推薦
8	責任者の不在・不明確	誰が改善を推進するのか不明確	そもそも担当者がいない、担当者ごとの業務分掌がない	責任者の選定	必要スキル・理由確認の上、適任者の選定・推薦

※1. No.6：実際には理由が確認できないケースが多い（本音を言わない）

※2. No.1～6：実施責任の所在が明確なケース

2 ● IT 導入の投資対効果（ITROI）

(1) IT（部門）に関わる課題

　A社の重役会議で「ライバルB社が顧客情報システムを導入した」という噂が営業本部の取締役から社長に伝えられる。社長は他社に遅れてはならじと，情報システム担当の常務に検討を依頼。情報システム担当の常務はさっそく，情報システム部長に検討書を提出するように依頼した。情報システム部長は「そろそろ来るころかな？」とは思っていたが，思ったよりも早い動きに内心戸惑いながらもめぼしい課長と主任を呼びつけ，検討書立案の作業に入るよう指示した。課長はすかさず出入りのITベンダー営業を呼びつけ，同業他社がどんな顧客情報システムを導入しているのか事例説明と予算の概算見積りを出させることにした。ITベンダーの営業担当はいつものやり方で，SEを呼んで見積りを開始するとともに，付き合いのあるITコンサルティング会社に事例説明に関する協力を依頼した。

　ITコンサルティング会社の担当者はここで，はたと立ち止まった。この会社の言っている「顧客情報システム」とは何のことなのか？　しかし，ITベンダー営業や顧客IT部門の部長に聞いても「まずは同業他社で入れているものを説明してくれればOKだ」としか言わない。なぜなら何のために顧客情報システムを入れるのか知らされていないのだから。その理由を作るのがこの会社では，情報システム担当の仕事なのだ。仕方がないので，よくあるパターンのCRM（顧客管理）パッケージの事例紹介を行った。＜中略＞

　CRMパッケージが選定され，営業現場への説明会が行われた。営業現場では賛否両論出たが，総じてあまり関心がないようだ。「自分たちの営業活動の支障にならないようなシステムにしてほしい」と第二営業部部長から発言があった。＜中略＞

　少なからぬシステム投資がなされ，七転び八起きしながらも何とかシステム

が開発され導入された。システム導入記念パーティでは営業本部長が「このシステムを最大限活用して売上向上に努めてほしい」とのありがたいお言葉があった。＜中略＞

　導入後，半年経って，ITコンサル会社の担当が呼び出されて久々にA社を訪問すると，今度は新グループ連結管理会計システムの開発案件で情報システム部門はおおわらわだ。先般導入した顧客情報システムについては「無事稼働している」と情報システム部長が答えてくれた。しかし，現場の営業課長によると，「まったく使っていない。営業は情報を入れるのが仕事ではない。商品を売ってくるのが仕事だ」との回答。

　しかし，このような会社ではいったいどのようにすれば本当に役に立つシステムを導入できるのだろうか？　A社の社員もITベンダーも皆，それぞれ自分のミッションを果たすためにがんばっている。なのに，なぜまた役に立たない「魂のない」情報投資がなされてしまったのだろうか？　いったい「魂」とは何で，どこの段取りで誰によって吹き込まれなければならなかったのだろうか？

図4-2-1●IT（部門）に関わる課題

- 投資対効果：ITにずいぶん投資してきたが，その効果について問われるようになってきた。しかし，どうやって説明したらいいかわからない
- IT活用からの差別化：経営からはITを使って競合他社と差別化するための方策を求められている
- 情報系システム活用：業務の機械化のための基幹系システムは問題がなかったが，情報活用のための情報系システムがうまく活用されていないようだ
- メンバーのキャリア：IT部門メンバーが現行アプリケーションのメンテナンスに長期的にはまってしまっており，将来のキャリアが心配
- 社内部門としての存在意義：IT予算は主管部門，開発は子会社に移管する動きになっていて，IT部門自体の存在意義が問われている
- 新技術対応：インターネットだ，モバイルだ，ユビキタスだ，SaaSだ，クラウドだ，と新しい技術だらけで，社内の限られたリソースだけではついていくのは無理
- アライアンス基盤としてのITと社内システム統合：顧客や消費者とオンラインでつなぐことになってから，社内システムのちょっとしたエラーが社会的大問題を引き起こすことに

(2) ITの活用・特性・投資効果算出手法

　A社ではかつて販売管理のシステムを導入したことがあった。営業規模拡大により営業マンの書いた販売伝票が増加，あわせて書き込みミスが増え，経理部売掛管理課の人数と残業が膨大に増えたことがあった。営業企画部の部長がリーダーシップをとって，営業マンが直接その日の販売情報を支店で入力するシステムを開発したのだ。その結果，経理部売掛課の人員が大幅に削減されるとともに，日次の販売進捗が本社のマーケティング部門で掴めるようになった。また，新倉庫管理システムの時も大成功だった。入出庫する商品をバーコード管理できるようになり，検品要員が半分に減ったのである。

　業務プロセスのIT化「オートメーション化」が一段落すると，今度は情報系システムの出番である。しかし，経営管理職と管理部門が見るための統合型財務情報システムが導入されたが，一向に成果が見えない。その後導入した顧客情報システムもまたしかりである。

　昨今，業務プロセスのIT化が一段落して，どの企業においても情報活用を目的とした情報系システム導入が進んできている。情報系システムとは，収集された情報をよりよい意思決定のために活用するために作られたシステムで，システムを導入するだけでの直接効果は期待できない。経営情報システム，顧客情報システム，管理会計（原価管理）システム，ナレッジマネジメントシステム，グループ管理システム，バランストスコアカード等の指標管理システム等がこの情報系システムに当てはまることになる。

　これら情報系システムは，使う側が活用しない限り，情報系システムは「単なる予算のムダづかい」になってしまう根本的リスクを持っている。

　A社の競合であるB社では，営業部と経理部，経営企画部，情報システム部が，儲かる顧客と儲からない顧客の違いを分析するプロジェクトを1年前から立ち上げていた。粗利率のとれない傾向が出てきた大口の顧客を個別に分析したところ，付加価値サービスを要求するが，値引きをあまり要求しないサービス志向の顧客と，最低限のサービスで値引きを要求する価格志向顧客と大別して2種類に分類できることがわかった。B社ではこの価格志向の顧客との取引は赤字で，サービス志向の顧客は黒字の傾向にあることがわかった。B社の

強みは「手厚いサービスに裏打ちされたブランド」であったため，価格志向の顧客をサービス志向に啓蒙し，さらに利益率が高いサービス志向顧客の離反防止を徹底するために，顧客情報システムが必要となったのである。

　営業部と経営企画部のリーダーシップでシステム導入にあわせて，エリア単位の営業担当を再編，サービス志向顧客向けの個別サービス営業と，サービス専門に開発する新サービス開発組織，価格志向顧客向けの啓蒙営業の3組織に再編した。このそれぞれに違うミッションと目標を持たせ，新しい体制とプロセスで営業を開始したのである。サービス志向顧客から見れば，今までよりも専任担当の手厚い専門サービスが受けられることになる。これらのサービスは担当個人の能力のみでは力不足なので，顧客情報システムに顧客ニーズや顧客の声（Voice of customer）を入力することで，新サービス開発組織を通して社内外のサポートを優先的に受けられることになるのである。

　顧客ニーズに迅速に応えるこの仕組みを活用し，顧客に喜んでもらった営業担当はどんどんこの仕組みを使うことになる。結果，喜んだ顧客との取引が他社に取られる心配はますますなくなる。顧客内シェアはどんどん上がっていき，結果，売上利益が向上する仕組みだ。

　B社の経営企画部ではシステムの活用度，サービスの回答率，優良顧客の満足度，顧客内シェア，売上利益をこの顧客情報システムを用いて毎月，継続的に測定，営業の各部門にアドバイスとともにフィードバックしている。これらの指標値が明らかに向上している上に，財務的にも十分に効果が出てくるので，「顧客情報システムの導入は，大いに成功した」とB社内では誰もが認める状況になっている。

　「ITによるオートメーション」の時代は，業務プロセスをITに置き換えるだけでコスト削減，スピードアップできるという非常に単純なモデルであったため，「どの業務プロセス領域をシステムに置き換えればいいか？」をはっきりさせて，ちゃんと業務がITに置き換われば，問題なく効果を享受することができた。また，指標もコスト，リードタイムのように単純で計測しやすいものであった。つまり，業務プロセスが理解でき，ITにどう置き換えるかイメージできれば効果を出すことは誰でもできたのである。

　しかし，情報系システム「ITによる意思決定支援」においては，「誰がどの

ように活用してどんな効果を出すのか？」といった複雑かつ高度で，新しい活用イメージの創造が必要となる。この領域においては「情報システムをどのようにうまく使うか？」といった道具前提の概念ではなく，「より儲けるため，または他に抜きん出るためにどんな情報をどう使うのか？」といった競争戦略前提の概念が必要になる。

　この場合における効果を測るための指標は，より儲けること（財務指標），他に抜きん出ること（市場シェアや顧客満足度），を数値で計測することが必要になる。また，IT活用の観点で，どのような意思決定をどれだけしたのか？（意思決定回数），どれだけ情報を活用したのか？（情報活用度）などが必要になる。

　また，ITによる「オートメーション」，「意思決定支援」はネットワーク技術と情報交換技術の進歩により企業の枠を超えた「アライアンス基盤」のレベルで活用されるようになっている。逆に，企業におけるIT活用はこの「オートメーション」，「意思決定支援」，「アライアンス基盤」の3つに分類できるといえる（図表参照）。

　オートメーションの時代は，各プロセスを詳細に分析していればよかったが，意思決定支援に至っては，業務プロセスをどんなに分析してもアイデアは出てこない。あくまでも，目標は何か？　目標をアップさせるための方策（シナリオ）は何か？　そのために必要な情報は何か？　といったまったく違うアプローチと視点が必要である。また，結果はたいてい組織の外（たいていの場合プロセスの下流に）へアウトプットされることになるし，結果を出すためのインプットも組織の外（プロセスの上流）にある。つまり，組織をまたがって経営的に俯瞰できる組織でなければ設計できるわけがない。

　ましてや，企業の枠を超えた新しい「アライアンス基盤」のレベルでの活用設計は，もはや社内のレベルではなく，市場全体，業界全体を俯瞰して，その将来像とITを活用した新しいビジネスイメージを創造できる人に限られる。そのようなアイデアを出せるのはもはや，その産業のアライアンス設計専門家（M&A企画組織）と先端的な経営者同士のブレインストーミングのみから生み出されるといっても過言ではないだろう。

図 4-2-2 ● IT活用の3分類

	1970-1980s~ Automaton オートメーション	1990s~ Decision Support 意思決定支援	2000s~ Alliance Infra. アライアンス基盤
IT処理	バッチ処理	+オンライン処理	+インターネット
IT活用の事例	給与計算、会計システム	ERP, CRM等	ネットビジネス、コンビニ、銀行の相互接続
ITの活用目的	自動化	+迅速かつ的確な意思決定支援	+IT活用による企業価値の拡大
IT活用による効果	コスト削減・スピード・品質	企業価値(財務とリスク)	アライアンスを通じた社会的付加価値
IT活用の範囲	組織(機能単位)	企業全体	市場全体/アライアンスグループ
IT企画のリーダー(CIOは誰?)	情報システム部とユーザー部門	COOと経営企画組織	CEOとM&A企画組織
投資効果算出手法	ABC／ABM	シナリオドリブンアプローチ	シナリオドリブンアプローチ

(3) IT の投資効果，試算・計算する必要性

　IT 導入効果の指標化と測定を避けて通って IT 導入が成功した試しがない。なぜなら，IT 導入が成功したか失敗したかは指標が投資と見合ったかどうか客観的に評価できたときにのみ，決めることができるからである。

　何より普通に，この IT 導入によりどのような効果を出したいのか？「具体的な活用シナリオ」を明確にすることである。この「活用シナリオを」ベースに投資対効果を算出，確実な活用を担保する適切な運用設計をすることで，IT 提供者にとってはより高い信頼性を担保することになるし，IT 活用組織にとっては確実な成果享受の指針となる。

図 4-2-3 ● IT の投資効果，試算・計算する必要性

- IT を活用する組織（Return taker）
    IT に関わる投資を失敗しないため。IT 投資の失敗はお金と資産の無駄遣いを呼び，さらに社員のモラルを下げる結果になる。

- IT 提供者（Provider）
    顧客から予算をもっとたくさんスムーズに得るため（ライフライン）。

- 両者にとって（Both）
    「具体的な活用シナリオ」をベースにした投資対効果の算出は，確実な活用を担保する適切な運用設計につながるため，IT 提供者にとってはより高い信頼性を担保することになるし，IT 活用組織にとっては確実な成果享受の指針となる。

重要!!

(4) IT活用の経営効果

　経営指標の責任分解をベースにIT活用の経営効果を整理する。まず，企業の持ち主は株主である。また株主の代理人として企業の経営のすべてを任されるのがCEOだ。株主は自分の拠出資本がどのくらい増加したのかが最も重要な関心事だ。資本の価値は現在価値の考え方もあるが，資本の売買は将来どのくらいの企業価値が出るのかといった将来キャッシュフローをベースにした企業価値をベースに算定することが多い。株主は当該企業の将来性があがれば喜ぶし，下がれば悲しむ。うまく行かなければCEOは解任である。CEOも株主同様，企業価値を最大化するべく邁進することになる。企業価値は，財務とリスクに分解できる。将来的財務価値が上がれば当然企業価値が上がる。しかしながら，企業を取り巻くリスク（の度合い）も上がれば企業価値は下がるわけだ。CEOは財務価値はもちろんリスクを最小化することも求められる。

　CEOにとってみると，財務的な問題も頭が痛いが，リスクに関わる問題は一瞬で企業を滅ぼすので，どう考えてもリスクヘッジ・モニタリング・意思決定に関わるシステムには優先的に予算をつける可能性が高い。このように，CEOのIT化ニーズは営業やオペレーションを担当するミドルマネジメントのニーズとまったく異なる。CIOはオペレーションレベルの問題のみならず，全社のリスク，社外とのアライアンスを含めた広範囲の課題に対処する必要が出てきたということだ。

　ここでさらに特記したいことは，「オートメーション」，「意思決定支援」，「アライアンス基盤」はその順番で導入する必要があるということだ。「オートメーション」なき「意思決定支援」はそのためだけの入力作業が膨大に発生することになり，企業生産性を大きく損なうし，社内の「オートメーション」がないまま「アライアンス基盤」として他社とつなぐことも同様に，他社とつなぐためだけの入力作業が発生することになる。また，「意思決定支援」なくして「アライアンス基盤」として他社と接続すると，ちょっとしたミスで儲からない状態が発生しても気づかないまま取引を自動継続してしまうような問題が発生しうるということだ。

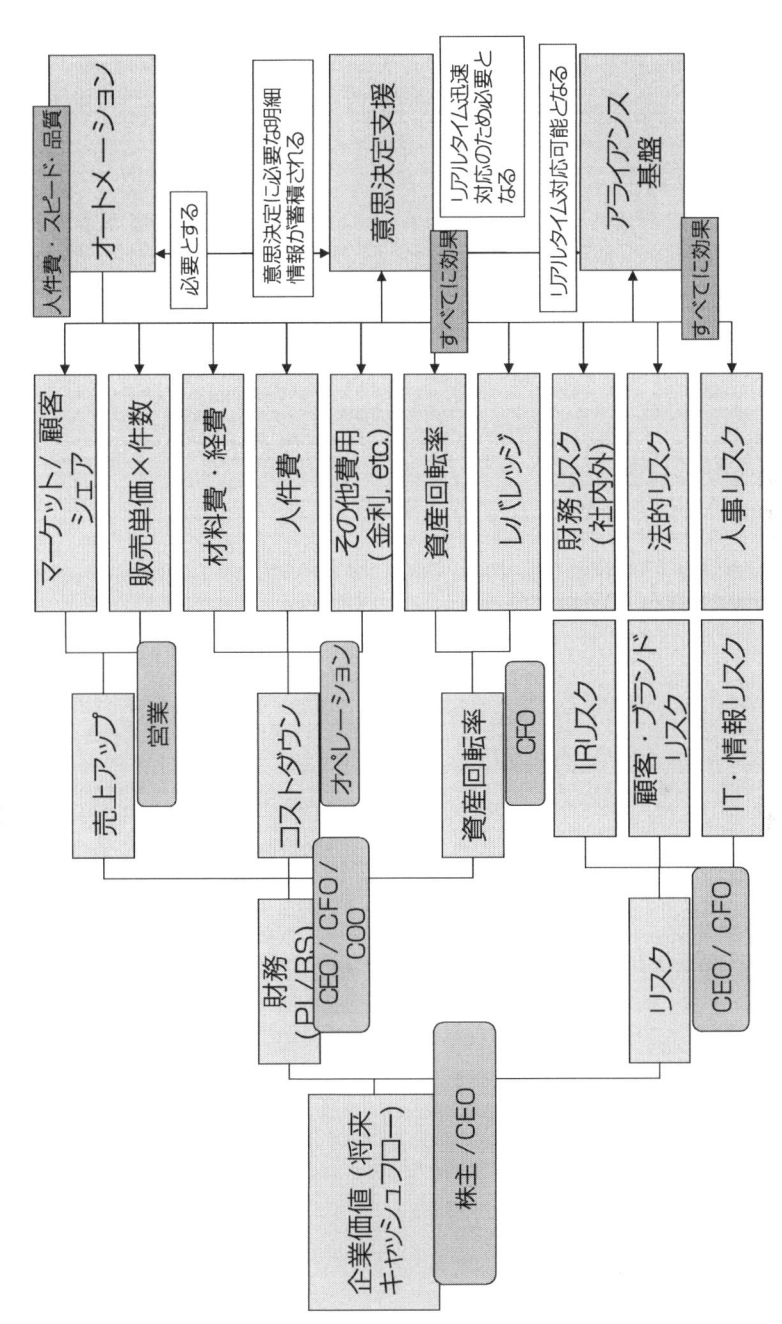

第4章 ABMの適用と効果●121

図 4-2-4 ● IT 活用の経営効果

```
人件費、スピード、品質
   │
   ▼
オートメーション ──必要とする──▶ 意思決定に必要な明細情報が蓄積される ──▶ 意思決定支援 ──リアルタイム対応のための必要となる──▶ アライアンス基盤
                                                              リアルタイム迅速対応可能となる
   │                                                    すべてに効果                    すべてに効果
   ▼
```

- マーケット／顧客シェア → 売上アップ → 営業
- 販売単価×件数 → 売上アップ
- 材料費・経費 ┐
- 人件費   ├→ コストダウン → オペレーション
- その他費用（金利，etc.） ┘
- 資産回転率 → 資産回転率 → CFO
- レバレッジ
- 財務リスク（社内外） → IRリスク
- 法的リスク → 顧客・ブランドリスク
- 人事リスク → IT・情報リスク

財務（PL／BS）CEO／CFO／COO

リスク CEO／CFO

企業価値（将来キャッシュフロー）株主／CEO

(5) ペーパーレスの効果

「オートメーション」の効果として，筆者が最もよく引き合いに出すのが，ペーパーレスの効果だ。第2章で述べたように，紙資料を配ることをやめただけで，約800円のアクティビティコスト削減につながることはもちろん，それに加え，ペーパーレス＝文書データベースの充実につながることになり，情報の創造・加工に関わる飛躍的な生産性向上，加工情報の品質向上に直結することになる。

図 4-2-5 ●ペーパーレスの効果

- 情報のデータ化共有化による加工情報の品質向上
  - データの最新性が保証されている
  - 必要な他人の情報をすぐに探し出せる
  - 情報探索範囲の圧倒的な広さ
  - 過去の情報の再利用による品質向上，スピードアップの保証

- いつでもどこでも仕事ができるようになる
  - 紙のある場所（オフィス）に行くための移動コストの削減
  - オフィススペースコストの削減
  - 顧客対応スピードの向上
  - 空き時間の有効活用

- 紙を介さないので情報伝達リードタイム削減＝意思決定のスピード
  - ペーパー流通にかかるリードタイム

- 紙が減ることによるコスト削減
  - ペーパー印刷，コピー，物流，廃棄，保管，バージョン管理に関わる活動
  - ペーパースペースコスト
  - 紙代・コピー代

(6) IT投資対効果算定アプローチ：シナリオドリブンアプローチ（シナリオ誘導型手法）

「オートメーション」によるコストダウン（人件費削減）の効果試算はABC手法が活躍することは前に述べたが，「意思決定支援」，「アライアンス基盤」型のIT活用の場合，単なる手作業のITによる置き換えではないため，単なるABC手法での効果試算は困難である。

「意思決定支援」の一種ともいえる，知的ホワイトカラーの創造生産性を向上させる目的の電子的ファイル管理（ナレッジマネジメント）システムにおいて，その導入効果を測定することは非常に難しいとされてきたが，このようなIT活用でさえもさまざまな観点でその導入を数値で評価する取組みが進んでいる。ナレッジマネジメントシステム導入の目的の1つは「知的情報流通の促進＝他人が持っているよりよい情報の組織をまたがった活用の促進」である。この場合，以下「シナリオ」に基づいた4つの指標で導入効果を測定することができる。

Ⓐ どれだけ新しいユニークな情報が登録されたか？（情報重要度別情報登録件数）
Ⓑ それらの情報がどれだけ検索されたか？（情報検索件数と活用件数）
Ⓒ システム導入前でもできたことなのか？ それともナレッジマネジメントシステムがあったからこそできたことなのか？（部門・地理をまたがった情報活用ケース件数）
Ⓓ 検索された情報がどれだけ会社の役に立ったのか？（情報活用ケース別経営指標）

このようにIT活用のシナリオに従い先行指標と結果指標を組み合わせて評価することにより，IT導入により何がどれだけよくなったか数値で説明できるようになる。

筆者（松川）が開発したIT投資対効果算定アプローチ「シナリオドリブンアプローチ」はIT活用における複雑な効果試算の段取りを支援するものである。

① ビジネス上の課題の特定：（例）残業が多すぎるためその適正化が求められている

② 新技術の適用の検討：(例) 非接触センサー技術, データベース技術, 携帯メール技術の活用
③ 他社事例の検討：(例) 非接触センサーカードで社員の入退場を管理する事例がある
④ IT 導入による価値と活用シナリオをリストアップする：(例) 人事部で残業後20時以降1時間ごとにまだ帰っていない社員を抽出し, 携帯メールにて帰社を促すとともに上司に対し, なぜまだいなくてはいけないのか？毎回回答させることで, 残業削減を促す。18時以降に必ずいなければならない仕事をしている人が全残業員数の20%として, 残りの半数がこの通知に促されて帰るとすると, 40%の残業が削減される。
⑤ 導入・運用上の課題と対策を検討する：(例) 残業している人たちに対する傾向と理由のリアルタイム分析が必要であるので, シフト制を引いた特別チームが必要。さらに, 情報システムと携帯電話, 非接触センサーの各種装備が必要。
⑥ 投資対効果 (ROI) 試算モデルを構築し, メリットを試算する：(例) この会社の総残業代が年間5億円だとすると, 年間削減効果はその40%の2億円となる。年収7百万円で5名常駐させる。35百万円の支出。情報システムと携帯電話, 非接触センサーで減価償却費が年間で65百万円。差引の年間損益効果は1億円。さらに, 残業割増率の改正が行われることが決定されたのでこの効果はさらに大きくなる。厚生労働省からは残業削減雇用維持奨励金が創設されたのでこちらの申請が認められればさらに効果がアップする。また, 昨今の不景気で社員のストレスもたまっており, 産業医からは残業を減らしてさらにライフワークバランスをとらせるよう指示されている。
⑦ メリット試算に基づき, 活用シナリオの優先順位を決める：(例) 残業削減に関する, 分析, 各種 IT 投資に関わる施策に対しては, 損益・キャッシュに対する即効性が期待できるので, 他の投資案件に先駆けて着手するように指示する。

上記事例は1つのシナリオに対する IT 投資効果試算と意思決定に関わる段取りだが, 1つの IT 導入に対し複数のシナリオが発生する可能性がある。

図 4-2-6 ● IT 投資対効果算定アプローチ：シナリオドリブンアプローチ
（シナリオ誘導型手法）

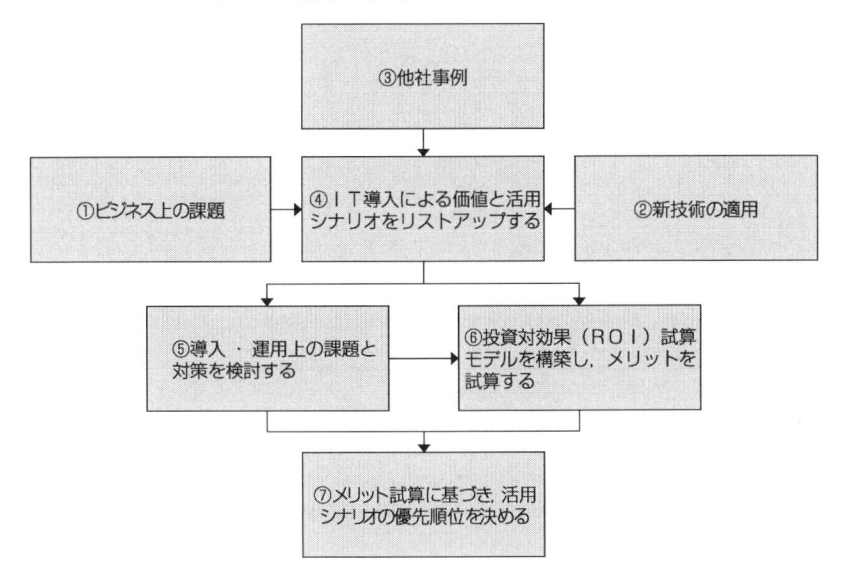

- ①ビジネス上の課題
- ②新技術の適用
- ③他社事例
- ④ＩＴ導入による価値と活用シナリオをリストアップする
- ⑤導入・運用上の課題と対策を検討する
- ⑥投資対効果（ＲＯＩ）試算モデルを構築し，メリットを試算する
- ⑦メリット試算に基づき，活用シナリオの優先順位を決める

(7) シナリオドリブンアプローチの例
（指紋認証勤怠管理システム導入効果例）

　もう1つシナリオドリブンアプローチの事例を示す。物流センターの各店舗にある「タイムカードの仕組み」を「指紋認証勤怠管理システム」に置き換えた場合の経営効果の試算である。タイムカードからシステムに入力する作業が削減されるうえにこのシステムのよさは「いままでは月次でしかわからなかった勤怠情報がリアルタイムに離れたところからもわかる」ことにあり，この勤怠情報を活用してシフトロスの削減や，残業削減に活用できるというわけだ。

　IT投資対効果算定にあたり，どのように売上，コストなどの経営指標が改善できるか？　といった「シナリオ」を1つ1つ網羅的に定義し，シナリオごとに効果を試算，集計することで，経営に対するIT導入における，複雑で算定困難と思われていた効果試算がはじめて可能になるのである。

図 4-2-7 ● シナリオドリブンアプローチの例（指紋認証勤怠管理システム導入効果例）

シナリオ番号	シナリオ	投資&効果	効果算出根拠
1	タイムカードを入力する手間の削減	300万円	人件費単価50円（残業）×時間（1,000人×5分/人）×回数12回/年=3百万円/年
2	タイムカード代打ちによるコストロスの削減	1,000万円	総人件費=単価200万円/年×1,000人×50%稼働=10億円/年 代打ち比率1%とすると，1,000万円/年
3	リアルタイム把握を通した集中シフト管理導入によるシフトロスの削減	10,000万円	総人件費=単価200万円/年×1,000人×50%稼働=10億円/年 シフトロス10%とすると，1億円/年
4	リアルタイム把握を通した集中シフト管理導入による残業代の削減	5,000万円	総人件費=単価200万円/年×1,000人×50%稼働=10億円/年 残業代のうち削減される比率5%とすると，5,000万円/年
5	タイムカード費用削減	12万円	タイムカード1枚10円×タイムカード枚数1,000人×12ヶ月=12万円
合計削減効果額（年次）		16,312万円	
システム&運用費用（年次）		△3,750万円	指紋認証端末10万円×20台=200万円（5年リース：50万円/年） ソフトウエア&サーバー一時費用=2千万円（5年リース：500万円/年） 年間システム保守費用=200万円，集中シフトセンター運用人件費3,000万円/年
投資対効果（年次）		12,562万円	指紋認証端末10万円×20台=200万円（5年リース：50万円/年） ソフトウエア&サーバー一時費用=2千万円（5年リース：500万円/年） 年間保守費用=200万円

3●残業削減

(1) 残業削減の時代背景，メリット，リスク，方策

　残業に対する風当たりがさらに強まっている。残業割り増し率がアップされ，残業を大量に実施している企業にとってはさらなるコスト増に見舞われる。労働基準監督署は残業に対する監視を一段と強めている。管理職の認識基準の論議はいつも新聞をにぎわせ，サービス残業の表面化は下手をすると企業生命に関わるリスク要因の１つとなった。

　残業削減のメリットとしては「削減実施の翌月からキャッシュアウトを抑制できる」，「社員・外注との雇用契約を守りながら人件費削減ができる」，「リストラ不要，人件費カット不要」，「ワークライフバランス」，「事故防止」，「ワークスタイル変革着手のためのきっかけ」，「法定労働時間の超過リスクをヘッジできる」「残業削減雇用維持奨励金（厚生労働省）などの行政からの奨励金」，「夜間電気使用量削減によるCO_2削減」などが挙げられる。これらについては比較的イメージしやすいだろう。一方，残業削減のリスクとは何だろうか。「残業時間を減らさず残業代を減らすと違法行為となる」，「生活残業化している場合，モチベーションが低下する」，「強引に残業時間を削減することにより生産性，顧客サービスが低下する」ということになる。残業削減の方策としては，「個人別組織別残業状況の把握」，「ABC活用による業務の可視化，活動のプライオリティの明確化，必要な残業と不必要な残業の切り分け」，「残業管理者の役割と権限を明確化し，評価に残業管理の項目の追加」，「経営のスタンスをしっかりと伝え，社内のコンセンサスを得る」，「残業情報のセキュリティ」が挙げられる。

図 4-3-1 ●残業削減の時代背景，メリット，リスク，方策

- 「残業削減推進」の時代背景
    平成22年4月1日より労働基準法の一部が改正され，1月60時間を越える時間外手当の割増し率が1.25から1.5に「残業削減雇用維持助成金」残業時間を半減できれば1人10～15万円の補助金を支給する
    管理職認識基準の実態化・厳格化，サービス残業に対する厳しい判決
    労働環境のグローバル化（日本の長時間労働・サービス残業はゆるされない）

- 残業削減のメリット
    削減実施の翌月からキャッシュアウトを抑制できる
    社員・外注との雇用契約を守りながら人件費削減ができる
    ・リストラ不要，人件費カット不要
    残業時間削減による心身の健康確保「ワークライフバランス」
    過剰残業を通した業務品質リスクのヘッジ「事故防止」
    業務改革・改善「ワークスタイル変革」着手のためのきっかけ
    法定労働時間の超過リスクをヘッジできる
    残業削減雇用維持奨励金（厚生労働省）などの行政からの奨励金
    ワークシェア効果による雇用の維持・拡大（社会的意義）
    夜間電気使用量削減によるCO_2削減

- 残業削減のリスク
    残業時間を減らさず残業代を減らすと違法行為
    生活残業化している場合のモチベーション低下
    強引に残業時間を削減することによる生産性低下，顧客サービス低下

- 残業削減の方策
    個人別組織別残業状況の把握
    ＡＢＣ活用による業務の可視化，社員がやるべき活動のプライオリティの明確化，必要な残業と不必要な残業の切り分け
    残業管理者の役割と権限を明確化し，評価に残業管理の項目を追加する
    経営のスタンスをしっかりと伝え，社内のコンセンサスを得る
    残業情報のセキュリティ

(2) 残業削減効果シミュレーションシート

　残業削減効果の試算を行ってみよう。図4-3-2は雇用者（残業払い対象者）の年間平均給与がおよそ500万円である企業における残業削減の試算シートである。縦軸に対象社員数，横軸に残業削減度合をとっている。対象社員10人，対稼働時間残業削減率10％（1人48分／日に対応）であると年間625万円の削減であるが，1,000人規模を対象とし，社員の平均残業時間を定時稼働時間比で10％（1人当たり48分／日に相当）カットするとなんと年間6億2,500万円，月次で5,200万円のキャッシュアウトが抑制できることになる。

　例えば，企業の売上人件費率が50％を超え，その中での残業の比率が20％であるとすると，売上比10％が残業代ということになる。企業によっては残業代が営業利益よりも高い会社も多いのではないだろうか？

図4-3-2●残業削減効果シミュレーションシート

年間平均給与　5,000千円（賞与・残業除く）
残業割増分　　25％

		削減試算金額（千円／年）		削減試算金額（千円／月）	
残業削減／定時(%)		10%	20%	10%	20%
削減時間（分／人日）		48	96	48	96
対象社員数（人）	10	6,250	12,500	521	1,042
	100	62,500	125,000	5,208	10,417
	500	312,500	625,000	26,042	52,083
	1,000	625,000	1,250,000	52,083	104,167
	2,000	1,250,000	2,500,000	104,167	208,333
	5,000	3,125,000	6,250,000	260,417	520,833

1,000人社員の平均残業時間を定時稼働時間比で10％（1人1日48分に相当）カットすると年間6億2,500万円，月次で5,200万円のキャッシュアウトが抑制できる。

(3) 残業の発生要因と対策

　残業削減にあたり，なぜ残業しなければいけないのか？　その要因を検証する必要がある。ここではそもそも残業が必須な活動であるか，そうでないかを検証する。通常時間に余地があれば，残業時間帯にやらなくてもよい活動を「残業非必須活動」と定義すると，その削減策としては通常時間に余地を作る，工数削減ということが考えられる。一方，通常時間に余地があっても，残業時間帯に必ずやらなければならない活動（「残業必須活動」）については，残業時間帯にやる必要がないように，前後関係のプロセスを見直す必要がある。

　残業必須活動もいくつかに分類することが可能である。あらかじめ計画されているもの（「計画的残業必須活動」）としては，海外とのやり取り，テレカンファレンスや忙しい出席者のスケジュールに合わせる会議，夜間だからこそ集中してできる作業，システムの夜間バッチ処理に対応した作業，などがある。また，一方で突発的に発生する活動（「突発性残業必須活動」）としては，夕方に急遽指示された特急作業や締切の急な前倒しなどがある。これらの活動についてはその要因がいくつかの性質に分類される（経営に起因するものなのか，顧客に起因するものなのか，など……）。図4-3-3はこれらを分類したものである。

図 4-3-3 ●残業の発生要因と対策

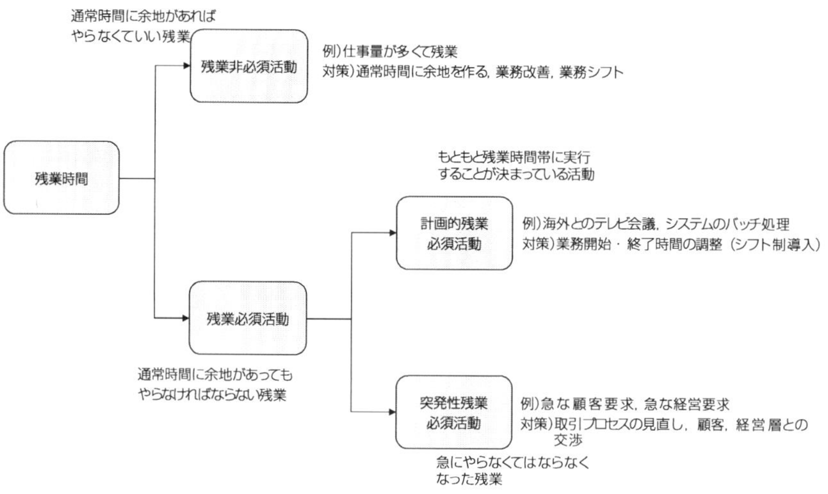

(4) 業務改善と業務分担見直しを通じた残業削減イメージ

　ABC/ABM を活用した業務改善で活動時間を削減することにより，先のページで述べたような残業削減を推進する方策が定石であるが，業務改善に時間がかかったり，または改善がすでに進んでいて，残業時間のほうが期待できる業務改善効果を上回っている場合は，パートタイマー化・派遣社員化・海外業務シフト化など，活動を低コストの要因にシフトすることにより残業を削減する方策もある。高単価の社員が実施している残業割増し分に比べれば，これらのパートタイマー・派遣社員の単価は3分の1になる場合も多い。

　図4-3-4はABCを活用した業務改善により総コストの10％＝残業代の25％を削減し，さらに，2名の派遣社員の追加により業務シフトを遂行。残業ゼロを達成した例である。

図 4-3-4 ●業務改善と業務分担見直しを通じた残業削減イメージ

活動分析結果に基づき，業務改善を実施し「残業時間削減」「業務分担見直し」により，「労働環境の改善」と「残業コスト削減」を目指す

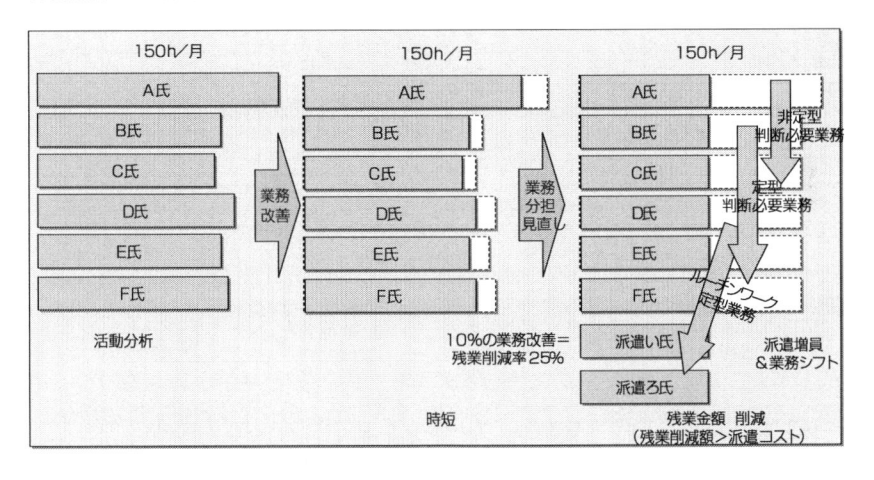

(5) 残業削減アプローチ

　残業削減アプローチを簡単にまとめると図4-3-5のようになる。①から⑨の手順だけでは残業削減も画に描いた餅になってしまう。なぜならば実際に意識，行動を変えて，残業を減らすのは現場の社員に他ならないからである。(A)から(D)の各段階における施策は，いわゆる変革管理（チェンジマネジメント）に関わる領域でもあるが，残業削減プロジェクトを成功裏に導くためには欠かすことができない重要な部分である。(A)から(D)の各段階での施策実行は，社員1人1人への意識付けに役立つが，意識変革は同時に潜在的な競争力を高めるきっかけにもなるため，ここの取組みは一石二鳥といえる。

図4-3-5●残業削減アプローチ

①目的明確化体制構築 → ②残業データ分析 → ③改善スコープ＆目標策定 → ④活動時間調査 → ⑤改善可能業務抽出／⑥期間シフト業務抽出／⑦役割シフト業務抽出 → ⑧残業効果試算 → ⑨詳細調査 → ⑩残業削減人員再配置実施 → ⑪効果確認・評価

(A) 残業意識調査と分析
(B) 啓蒙活動・ニュースレター
(C) ルール・プロセス・ガイドライン策定
(D) 評価制度の改定

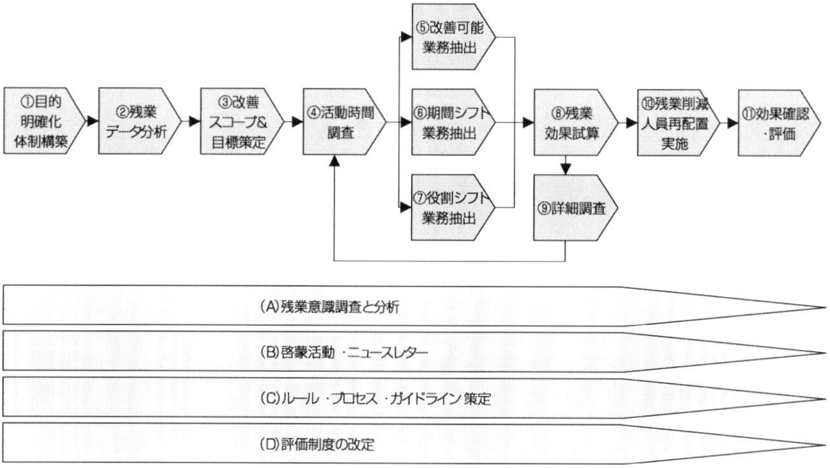

(6) 残業削減実施例（情報システム業界：対象社員約200人）

　図4-3-6のグラフは前述の残業削減アプローチを導入した情報システム業界のある企業における事例である。この事例ではABC手法により，定量的な課題を抽出した後，まず月間45時間以上残業を行っている社員の残業時間を減少させることにフォーカスした。同時に全体の残業時間も一気に減少することは意味深い。その後，全体的な残業時間が減少し始めた時点で残業者全体への残業削減活動を開始した。ここでは同時に前述の(A)変革体制・評価制度構築，(B)ルール・プロセス・ガイドライン策定，(C)啓蒙活動・ニュースレター，(D)変革受容度調査と評価・アクションプラン策定と実行，を行うことで現場社員の意識付け，動機付けを促進した。これらの取組みの結果，最終的に実に当初の残業時間の33％となる，8時間／人月，24分／人日，合計約500万円／月の残業削減を達成することとなった。このようにABC/ABMによる定量的な可視化のおかげで，生産性向上のための残業削減策の効果を実感できるだろう。

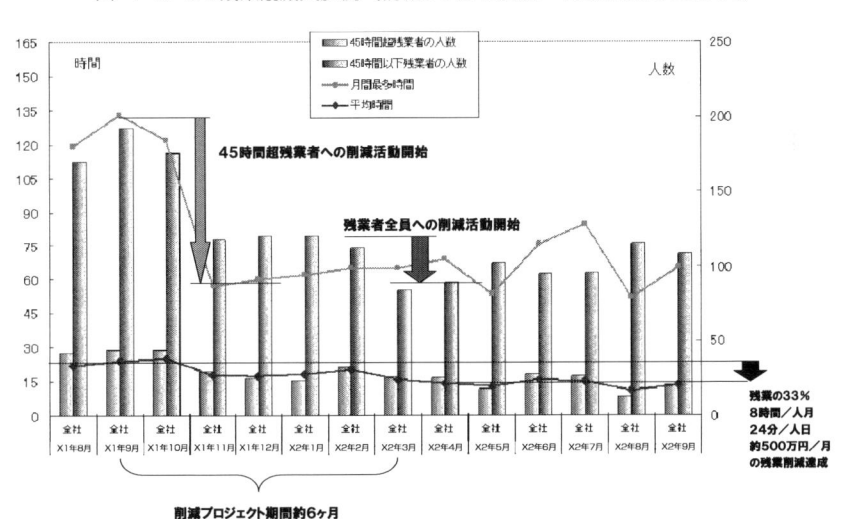

図 4-3-6 ●残業削減実施例（情報システム業界：対象社員約200人）

4 ● 営業力倍増

(1) 営業力の実態＝正味営業活動時間は営業担当の総時間の何％を占めているのか？

　生産性向上についてはコスト削減だけでなく，文字どおり売上，売上・利益拡大に貢献する「攻め」の解決策も考えられる。事例は自動車販売会社のケースであるが，実際のいわゆる「営業活動」は全体の17％程度を占めるにすぎなかった。つまり営業マンの時間の83％は営業以外の時間に使われているということである。筆者が今まで実施してきた100人以上の営業に対するABCの調査によると，この17％という数値はほぼ平均値である。さらに，この中で顧客直接対応活動の平均は約7％である。これらの非営業活動をいかに減らし，本来やるべき営業活動により，時間を充てられるように環境構築する必要があるわけだ。

図 4-4-1 ● 営業職の限りある貴重なアクティビティコスト内訳

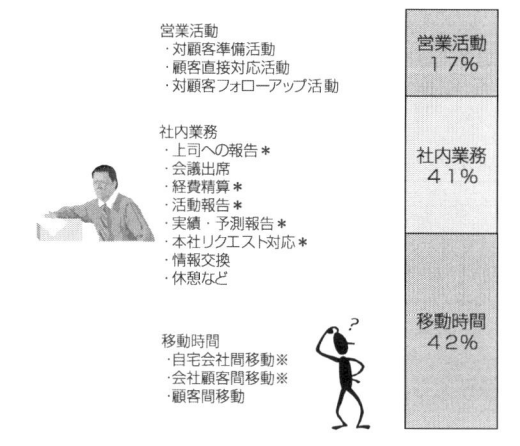

営業活動
　・対顧客準備活動
　・顧客直接対応活動
　・対顧客フォローアップ活動

社内業務
　・上司への報告＊
　・会議出席
　・経費精算＊
　・活動報告＊
　・実績・予測報告＊
　・本社リクエスト対応＊
　・情報交換
　・休憩など

移動時間
　・自宅会社間移動※
　・会社顧客間移動※
　・顧客間移動

営業活動 17％
社内業務 41％
移動時間 42％

（自動車販社の例）

(2) 営業の人数を増やさず営業力を倍増させた好例
（自動車販売会社の例）

　先ほどの営業力倍増ソリューションを具体的に実施した例を紹介しよう。第3章1(6)でも取り上げた自動車販売会社の事例である。営業職のABCの結果、正味営業時間が17％であることが判明。そこでこの企業では営業担当社員の事務業務を事務職が電話で聞き出しその場で入力するプロセスにした結果、営業職の事務処理時間、会社に行く時間が削減され、正味営業時間が倍増した（17％⇒35％）。

　営業力倍増ソリューションの導入投資対効果を先に述べたシナリオドリブンアプローチで記述する（図4-2-2）。

　この施策はコールセンター要員などの固定費もかかるが、営業生産性が1.5〜2倍になることを考えれば安いものなのだ。

図 4-4-2 ● 営業力倍増ソリューションの導入投資対効果

シナリオ番号	シナリオ	効果	効果算出根拠
1	報告書作成&上司向け報告時間のABCコストに対応する営業人件費を削減するケース ーコールセンターによる聞取により報告書作成時間が削減 ー正確詳細な営業報告データにより移動&上司報告を毎日から週1回に削減 ー営業5人に1人コールセンター担当をセット	1,900万円／年 （=①-②-③）	＜導入前ABC＞ 報告書作成80円／分×50分／日×200日／年=800,000円／年／営業 印刷&提出80円／分×10分／日×200日／年=160,000円／年／営業 移動&報告80円／分×50分／日×200日／年=800,000円／年／営業 合計　176万円／年／営業　営業50人で8,800万円／年① ＜導入後ABC＞ センター間取時間 80円／分×10分×3回／日×200日／年=480,000円／年／営業 移動&報告　80円／分×50分／日×50回／年=200,000円／年／営業 合計　68万円／年／営業　営業50人で3,400万円／年② コールセンター担当　10人×350万円／年=3,500万円／年③
2	営業担当の1日の正味営業時間が100分として、このシステムが入ることでの正味営業時間の向上とその分の営業生産性向上による粗利経費差引額のアップ ーコールセンターによる聞取により報告書作成時間が削減、その分正味営業時間に振分 ー正確詳細な営業報告データにより移動&上司報告を毎日から週1回に削減、その分正味営業時間に振分 ー営業5人に1人コールセンター担当をセット	11,500万円／年 （=②-①-③）	＜アプローチ導入前業務＞ 正味営業時間100分／日 営業1人当たりの年間平均粗利高600万円　50人で粗利3億円① 報告書作成50分、印刷提出10分、移動報告50分、計110分／日 ＜導入後業務＞ センター間取時間30分、移動報告10分、計40分／日 正味営業時間170分／日となり、営業にかけられる時間は70％UP 営業生産性アップは50％とすると、 営業1人当たりの月間平均粗利高900万円　50人で粗利4.5億円② コールセンター担当　10人×350万円／年=3,500万円／年③

5● ミーティング・会議の生産性向上

(1) ドラッカー「8つの習慣」では会議（ミーティング）の重要性に触れている

　マネジメントの権威，経営学者として名高いP.F.ドラッカー（1909年〜2005年）はその著書『経営者の条件』（原題「The Effective Executive」(1966年)）の中で，経営における重要な「8つの習慣」と題して以下の8項目を挙げている。その8項目とは，「①なされるべきことを考える」，「②組織のことを考える」，「③アクションプランを作る」，「④意思決定を行う」，「⑤コミュニケーションを行う」，「⑥機会に焦点を合わせる」，「⑦会議の生産性をあげる」，「⑧「私は」ではなく「われわれは」を考える」である。彼はこの7番目の項目でミーティングの生産性の重要性を強調している。このこと自体は異論を差し挟む余地がないのだが，興味深いのは，他の7つの項目もまた，ミーティングにおいて行われる行為に関する内容といえることだ。ミーティングにおいては他のいずれの項目も念頭に置かねば本来ミーティングとして機能しないことばかりである。ミーティングにおけるわれわれの行為は，経営というものを構成する重要な要素なのである。そうであればなおのこと，より生産性の高いミーティングの実施を目指す必要性は高いだろう。

図 4-5-1●ドラッカー「8つの習慣」では会議（ミーティング）の重要性に触れている

1. なされるべきことを考える
2. 組織のことを考える
3. アクションプランを作る
4. 意思決定を行う
5. コミュニケーションを行う
6. 機会に焦点を合わせる
7. **会議の生産性をあげる**
8. 「私は」ではなく「われわれは」を考える

出典：「経営者の条件」P. F. ドラッカー

(2) ホワイトカラーの仕事はすべてミーティングによって成り立っている!?

　ミーティングの生産性向上，というテーマを考えるにあたり，ここでホワイトカラーの仕事を例にとってみよう。例えば，図表はある営業担当者と営業責任者の1日を整理したものである。ご覧いただければわかるように，1日の仕事は実にミーティングそのもの，あるいはミーティングのための仕事（準備，外出，事後フォロー作業など）が占める割合の高いことに驚くばかりである。担当者のみならず責任者に至っては，ミーティングを通じて部下から上がってくる情報，社内別部署からの情報を刷り合せ，調整の繰り返しである。

　ホワイトカラーの仕事は，これら現場から上がってくる市場・技術情報とトップダウンの経営からの指示情報の組み合わせ・擦り合わせ情報処理の繰り返しで構成されているのである。極端にいってしまうと「ホワイトカラーの仕事はすべてミーティングによって成り立っている」ということだ。

　ホワイトカラーでも職種によってはミーティングばかりではなく，「作業」の占める割合が高い場合もある。例えば，デザイナー，設計者，SE，プログラマーや事務職などのような「創造活動や，作業主体」の職種の場合である。とはいえ彼らとてまったくミーティングに無縁というわけではない。むしろミーティングの内容を受けて作業に取り組むことが多いのだから，その前提となるミーティングの生産性が重要であり，ミーティングの生産性が低く，ミーティングでの誤解ややり直しが，本業の生産性に直結することはいうまでもない。

　メールやレポートなどのミーティング以外のワンウェイのコミュニケーション手段をつないでミーティングを代替することも可能であろう。しかしながら，創造性を求めるこれからの時代，リアルタイムな双方向性コミュニケーションをベースにした異なった意見と経験を持つプロ同士のコラボレーションが，企業価値創造のベースとなる以上，ワンウェイコミュニケーションはあくまでも定型業務処理や意思の一方的伝達方式の一環としての情報フローとして限定的な目的で使われることになろう。

　また，テレカンファレンスやネットミーティングはもちろん，チャットやブログのような双方向コミュニケーション手段を通したミーティングは会議の一

図 4-5-2 ● ホワイトカラーの仕事はすべてミーティングによって成り立っている!?

〈営業担当Aの一般的な1日〉

出社 → 営業準備 → 営業で外出 → 営業フォロー → ランチ → ミーティング準備 → 営業部ミーティング → 事務処理 → 帰社

Do: 営業での仕事
Plan, See: 営業ミーティングに実績を報告し計画や対策を協議
ミーティングのための仕事

〈営業部長の一般的な1日〉

ミーティング準備 → 営業本部ミーティング → ランチ → フォロー → ミーティング準備 → 営業部ミーティング → 事務処理

営業本部・営業部イ・営業部ロ

ミーティングのための仕事
Plan, See: 営業本部ミーティングに実績を報告し計画や対策を協議
ミーティングのための仕事

Do: 営業担当B、営業担当C
自分の部の必達運営

➡ ミーティングの重要な情報はすべてミーティングによって収集、分散されている

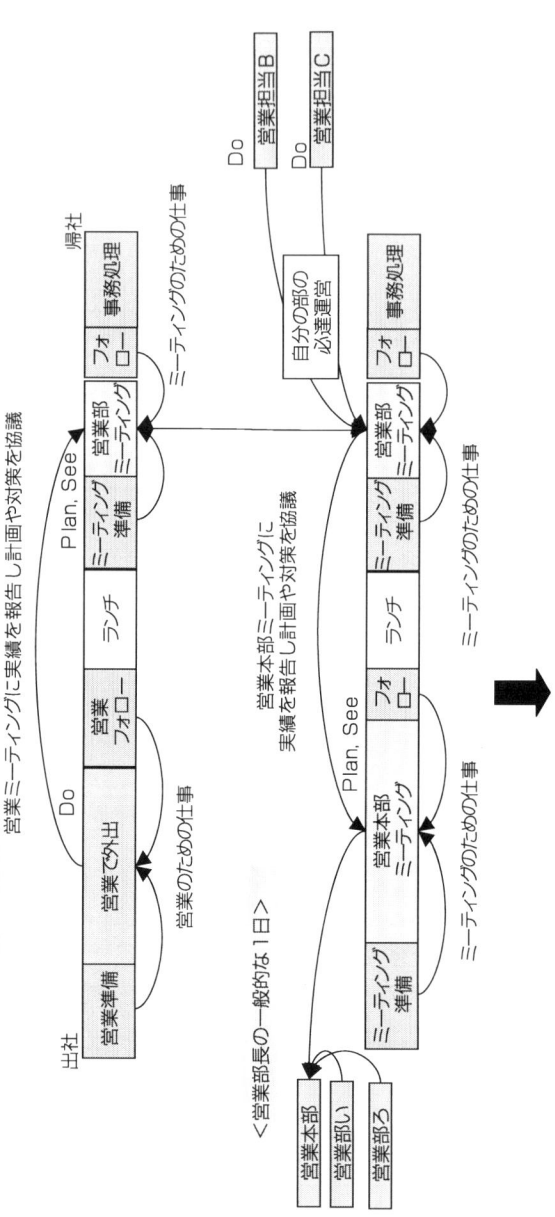

※企業の重要な情報はすべてミーティングによって収集、分散されている

部に代わる新しいミーティング手法として今後もさらに企業向け活用が進むに違いない。

(3) ミーティングのつながりは企業の意思決定（ガバナンス）のチェーンそのものである

　仕事はミーティングを中心に成り立っている，すなわち企業活動においては大小さまざまなミーティングが行われ，それらを通じ，情報が収集，分散され，その繰り返しの結果，意思決定が行われていく，という話はすでに述べた。図4-5-3は営業部門に関するミーティングの一連の流れをイメージ的に表現したものであり，ここでは，このミーティングの一連の流れを「ミーティングチェーン」と呼ぶこととする。

　企業のみならず，研究機関，官公庁，その他およそ人間が関わるすべての組織体では情報処理の流れという点では同様である。これらの事実を整理すれば，「組織はミーティングチェーンによって成り立っており，ミーティングチェーンの生産性＝その組織の生産性である」といえる。

図 4-5-3 ●ミーティングのつながりは企業の意思決定（ガバナンス）のチェーンそのものである

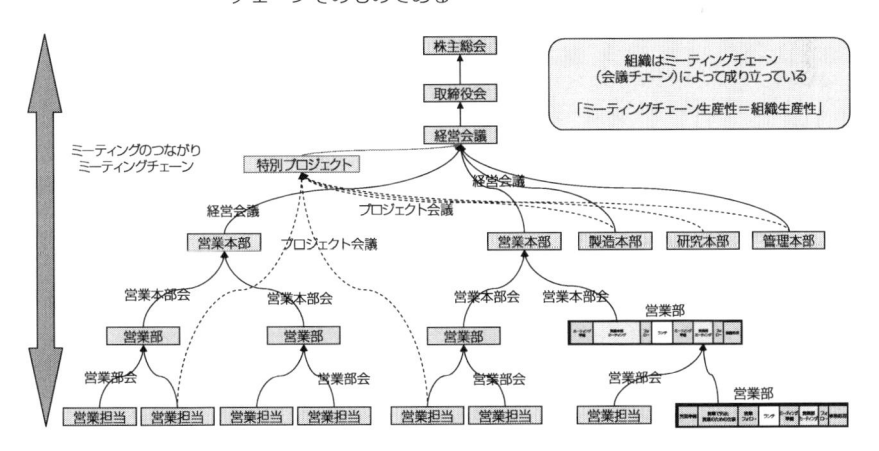

(4) ミーティングチェーンとは結果を出すまでのミーティングのつながりである

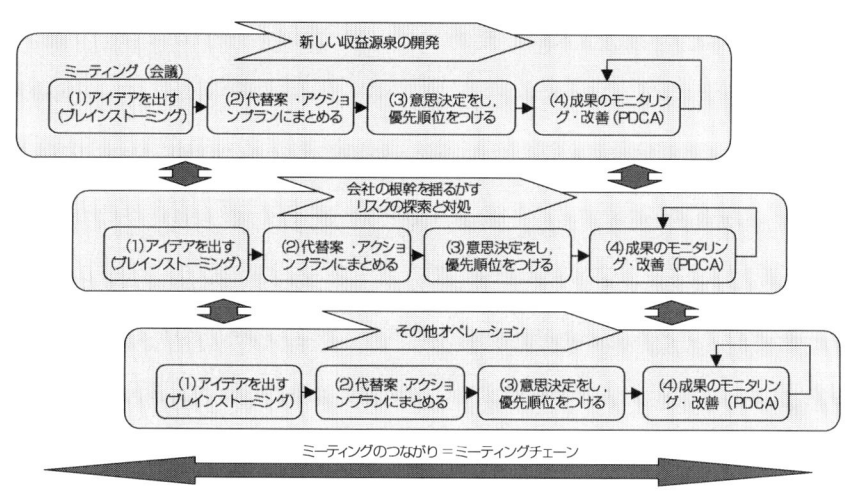

　形式や重要性においていろいろなレベル感があるにせよ，ある課題について実施されるミーティングの種類をここでは大きく4段階のものと整理した。その4段階とは，①アイディアを出す（いわゆるブレインストーミング），②代替案・アクションプランにまとめる，③意思決定をし，優先順位をつける，④成果のモニタリング（いわゆるPDCAサイクルのCに当たるもの）である。われわれが行うミーティングは以上4つの段階のいずれか（あるいは隣接する複数の要素をミックスしたもの）に当たると考えられる。

　ミーティングそのものは必ずしも単独で売上や利益に直結するものではないにもかかわらず，ミーティングチェーンは最終的に売上や利益の向上を含む，企業価値の向上を生み出す，重要な業務プロセスである。一見して目に見えない情報の連鎖が企業の運命を左右しかねないという事実は看過すべきではない。

図 4-5-4 ● ミーティングチェーンとは結果を出すまでのミーティングのつながりである

(5) ミーティングマネジメントの手法が求められる

　ミーティングの重要性についてはここまでの内容ですでにご理解いただけていると思うが，問題はどのようにしたらより生産性の高いミーティングを行うことができるのかということだろう。「今日からしっかり生産性の高いミーティングを行いましょう」とか「会議を短く切り上げましょう」という精神論では決してうまくいかないだろう。また「彼はミーティングをうまくファシリテートできる」という属人的なスキルに依存するのも考え物だ。スーパーマンならずとも一定の方法論に則って行動すれば一定の成果を上げられるようにしないと組織的な成功は覚束ないだろう。

　ミーティングの質を高める方法論ということでいえば，コンサルティングファームが提供しているサービスに「ミーティングファシリテーション」という類似のサービスがあるが，本書では一歩踏み込んで「（ミーティングマネジメントを行う）ミーティングマネジャー」の設置を提案する。

　この手法ではミーティングごとに（あるいは一連の連続するテーマのミーティングに対して）ミーティングマネジャーを設置し，ミーティングマネジメントを行う。ミーティングファシリテーションでいうところのファシリテーターがミーティングの議事進行役，交通整理役のイメージの役回りである一方，ミーティングマネジャーは議事進行役のみならず，そのミーティングを含む全体的なプロジェクトの流れを把握し，ミーティングそのものの生産性も考慮し，適切なミーティングを行う役割ということになる。どちらかというとミーティングマネジャーはむしろプロジェクトマネジメントにおけるプロジェクトマネジャーに近い存在だといえよう。またプロジェクトマネジャーは計数管理や契約管理なども行う場合が多いが，ミーティングマネジャーは必ずしも計数管理や契約管理を行うとは限らない。そのため，業務範囲としてはファシリテーター≦ミーティングマネジャー≦プロジェクトマネジャーというイメージになるかと思われる。また，大規模なプロジェクトにおけるミーティングマネジメントに関しては，ミーティングマネジャーが単独で数々のミーティングを仕切るとは限らず，プロジェクトマネジメントにおけるPMO（プロジェクト・マネジメント・オフィス）のように複数のスタッフで管理を行うことも考えられるだろう。

企業におけるミーティング生産性向上をよりはっきりしたものにしたいなら，ミーティング生産性向上をミッションにしたチーフ・ミーティング・オフィサー（CMO）の設置も検討するべきだ。CMOのミッションは企業内のミーティングチェーンの定義と生産性指標と目標の策定，生産性指標の収集と生産性向上施策の立案とフォローアップであり，ミーティングマネジャーを間接的に統括するミッションを持つことになる。一般的に会議といえば総務部門だし，コミュニケーションといえばIT部門になる。それゆえミーティングの生産性の話になると，総務とIT部門の壁の間に落ちてしまうテーマになりやすい。それゆえなおさら，いずれかの担当役員かまたは企画部門の担当役員がCMO候補となろう。このように企業としてミーティング生産性向上の役割と責任を明確にするためにもCMOの設置は意義深い。

図 4-5-5 ●ミーティングマネジャーの設置

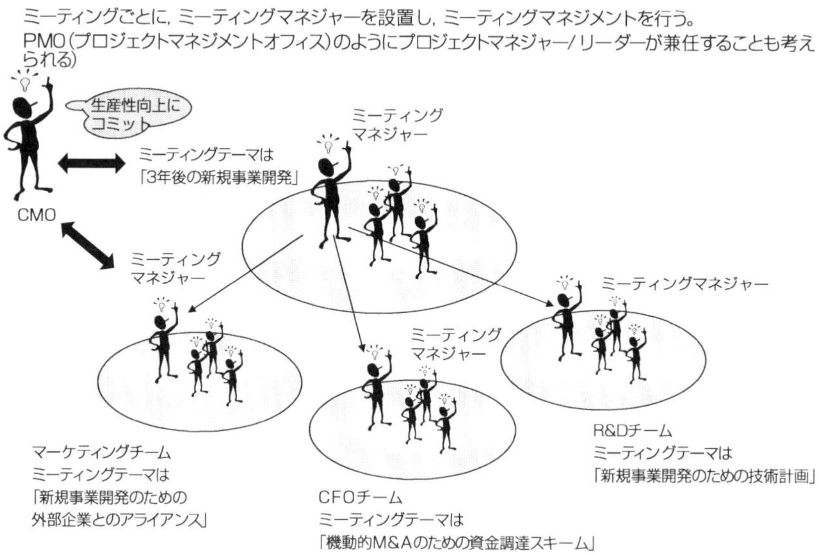

ミーティングごとに，ミーティングマネジャーを設置し，ミーティングマネジメントを行う。
PMO（プロジェクトマネジメントオフィス）のようにプロジェクトマネジャー／リーダーが兼任することも考えられる）

CMO（生産性向上にコミット）

ミーティングテーマは「3年後の新規事業開発」

ミーティングマネジャー

マーケティングチーム
ミーティングテーマは
「新規事業開発のための外部企業とのアライアンス」

CFOチーム
ミーティングテーマは
「機動的M&Aのための資金調達スキーム」

R&Dチーム
ミーティングテーマは
「新規事業開発のための技術計画」

(6) ワークスタイル変革

　ミーティングの生産性向上に加え，ナレッジマネジメント，ユビキタスなどのITベースのオフィスインフラを最大限活用し，執務環境をトータルに捉え，統合的にホワイトカラーの生産性と業務品質を向上させようとする動きを「ワークスタイルの変革」とここでは呼ぶ。

　ここではミーティングはワークスタイル変革の1つの大きな要素である。ミーティングのほかに，情報共有と再利用の促進，上長による資料レビューの品質と生産性の向上，資料作成における情報品質と生産性の向上などがIT/オフィスインフラを通じてシナジーを起こし，企業全体のバリューチェーン自体の品質と生産性，スピードアップを図ることが狙いである。

図4-5-6●ワークスタイル変革のモデル

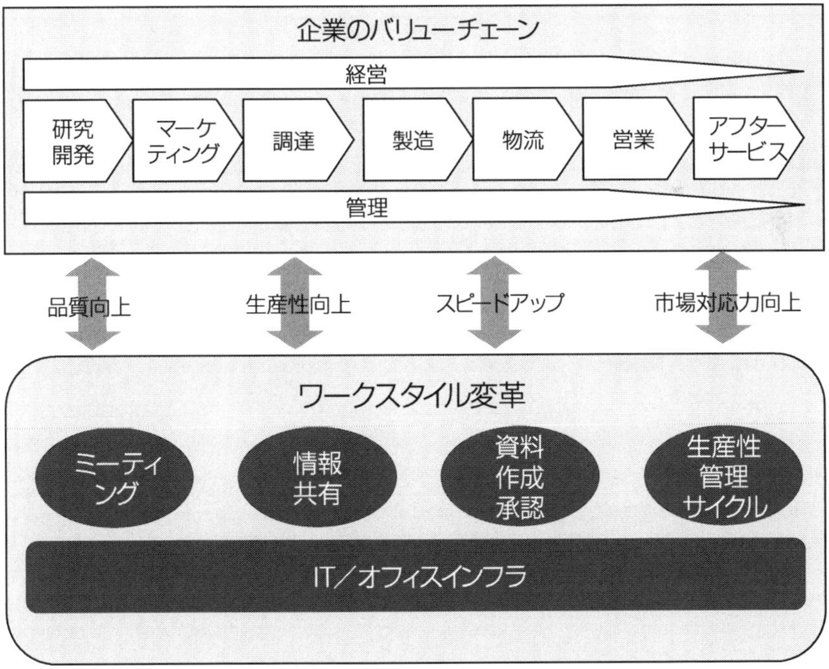

(7) ミーティングチェーン向けABC/ABMの事例（改善施策仮説）

ある企業A社社長の「ミーティングの非効率性を改善できないか？」という悩みに対し，B社のコンサルティングプロジェクトチームは，まずは営業部のミーティングの生産性に関するABC/ABM分析を行った。図表は，ABC調査着手前に実施したミーティングのアクティビティ分類と改善項目における仮説の分析例である。

図 4-5-7 ●ミーティングチェーン向けABC/ABMの事例（改善施策仮説）

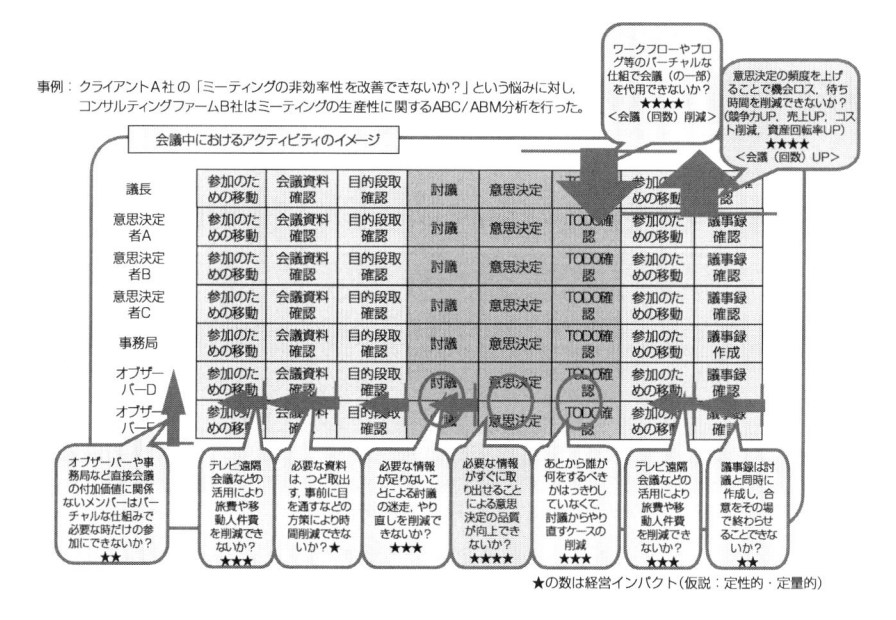

(8) ミーティングチェーン向けABC/ABMの事例
（ミーティング4要素とCSF）

このプロジェクトではミーティングを4つのパターンに分類，それぞれのパターンにつきミーティングが目指すべきゴールと，ミーティングがうまくいった，と判断する際の要因，CSF（Critical Success Factors：クリティカル・サクセス・ファクター／主要成功要因），ミーティングの標準的なアジェンダ内容の整理をしている。

図4-5-8●ミーティングチェーン向けABC/ABMの事例（ミーティング4要素とCSF）

ミーティングの4要素における，ゴール，CSF，段取りは下記のようになる。

ミーティングの4要素	GOAL	CSF	ミーティングの標準的アジェンダ
①BrainStorming:案の探索・検討	案とその長所短所がすべて出揃う	いかに漏れなく必要な案が短期に出揃うか？ ⇒ 検討された案の数，関係者の納得度	①-0：討議すべき案の準備★★★ ①-1：討議すべき案が求めるゴール・範囲の確認 ①-2：既提出案の説明と理解，討議 ①-3：新しい案のアイデア出し，理解，討議★★★ ①-4：案に対する比較検討，理解 ①-5：案が出揃ったことの確認★ ①-6：Todoリスト（誰が，何を，いつまでに）確認
②Examination:案の調整・検討	代替案，アクションプランにまとめる	実行可能性を加味した複数の有効な選択肢に絞り込めるか？ ⇒ 検討された案の実現性，実行・不実行の際の評価	②-0：案のリストと実行可能性分析★★★ ②-1：各案に対する実行・不実行の場合の評価 ②-2：代替案の有無の検討 ②-3：各案に対するアクションプランの検討★★★ ②-4：最終検討にかける案の比較検討，理解 ②-5：有効な検討案に絞り込んだことの確認★ ②-6：Todoリスト（誰が，何を，いつまでに）確認
③Decision:意思決定	意思決定がなされる	いかに正しい意思決定ができたか？ ⇒ 各案に対する関係者意見の網羅性	③-0：検討された案のリストと長所短所分析★★★ ③-1：状況の確認，課題の確認 ③-2：意思決定すべき案の理解，長所短所の確認★ ③-3：どの案にするか討議，ディスカッション★★★ ③-4：案の選定★★ ③-5：選定された案に対するコメント取得・記録 ③-6：Todoリスト（誰が，何を，いつまでに）確認
④Evaluation:評価	評価が下される	いかに正しい評価ができたか？ ⇒ 各案に対する参加者意見の網羅性	④-0：評価にかかわる情報，評価クライテリアの準備★★ ④-1：状況の確認，課題，意思決定状況の確認★ ④-2：状況にかかわる評価・関連情報の確認★ ④-3：評価に関する内容の相互確認，意見徴収★★★ ④-4：評価の決定★★ ④-5：評価に対するコメント取得・記録 ④-6：Todoリスト（誰が，何を，いつまでに）確認

★の数は経営インパクト（仮説：定性的・定量的）

(9) ミーティングチェーン向け ABC/ABM の事例
（改善前 ABC リスト）

A社で実施されているミーティングの現状については数々の改善の余地があることは前述した。

図4-5-9の事例は，ある会議におけるミーティング中とミーティング開始早々のアクティビティに関してABC/ABMデータベースとしてまとめた資料の一部を抜粋したものである。普段，漠然としか意識していないミーティングのコストであるが，参加者ごとにそれぞれの時間単価と費やしている時間を積算するだけで膨大なコストが発生していることが算出できる。

図表の事例は各人員の時間単価と活動時間についてまとめたものであるため，詳細は割愛するが，付随するコストも決して馬鹿にならない。例えば，会議室の電気代，準備された資料の印刷コスト（用紙代，コピー回数に基づくコピー機のモノクロ印刷，カラー印刷の従量課金使用料，そしてトナー代），ミーティングの参加するための移動に必要となる費用（一般公共交通機関の交通費，タクシー代，場合によっては航空チケット代，ホテル宿泊費，出張に伴う日当，役員クラスであれば社用車のガソリン代，運転手の人件費）……。まずは明らかな無駄の発生，少し気をつければ改善できそうな些細な無駄の積み重ねを改善するだけで，多いにコストが削減できるだろう。ミーティングの進め方を工夫し，付加価値を生み出すことによる生産性向上も期待できる。

本件で明らかになったミーティングにまつわるコストは実際，今まで見過ごされていたわけであるが，企業規模が大きくなればそれだけミーティングにかかっているコストは大きくなる。簡単に試算してみても相当なコストが発生しているのがイメージできるだろう。1週間に行われるミーティングの回数，1回当たりの時間，参加する人数とそれぞれの時間単価，これらの掛け算だけでも結構な金額になるが，これらすべてが必ずしも生産性の高い有効なミーティングではないだろう。とはいえ落胆する必要はない。本件A社のように，まだまだ企業の生産性は改善の余地があり，競合他社がまだそのことに気づいていないとすれば，これは大いなるアドバンテージである。

第4章 ABMの適用と効果●147

図4-5-9 ●ミーティングチェーン向けABC/ABMの事例（改善前ABCリスト）

現状のミーティングには数々の課題がある。一見、些細なことの積み重ねが非効率率につながっている。
(例) 会議中、開始早々のアクティビティに関するABC/ABMデータベース

作業内容	分類	作業者	会議での役割	部門	所要時間	単価(/分)	付加価値%	非付加価値%
会議開始の挨拶をする	会議中	田中営業部長	議長	営業部	2分	100		100
会議開始の挨拶を聞く	会議中	山本専務	意思決定者	本部	2分	250		100
会議開始の挨拶を聞く	会議中	渡辺常務	意思決定者	本部	2分	200		100
会議開始の挨拶を聞く	会議中	佐藤課長	事務局	企画部	2分	60		100
会議開始の挨拶を聞く	会議中	高橋経理部長	オブザーバー	経理部	2分	80		100
会議開始の挨拶を聞く	会議中	鈴木工場長	オブザーバー	製造部	2分	100		100
アジェンダを説明する	会議中	佐藤課長	事務局	企画部	3分	60	50	50
アジェンダ説明を聞く	会議中	田中営業部長	議長	営業部	3分	100		100
アジェンダ説明を聞く	会議中	山本専務	意思決定者	本部	3分	250		100
アジェンダ説明を聞く	会議中	渡辺常務	意思決定者	本部	3分	200		100
アジェンダ説明を聞く	会議中	高橋経理部長	オブザーバー	経理部	3分	80		100
アジェンダ説明を聞く	会議中	鈴木工場長	オブザーバー	製造部	3分	100		100
事前資料に目を通す	会議中	田中営業部長	議長	営業部	3分	100		100
事前資料に目を通す	会議中	山本専務	意思決定者	本部	3分	250		100
事前資料に目を通す	会議中	渡辺常務	意思決定者	本部	3分	200		100
事前資料に目を通す	会議中	高橋経理部長	オブザーバー	経理部	3分	80		100
事前資料に目を通す	会議中	鈴木工場長	オブザーバー	製造部	3分	100		100
他の参加者が事前資料に目を通すのを待つ	会議中	佐藤課長	事務局	企画部	3分	60		100
目的段取を確認する	会議中	田中営業部長	議長	営業部	1分	100		100
目的段取を確認する	会議中	山本専務	意思決定者	本部	1分	250		100
目的段取を確認する	会議中	渡辺常務	意思決定者	本部	1分	200		100
目的段取を確認する	会議中	佐藤課長	事務局	企画部	1分	60		100
目的段取を確認する	会議中	高橋経理部長	オブザーバー	経理部	1分	80		100
目的段取を確認する	会議中	鈴木工場長	オブザーバー	製造部	1分	100		100
会議遅刻者にサマリを説明するのを聞く	会議中	田中営業部長	議長	営業部	3分	100		100
会議遅刻者にサマリを説明する	会議中	藤原副社長	意思決定者	本部	3分	300		100
会議遅刻者にサマリを説明するのを聞く	会議中	山本専務	意思決定者	本部	3分	250		100
会議遅刻者にサマリを説明するのを聞く	会議中	渡辺常務	意思決定者	本部	3分	200		100
会議遅刻者にサマリを説明するのを聞く	会議中	佐藤課長	事務局	企画部	3分	60		100
会議遅刻者にサマリを説明するのを聞く	会議中	高橋経理部長	オブザーバー	経理部	3分	80		100
会議遅刻者にサマリを説明するのを聞く	会議中	鈴木工場長	オブザーバー	製造部	3分	100		100

（注釈）
- 付加価値ゼロ！
- 会議前に済ませることができるはず
- 電話会議でもいいのでは？
- 不要なコスト発生！
- 本題に入るまでが長い！

⑽ ミーティングチェーン向け ABC/ABM の事例
　（改善後 ABC リスト）

　図 4-5-10 の事例はミーティング生産性改善活動をした後の，とあるミーティングにおけるミーティング開始早々の数分間を抜粋したものである。しかしながらこの資料だけでも，単純な効率化のみならず，ミーティングの質を高める仕組み化が行われたことが見てとれる。ここの改善点については決して難しいことを行ったわけではないにもかかわらず，それらを積み上げることで大きな成果がもたらされた。今回のプロジェクトでは「年間コストの算出」，「改善施策の提案」，「改善施策の導入」，「改善結果の測定」を行っている。

　A社は次のフェーズでミーティング改善案を全社規模で日常業務レベルまで落とし込み，それを支援するミーティング支援情報システムの実装の計画を検討したいと考えている。

　ABC/ABM を用いたミーティングチェーンマネジメントのゴールは単にミーティングに関するコスト算出や削減にあるのではなく，ミーティングという知的生産活動における付加価値向上の意識付けや行動の促進を社内に根付かせ，結果的に企業の競争力を強化することにある。そういう意味ではミーティングチェーンマネジメントは管理会計による生産性向上に留まらず，企業変革そのものに貢献する方法論だといえよう。

第4章 ABMの適用と効果●149

図4-5-10 ●ミーティングチェーン向けABC/ABMの事例（改善後ABCリスト）

本ケースでは、会議開始早々の数分間だけでも、単純な効率化のみならず、ミーティングの質を高める仕組み化が行われた。

作業内容	分類	作業者	会議での役割	部門	所要時間	単価(/分)	付加価値	付加価値%	非付加価値%
会議開始の挨拶とアジェンダ説明を行う	会議中	佐藤課長	事務局	企画部	1分	60		100	0
事務局の発言を聞く	会議中	藤原副社長	意思決定者	本部	1分	300		100	0
事務局の発言を聞く	会議中	山本専務	意思決定者	本部	1分	250		100	0
事務局の発言を聞く	会議中	渡辺常務	意思決定者	本部	1分	200		100	0
事務局の発言を聞く	会議中	田中営業部長	議長	営業部	1分	100		100	0
事務局の発言を聞く	会議中	高橋経理部長	オブザーバー	経理部	1分	80		100	0
事務局の発言を聞く	会議中	鈴木工場長	オブザーバー	製造部	1分	100		100	0
事前資料の質問を受け付ける	会議中	佐藤課長	事務局	企画部	1分	60		50	50
事前資料についての質問を行う	会議中	藤原副社長	意思決定者	本部	1分	300		100	0
事前資料についての質問を行う	会議中	山本専務	意思決定者	本部	1分	250		100	0
事前資料についての質問を行う	会議中	渡辺常務	意思決定者	本部	1分	200		100	0
事前資料についての質問を行う	会議中	田中営業部長	議長	営業部	1分	100		100	0
事前資料についての質問を行う	会議中	高橋経理部長	オブザーバー	経理部	1分	80		100	0
事前資料についての質問を行う	会議中	鈴木工場長	オブザーバー	製造部	1分	100		100	0
事前資料についての質問に回答を行う	会議中	佐藤課長	事務局	企画部	1分	60		100	0
目的段階についての質問を行う	会議中	藤原副社長	意思決定者	本部	1分	300		50	50
目的段階についての質問を行う	会議中	山本専務	意思決定者	本部	1分	250		50	50
目的段階についての質問を行う	会議中	渡辺常務	意思決定者	本部	1分	200		50	50
目的段階についての質問を行う	会議中	田中営業部長	議長	営業部	1分	100		50	50
目的段階についての質問を行う	会議中	高橋経理部長	オブザーバー	経理部	1分	80		50	50
目的段階についての質問を行う	会議中	鈴木工場長	オブザーバー	製造部	1分	100		50	50
目的段階についての回答を聞く	会議中	佐藤課長	事務局	企画部	1分	60		50	50

（吹き出し注釈）
- 類似用件はまとめて → 用件は手短に!
- 資料は事前に確認されている
- 電話会議で移動コストの圧縮
- 新しい情報のインプット → 付加価値ある作業の発生

6 ● シェアドサービス

(1) シェアドサービスとは

　シェアドサービスとは，複数の組織で共通的に実施されている業務（特に間接業務）を，個々の組織から切り離して統合することにより集中処理を行って経営効率を上げる手法である。シェアドサービスに適した業務とは，組織の直接的プロフィットに影響する業務やビジネス慣例上の特殊業務（いわゆるその組織にしかできない業務）以外を指し，その中でも集中化することによりメリットが生じる業務のことをいう。企業の中では，各事業部や支店，関連会社，管理部門などさまざまな部署があるが，その中には必ずシェアドサービスに適した業務が発生している。

　シェアドサービス化の手法は，一企業内であれば専門部門の立ち上げとなり，グループ化された企業の中では専門会社を立ち上げることもある。またシェアドサービスセンター（SSC）専門会社も存在しておりそれらに外注する方法もある。

　シェアドサービスは業務を集約するだけなので簡単に感じるかもしれないが，そもそものミッションをきちんと定めることと，移管する業務選定とその効果を吟味しないと，サービスレベルの低下や業務品質の低下，コストアップにつながった例もある。必要なのはコストセンター化ではなくプロフィットセンター化することにある。これまでは情報システム子会社がシェアドサービスセンター化のよくある例であるが，そのほとんどが本社の機能を集中化しただけで，親会社に費用を請求するやり方であった。それでは従来のコストセンターと何ら変わりがなく，シェアドサービスの本来の考えとは違う。結果的には本社からのコントロールの効かないコストプール化して，サービスレベルは下がりコストアップする結果になり，結局本社に再統合される例も多い。

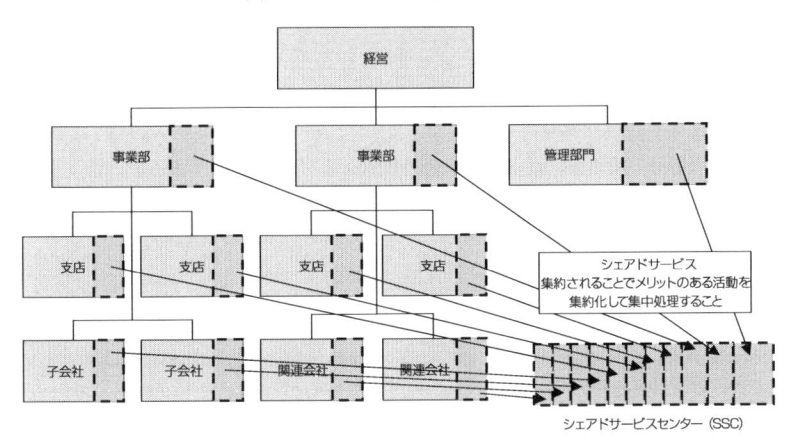

図 4-6-1 ●シェアドサービスとは

シェアドサービス
集約されることでメリットのある活動を
集約化して集中処理すること

シェアドサービスセンター (SSC)

(2) シェアドサービスの要件と効果

　シェアドサービスの効果は，サービスの標準化と集中化によるスケールメリットによる人的コストや調達コスト削減，生産性の向上期待とともに，専門化プロ化によるサービスの向上（スピードアップ，エラーの抑制などの定量的効果に加え，品質向上，リスク対応力向上などにつながり，業務改革のスピードアップが期待できる）にある。また既存の組織から切り離されて独立することでプロフィットセンター化につながり，経営指標があいまいになりがちで効率化のインセンティブが働きにくい間接業務を，CSや収益性，効率性やコストをいう面での経営指標によって評価することが可能になり，モチベーションや規律が高まるという点もメリットもある。

　これらの効果を享受するためには，業務やノウハウの標準化，情報の透明化，コントロール範囲の拡大などの権限移譲と，効率的運用のためにIT技術の活用や人材育成への投資も重要である。

図 4-6-2 ●シェアドサービスの要件と効果

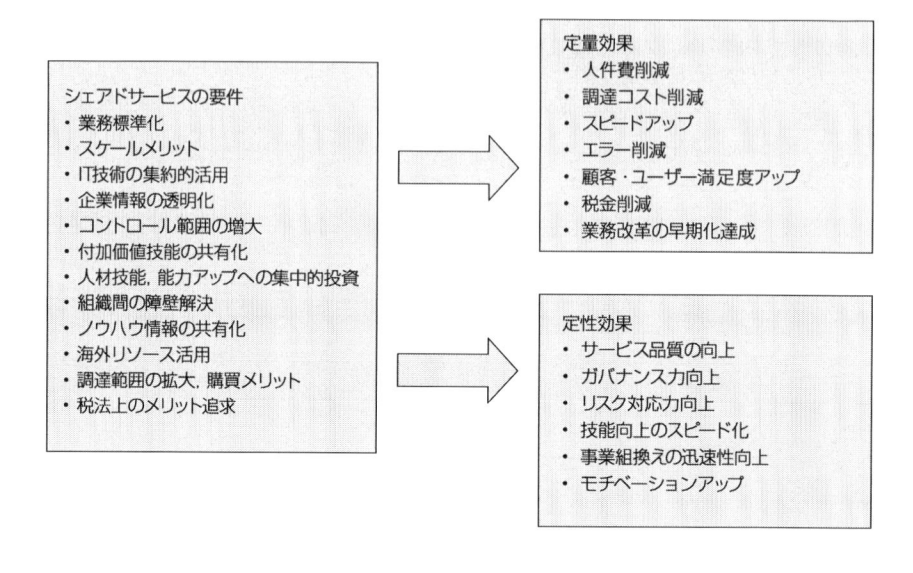

```
シェアドサービスの要件
・業務標準化
・スケールメリット
・IT技術の集約的活用
・企業情報の透明化
・コントロール範囲の増大
・付加価値技能の共有化
・人材技能,能力アップへの集中的投資
・組織間の障壁解決
・ノウハウ情報の共有化
・海外リソース活用
・調達範囲の拡大,購買メリット
・税法上のメリット追求
```

```
定量効果
・人件費削減
・調達コスト削減
・スピードアップ
・エラー削減
・顧客・ユーザー満足度アップ
・税金削減
・業務改革の早期化達成
```

```
定性効果
・サービス品質の向上
・ガバナンス力向上
・リスク対応力向上
・技能向上のスピード化
・事業組換えの迅速性向上
・モチベーションアップ
```

(3) シェアドサービスの対象領域の変化

シェアドサービスの成り立ちは、いわゆるコア業務をサポートする業務の共通化という考えから始まっている。顧客価値分析でいう「非付加価値活動の集約化」といわれるもので、誰がやってもあまり成果に変わりがない、マニュアルどおりに遂行可能な業務を集中化しようという考えである。

その後、シェアドサービスの考えは次第に変化し始めている。その潮流はシェアドサービスを別会社化してプロフィットセンター化したことから始まる。別会社化したことでプロフィットセンターとしての位置付けとなり、親会社の業務のアウトソーシングだけでなく他社の間接業務も引き受けるように領域を拡大し始めた。

また特定の機能に特化したアウトソース会社(自社の強みを専門として受託する会社)の出現により、自社の付加価値活動だった業務も他社に委託したほうが高品質で低価格であり、なにより自社で運用する手間やリスクを軽減することができるようになった。物流やコールセンター、医薬情報担当者MRの派遣、ファブレス企業の生産機能の外部委託などはアウトソーシングの典型だろう。

これからのシェアドサービスはさらに発展し，競争力の源泉業務まで及んでいくことが予想できる。自社にとってコアだと考えられる業務の標準化，プロセス化，集中化を進めれば，他社のシェアドサービスとして機能することが可能である。他社のシェアドサービスとして企業の競争力源泉が機能する例としては，コンビニエンスチェーンの多機能化が挙げられる。コンビニエンスチェーンの競争力である場所の利便性と24時間サービスを生かした，郵便・宅配便業務の請負いやチケット販売，銀行，決済業務の請負などはプロセス化された競争力源泉のアウトソース化の好例といえよう。

これまでは競争力の源泉業務は，属人的要素が強く標準化は難しかったが，ABCなどの業務の可視化ツールの出現によって可視化されつつある。

図 4-6-3 ●シェアドサービスの対象領域

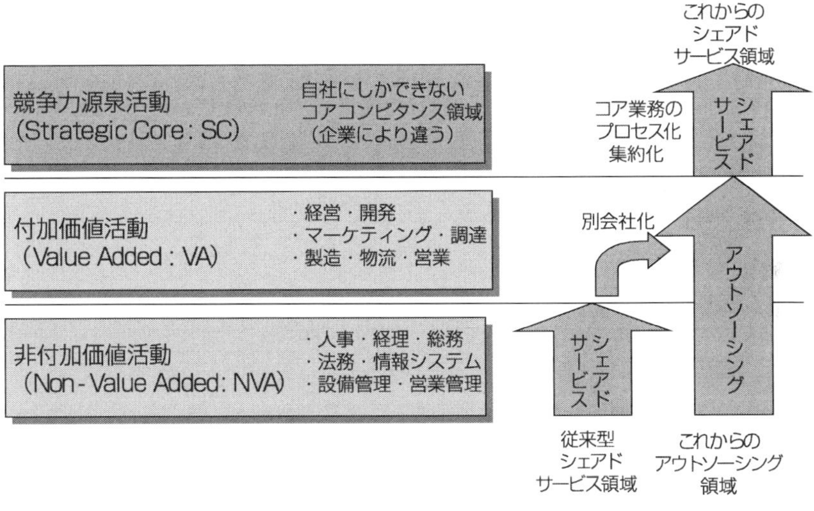

競争力源泉活動 (Strategic Core: SC)	自社にしかできない コアコンピタンス領域 （企業により違う）
付加価値活動 (Value Added: VA)	・経営・開発 ・マーケティング・調達 ・製造・物流・営業
非付加価値活動 (Non-Value Added: NVA)	・人事・経理・総務 ・法務・情報システム ・設備管理・営業管理

コア業務の
プロセス化
集約化
→ シェアドサービス
→ これからのシェアドサービス領域

別会社化

アウトソーシング
→ これからのアウトソーシング領域

シェアドサービス
→ 従来型シェアドサービス領域

(4) シェアドサービスのサービス価格の決定手法

シェアドサービスを成功させるには，シェアドサービスセンターが自らの改善に磨きをかける意欲が働く価格方式が望ましい。

価格決定方式が満たしていなくてはならないのは，市場との競合にさらされる，改善へのモチベーションにつながる，である。その観点から考えると市場価値方式かサービスレベル合意方式がいいだろう。

市場価値方式はプロフィットセンターとして独り立ちするためには理にかなっており，市場競争力のある価格で他社に負けない高品質なサービスを提供するための，品質向上とコストダウンへの邁進が自社の市場価値を高めることにつながる。

サービスレベル合意方式はアウトソーシング会社では一般的な方法で，合意した品質のサービスを提供し，品質の評価指標が合意事項よりも落ちた時はペナルティが発生するので，品質維持に邁進しなくてはならない。また品質向上や効率向上への取り組みを合意事項に含めることで，改善へのモチベーションも期待することができる。

図 4-6-4 ● シェアドサービスのサービス価格の決定手法

サービス価格決定方式	説　明	請求単位	ABC必要性	市場との競合	改善へのモチベーション
発生コスト配賦方式	ユーザー部門の人員数，売上などで発生コストを配賦	一括（期間）	×	×	×
振替価格方式（クロスチャージ）	ABCをベースに業務別コストを算出し，サービス分量に応じてコストを配分	サービス単位	○	×	△（ユーザーのみ）
市場価値方式	サービス価格を市場価格ベースに設定し，サービス分量に応じてコストを配分	サービス単位（機能単位）	△（サービス定義のみ）	○	○（両者）
サービスレベル合意（SLA）方式	ABCをベースにサービス価格を決定するが，その品質とコスト目標を長期的な改善目標とともに合意（市場コストも勘案）	長期一括	○	○（長期）	◎（長期）

(5) シェアドサービス取組みステップと構築のポイント

シェアドサービスの取組みには図4-6-5に示すように5つのステップがある。

重要なポイントを解説すると，まずはシェアドサービスの目的とゴールをはっきりさせることである。共通化することが目的ではなく，共通化した後に享受したいメリットを目的とすべきだ。

次に切り出すべき業務の切分け（業務の可視化に基づき）を行い，業務量などの見積りからシェアドサービスを実行した場合の効果試算を行っておく。業務の可視化はシェアドサービスには必須である業務の標準化，プロセス化を行う際も役に立つ。

図 4-6-5 ● シェアドサービス取組みステップと構築のポイント

取組みステップ	取組みステップ説明	検討留意点（ポイント）
1) 業務内容調査・シェアドサービス化方針立案	シェアドサービス目的の明確化，組織，要員の概要設計，改善目標概算の計算，変革受容度調査と啓蒙計画	何のためのシェアドサービスなのか？目的・目標の明確化と合意形成を如何にスムーズにできるか？
2) 業務量調査と効果試算	ABCをベースに業務の分解と業務別業務量＆コストを算出する。IT化，業務改善，集約化などのロジックを明確化し導入効果試算を実施	どの活動にメリットが出るのか？なぜメリットが出るのか？他社の情報などともベンチマーク比較
3) 集約化リスクの分析と対策案策定	シェアドサービスの導入，メリット享受に伴うリスクの検討・分析と対策案の検討を行う	改革モチベーション維持，目的の啓蒙コストダウンによる各種リスクの確認組織分割集約によるデメリット確認など
4) サービス価格設定と組織別メリットシミュレーション	サービス価格の設定方法の検討，サービス価格の設定，各組織事の現状コストと比較し，享受メリットを確認調整	誰がどれだけ得するのか？価格設定はフェアか？長期的にコストダウンを目指せるモチベーションが沸く仕組みか？
5) 組織・要員設計　組織導入，IT導入	サービス内容に従い組織，要員規模，業務・機能要件，人材・スキル要件，人材ローテーション計画，業績評価指標，IT，ファシリティなどを設計，導入する	シェアドサービス側メンバーおよびユーザー部門側の改革モチベーション維持，導入プロジェクトマネジメント，導入後の継続改善マネジメントモデルの設計導入

7●アウトソーシング

(1) アウトソーシングの種類と範囲

　アウトソーシングとは，費用を支払って他社に自社業務の一部を委託することである。このビジネス構造は一見新しい考え方のように見えるが，実際はまったく新しいコンセプトではない。"販売会社"という組織はそれ自体メーカーのアウトソーシングである。"部品メーカー"は完成品メーカーのアウトソーシングであるし，"税理士"や"経営コンサルタント"も経営管理部門のアウトソーシングである。

　経済産業省と野村総合研究所が共同で運営しているインターネットホームページ「アウトソーシングディレクトリー」ではアウトソーシングサービスを行っている企業の情報をサービス内容等で検索して，入手することができる。このホームページにおいて整理されているアウトソーシングサービスの登録件数は1,130社（2000年2月現在）あり，その範囲は総務，福利厚生，経理，財務，人事，人材等の管理部門から，開発，営業，販売，製造，物流のようなサプライチェーンを構成する領域まで幅広くカバーされている。

　インターネットの普及により，インターネットを最大限活用したアウトソーシングサービスが次々と発生している。インターネット技術を活用したアウトソーシングサービスの種類として，従来から広く活用されているシステム運用のアウトソーシングサービス，最近のインターネット技術とアプリケーションパッケージの技術を統合し，業務アプリケーションとヘルプデスクのサービスをシステム運用と併せて提供するアプリケーションサービスプロバイダ（ASP），さらに，業務アプリケーションのみならず支援部門や管理部門のサービスを人員や業務アプリケーション毎まとめてアウトソーシングするビジネスプロセスアウトソーシング（BPO）までその適用範囲は加速度的に広がってきている。

第4章　ABMの適用と効果●157

図 4-7-1 ● アウトソーシングの種類と範囲

大分類	中分類	小分類	大分類	中分類	小分類
総務・福利厚生	総務	総務事務代行（全般的な総務業務） 受付代行（テレコミュニケーション含む） 運転代行・車両保守管理 国内・海外出張手続代行 各種予約代行（ホテル、ゴルフ場、チケット等） 輸出入手続代行	営業	営業支援	営業サポート ダイレクト・マーケティング代行（テレマーケティング含む） 顧客データベース管理
	福利厚生	福利厚生サービス代行 社内行事運営代行 企業内保育所運営代行 寮・保養所管理代行			アフターサービス・メンテナンス代行 サポートセンター窓口代行 車検案内代行
	給与・厚生管理	社員証代行（秘書代行等）	販売	アフターサービス 販売	販売代行 集金代行
	その他	電話代行サービス（秘書代行等）		店舗計画	店舗企画代行 店舗運営代行
経理・財務	経理・財務	経理事務代行（給与計算、記帳、決算、財務分析） コスト分析	製造関連	製造関連	試作品製作 生産工程要員
法務・広報	法務	会社設立業務代行 特許情報提供サービス 海外販売データ取引手続代行	物流関連	開発・設計 物流	開発・分析 検索・分析 ワードパーフェクト、ロジスティクス（総合物流代行）
	広報	広報業務代行 マスコミ対応業務代行 採用情報提供代行業務 FAX情報発信サービス 電子メール発送サービス		流通関連	物流センター 配送業務代行 在庫管理 流通加工 発注業務管理（棚卸し代行を含む） トランクルーム
人事・人材	人事関連業務	人事管理・出向者管理業務支援 人事制度・人事情報システム 海外赴任業務代行（人事査定、業績評価（面接）） 海外人事支援業務（海外派遣、EXPAT、受入） 採用業務代行	金融関連	保険サービス 金融	決済業務代行 証券業務代行 融資業務代行 債権回収代行
	人材紹介	アウトプレースメント（再就職斡旋等）		情報提供	IR（インベスター・リレーションズ）（投資情報提供）
	人材派遣	事務職員派遣 専門家・技術派遣 語学翻訳	施設管理	設備メンテナンス	総合ビルメンテナンス 清掃サービス
	人材教育	管理職研修 各種資格取得研修 職員研修（新人研修、管理職研修、再就職研修、 生涯設計研修等） IT技術研修		施設運営管理代行 海外業務支援	警備・セキュリティサービス 設備管理 ペストコントロール 施設運営管理代行（事務所管理等） 海外業務代行 通訳・翻訳
経営企画	コンサルティング	企業診断・経営コンサルティング 再構築 アウトソーシング全般に関するコンサルティング	他の専門サービス	医療行事業務	医療事務代行 臨床検査代行
情報システム	情報システム	システムコンサルティング コンピュータ運用・保守 OA機器メンテナンス（インストール、保守等）			臨床実験代行 院内物品管理・廃棄 院内清掃 リネンサプライ
	インターネット	ホームページ作成 インターネットサーバ構築・運用・保守 インターネット通信販売代行		産業物処理 イベント企画	医療廃棄物処理 各種セレモニー・イベント企画運営 出張パーティ（ケータリング）
情報入手	情報入手	企業情報・興信所 新聞・産業情報 経済・産業情報 海外情報		その他	環境・電算関連業

出典：アウトソーシング企業ディレクトリー
通商産業省／野村総合研究所

(2) 社員再雇用型のアウトソーシングサービス
　　〜ビジネスプロセスアウトソーシング（BPO）

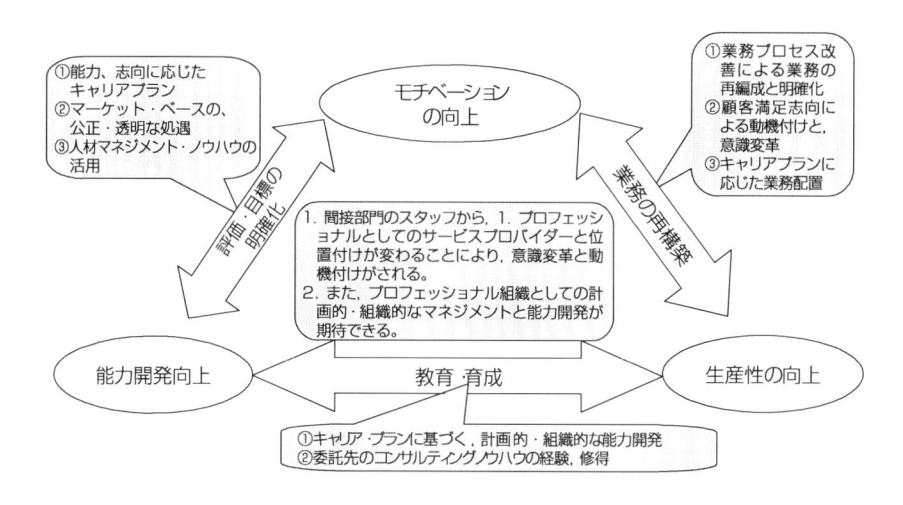

　ビジネスプロセスアウトソーシングは委託先がそのまま人材を受け入れ，アウトソーシングサービスを遂行する場合と，委託企業と委託先が共同出資でアウトソーシングのジョイントベンチャーを立ち上げ，その新サービス会社に人材を移籍，出向させる場合と2通りある。

　ビジネスプロセスアウトソーシングを実行すると，その瞬間に間接部門の社員がプロフェッショナルなサービスプロバイダーの直接サービス担当に位置付けが変わるので，その人件費は間接コストから直接コストに転換するのである。移籍した人材は新しい会社で委託先が保持するノウハウが得られ，社長まで行き着く可能性あるキャリアプランと能力開発プランとともに再出発を図ることができる。また，この場合，サービスを実施してきた社員が今までどおりサービスを継続して提供するので，切り替えのリスクがほとんどありえないため，スムーズにアウトソーシングの実行が可能な利点もある。

図 4-7-2 ●社員再雇用型のアウトソーシングサービス
　　　　〜ビジネスプロセスアウトソーシング（BPO）

①能力，志向に応じたキャリアプラン
②マーケット・ベースの，公正・透明な処遇
③人材マネジメント・ノウハウの活用

評価・目標の明確化

モチベーションの向上

業務の再構築

①業務プロセス改善による業務の再編成と明確化
②顧客満足志向による動機付けと，意識変革
③キャリアプランに応じた業務配置

1. 間接部門のスタッフから，1. プロフェッショナルとしてのサービスプロバイダーと位置付けが変わることにより，意識変革と動機付けがされる。
2. また，プロフェッショナル組織としての計画的・組織的なマネジメントと能力開発が期待できる。

能力開発向上

教育・育成

生産性の向上

①キャリア・プランに基づく，計画的・組織的な能力開発
②委託先のコンサルティングノウハウの経験，修得

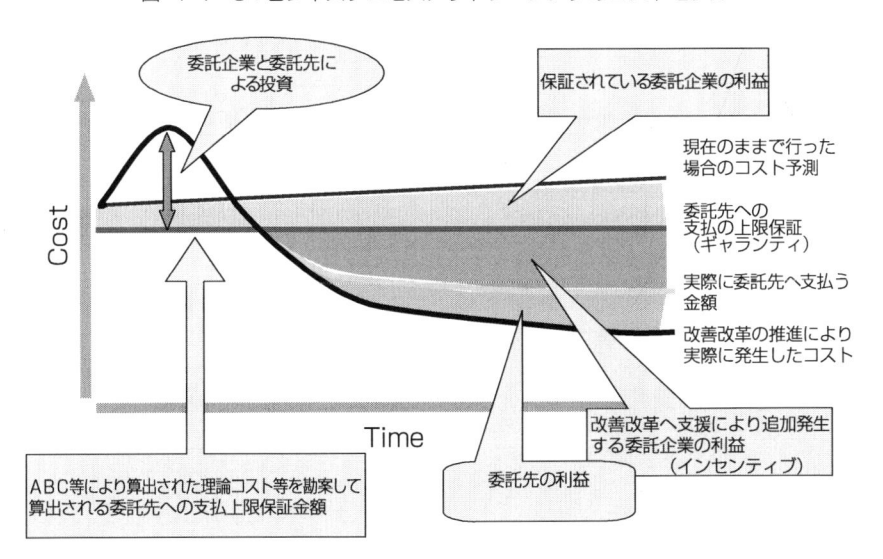

(3) ビジネスプロセスアウトソーシングのコストモデル

　さらに，委託先が業務の改善分を保証して，アウトソーシングの費用の上限を決めてしまう場合もある。この場合，委託元企業としてはコスト削減分を利益として保証されるのでさらにリスクが軽減されることになる。この場合，委託元企業と委託先がコスト削減に対し互いに積極的に取り組めるよう，インセンティブを取り決めることが一般的である。

　コスト削減分の保証が発生する場合，委託元にとってはその分は絶対に達成しなければならないリスクが発生する。コスト削減できないとその分だけ損失が発生するからである。また，移籍された人材の雇用と給与，福利厚生の保証はモチベーション維持の観点から絶対条件である。雇用した人材のモチベーションを最大限に引き出しながら，プロセスの改善を推し進め，さらに他社からのアウトソーシング案件を獲得する綱渡りが求められるため，ビジネスプロセスアウトソーシングはアウトソーシングの中でも委託元企業にとっては最もリスクの低い，委託先企業にとっては最もリスクの高いビジネスといえよう。

図 4-7-3 ● ビジネスプロセスアウトソーシングのコストモデル

(4) ビジネスプロセスアウトソーシング導入アプローチ

　ビジネスプロセスアウトソーシングにおいて，通常3ヶ月程度の計画フェーズ，さらに3ヶ月程度の契約フェーズをもって以降に取り掛かるのが一般的である。実質上の移行期間は6ヶ月～1年掛かりとなる。契約前の段階で現状のサービスレベルと生産性を把握し，将来的な効果をいかに正確に予測できるかがこのビジネスの根幹に関わる肝の部分である。委託先の改善改革のノウハウと経験はもちろんのこと，ベースとなるテクニックとしてABC/ABMがここでは存分に活用されることはいうまでもない。

図 4-7-4 ●ビジネスプロセスアウトソーシング導入アプローチ

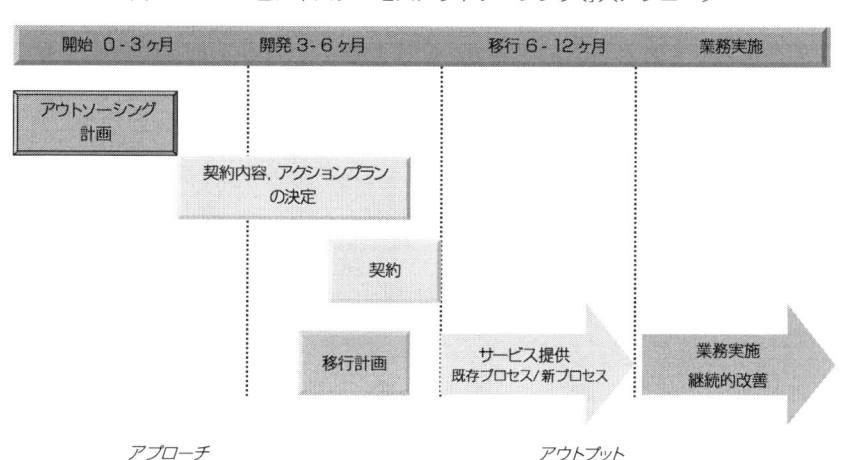

開始 0-3ヶ月	開発 3-6ヶ月	移行 6-12ヶ月	業務実施
アウトソーシング計画	契約内容，アクションプランの決定		
	契約		
	移行計画	サービス提供 既存プロセス/新プロセス	業務実施 継続的改善

アプローチ　　　　　　　　　　　　　　　　アウトプット

アウトソーシング計画	➢現状把握（ABC・サービスレベル・パフォーマンス・ベンチマーク） ➢ソリューションの概要設計 ➢アウトソーシング範囲の検証 ➢効果予測（ABM）

契約内容，アクションプランの決定	➢アクションプランの定義（システム・施設・人員構成） ➢リスクマネジメント計画 ➢詳細な効果予測（ABM） ➢目標と責任範囲の設計構築（サービスレベル・コスト） ➢契約内容の構築

(5) アウトソーシング取組みステップと構築のポイント

① どの領域をアウトソースするのか？

アウトソーシングを実施する際に，いったい何のために業務を委託するのか明確なロジックをもって計画を立てる必要がある。ただ，何の意図もなくアウトソースを実行しても，まったく何の効果も出てこない。むしろ，責任範囲が遠くになっただけ機能が低下するだけである。

アウトソーシングによる業務委託化で最も期待度の高い目的がコスト削減であろう。しかし，アウトソーシングによりコストが下がるのは以下の条件を満たす場合のみである。

a) 当社のサービスコストが算出されている
b) 委託先の会社に当社を超えるサービス改善の方式か必勝プロセスを持っており，委託先に任せたほうが早くて確実
c) 委託先の社員のほうがモチベートされていて技能が高く，効率が高い
d) トラックや建物のようなキャパシティが決まっている資源を活用する場合，融通を利かせることにより，利用率を向上させ，相対的な活用当たりのコストを低減することが可能となる。
e) 業務に季節変動があり，たとえアウトソースの単価が高くても，通年で人的資源を確保することを考慮すれば実際のコストは安くなる

ある耐久財メーカーＦ社ではアフターサービスにかかっている社員数が200人で，人件費は約17億円であった。このアフターサービスを同業の耐久財メーカーが12億円で請け負う前提でオファーを出し，すぐさまＦ社はこのアウトソースを委託することになった。Ｆ社のマネジメントは年間5億円コストが下がったので満足気であったが，実際のアフターサービスはそれほど件数がなく，実際は約100人9億円でアフターサービスが遂行できたはずであった。Ｆ社は自社のアフターサービス部隊が何を行っているか知らないままアウトソース契約にのったため，本来であれば9億円で実行できたところ12億円で委託してしまったわけである。アウトソースする場合に期待できるサービスの量とサービスコストの関係によく目を光らせる必要がある。

アウトソースを決める前に，自社で実施していくらかかっているのか？　自

社で改善した場合，サービスコストはどこまで下げられるのかある程度試算してからアウトソース先を探索することが必要である。アウトソース先はさまざまなサービスをさまざまな価格で提供してくるが，自社の業務量，サービス状況を十分に理解しないと，正しくアウトソース先を決定することは不可能である。

② 戦略的コアビジネスに対する人材集約の担保

戦略的コアビジネスに対する人材の集約がアウトソーシングの積極的理由でもある。しかし，この点を見落として，単にアウトソーシングを実施する例も後を絶たない。

a) そもそも当社の競争力源泉であるコアビジネスとは何かはっきりしているか？（例えば：建築工務店の場合，建築施工品質の高さと速度の速さ）

b) コアビジネスを今後どうして行きたいのかはっきりしているか？（例えば：建築施工品質の高さ，ブランド化）

c) コアビジネスに必要な人材はいったいどのような人材か，また何人必要なのかはっきりしているか？（品質を維持するための施工管理者とブランドマネジャー，インターネット技術者）

d) コアビジネスに必要な人材はいったいどこにどれだけいるのか？（例えば：施工管理者，情報システム部，ブランドマネジャーは他社から調達）

e) コアビジネスに人材を集約するためにどの業務をアウトソースすべきか？（例えば：施工管理者の品質管理以外の業務，情報システム）

上記にまとめたように，アウトソーシングする場合に，自社の強みをどこに置くのか，誰がその仕事をやるべきなのかしっかりイメージを持って進める必要がある。

③ 集約化後の管理方式の構築

アウトソーシングは別に取り立てて新しい打ち手ではない。大抵の企業においては必ず何度かすでに実行されているはずである。しかし，成功したアウトソーシングもまた少ないはずである。アウトソーシングは導入当初よりもその後の運用に多くのリスクが存在している。

アウトソーシングのために綿密に業務を設計し，新しいオフィスを調達，最新のコンピュータシステムを導入し，アウトソーシングセンターを構築しても，

継続的かつ自律的に生産性とサービス内容や品質が向上していく仕組みがない限り，どんどん機能が陳腐化していってしまう。

　答えは，アウトソーシング委託先企業と委託元企業のモチベーションを考慮して，自立的にサービスの品質と生産性が向上するようなフィーの価格設定方式を構築することである。

　先に説明した，サービス価格の設定とサービス取引制度の構築は最低条件である。優良なサービスを提供できなければ，予算が維持できず，組織が小さくなるかサービス組織の給与が下がる当たり前の仕組みがまず必要である。さらに，生産性向上や品質向上に数値目標を設定し，達成に応じて報奨される仕組みも効果的である。

　アウトソーシング先の社員には短期的な評価報奨とともに，社員個々人の観点でキャリアパスの確保やその部門で培った能力が企業内において価値あるものとして認められる制度が必要である。

　"アウトソーシング先の社員は自社の社員ではないので関係ない"といった発想でアウトソーシングを行うと，絶対に失敗することになる。アウトソーシング先の会社，組織，社員は当社機能の一部である。当社社員と同様にモチベーション高く高品質のサービスを提供できる社内制度になっているかどうかまでチェックを入れる必要があるのである。

　アウトソーシング先とは長期的な提携関係で取組みが進むことが最も望ましいが，逆に馴れ合いが出てくると，生産性や品質が下がってくることもある。事前に見直しのサイクルを取り決めておき，他社のアウトソーシング先との比較を定期的に行うことが，適度な緊張関係とお互いの継続的発展の助けになる。提携先は付き合いが長い分だけよりきめ細かいサービスと継続的改善ができているはずであるため，長期的に関係を持っているアウトソーシング会社は他社よりいつでも高品質で低価格であるはずである。

図 4-7-5 ● アウトソーシング取組みステップと構築のポイント

取組みステップ	取組みステップ説明	検討留意点（ポイント）
1) 業務内容調査・アウトソーシング化方針立案	顧客視点での業務・活動戦略分析、アウトソーシング目的の明確化、組織、要員の概要設計、改善目標概算の計算	どの業務がコアなのか？どの業務がミッションクリティカルなのか？何のためのアウトソーシングなのか？
2) 業務量調査と効果試算	ABCベースに業務の分解と業務別業務量とコストを算出する。ITも、業務改善、集約化などのロジックを明確化し導入効果試算を実施	どの活動になぜメリットが出るのか？他社の情報などともベンチマーク比較
3) 集約化リスクの分析と対策案策定	アウトソーシングの導入、メリット享受に伴うリスクの検討・分析と対策案の検討を行う	機密やノウハウの漏洩リスク　余剰社員が発生するリスク　機動力欠如リスクあとで見直しできなくなるリスク
4) サービス価格設定と組織別メリットシミュレーション	サービス価格の設定方法の検討、サービス価格の設定、各組織毎の現状コストと比較し、享受メリットを確認調整	だれがどれだけ得するのか？価格設定はフェアか？長期的にコストダウンを目指せるモチベーションが涌く仕組みか？
5) サービスプロバイダ選定	選定評価軸を明確化したうえで、サービスプロバイダに対しRFPを作成し、提案してもらう。提案内容に基づき選定する。	何を評価軸に決定するのか？長く付き合えるのはどこか？どこが実績があるのか？
6) アウトソーシング組織・要員設計組織導入、IT導入	サービス内容に応じた組織、要員規模、業務・機能要件、人材・スキル要件、人材ローテーション計画、継続評価指標、IT、ファシリティなどを設計、導入する業務	アウトソーシング側メンバーおよび自社側メンバーの改革モチベーション維持、導入プロジェクトマネジメント、導入後の継続的改善マネジメントモデルの設計導入
7) サービスプロバイダの定期的見直し	サービスプロバイダの見直しを定期的に行う	事前に見直しのクライテリアを合意しておくこととくにアウトタスキングの場合はより頻繁なプロバイダの評価見直しが必要

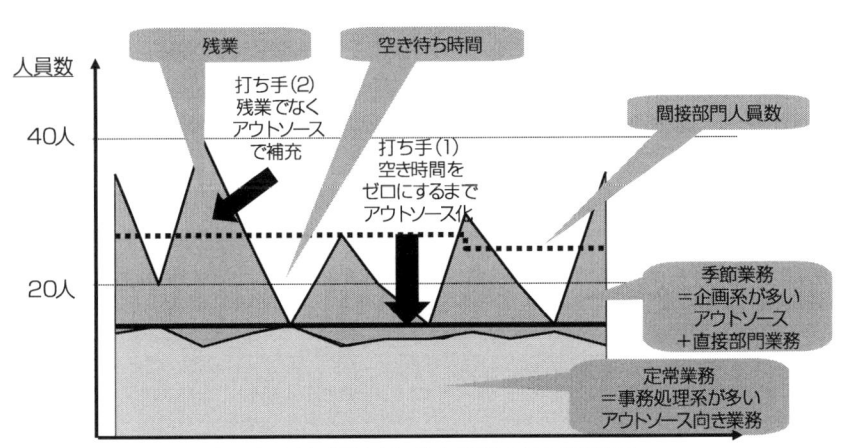

(6) 季節性・周期性のある業務のアウトソーシング

　予算策定や企画作成，業績評価，新卒採用など期末，期初に集中的に発生する業務や売上計上や経費精算等の月末，月初に発生する業務，物流業務や店頭業務のように週次で周期性のある業務など，業務はそれぞれ周期性がある。この周期性に着目してABCのテクニックで業務量を整理すると間接部門の社員数がピークタイムにあわせて採用されているか，それともアウトソースや臨時雇用前提で設計されているかによって企業の間接部門コストは大きく違ってくる。

　ある商社G社において，ABM実行の結果，定常業務と季節性のある業務の整理を実施した。この会社においては，期末の決算，業績確定，予算策定，計画策定等の季節業務とそれ以外の定常業務に分類され，定常業務は各事業部組織から分離分割するサービスカンパニーでアウトソーシング対応することになった。また季節業務は企画，予算策定業務が主な業務であるため，各カンパニーの現場担当から各目的に応じてプロジェクト形式でメンバーを集めることにした。その結果，間接部門は季節ごとの企画プロジェクトの計画担当者とアウトソーシング管理担当者数人のみになってしまい，実業務はアウトソーシングと企画プロジェクトに分解されてしまう結果となった。この組織変革の結果，3年後の間接コストは30％以上削減される結果となっている。

図 4-7-6 ●季節性・周期性のある業務のアウトソーシング

8 ● 企業間の取組みへの適用

(1) (D)SCM と ABC/ABM の関係とそのメリット

　SCM とは主に製造業や流通業において，メーカー（原材料や部品の調達から製造），卸売業や小売（流通），小売（販売）という，生産から最消費に至る商品供給の流れを「供給の鎖」（サプライチェーン）と捉え，鎖を構成する企業や部門の間で情報や業務，コストを相互に共有・管理することで，ビジネスプロセスの全体最適を目指す戦略的な経営手法のことである。この「供給の鎖」に消費者サイドからのニーズ情報である「需要」の概念を加え，「需要と供給の鎖」ということで(D)SCM（デマンド＆サプライチェーン・マネジメント）と呼ぶこともある。

図 4-8-1 ● (D)SCM と ABC/ABM の関係とそのメリット

```
  ⇒ 商流    → 物流    ----→ 金流
```

メーカー ⇔ 卸売業・販売会社 ⇔ 小売業チェーン ⇔ 消費者

- 取組みの前提はお互いの業務を理解することから始まる。
- 業務を1つ1つ点検することから改善は始まる。
- 業務の非効率は元（上流）から絶たなければならない！

↓

業務の可視化（明細化）
業務の数値化（コスト化）
活動の個別評価

↓

ABC／ABM

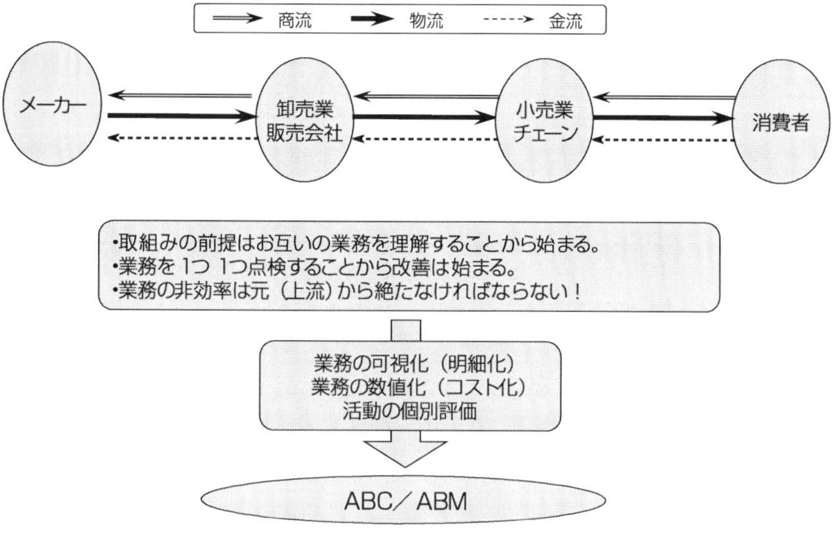

(2) 企業間取組みイメージ（卸，小売企業間業務の現状）

例として，(D)SCMで連携される前の卸売業と小売業の業務と情報の流れを図4－8－2に示した。点線は情報の流れ，太実線はモノかカネの流れを示す。卸と小売業の間でのビジネスは，小売業が卸売業に発注情報を送信し，その情報に従い小売業に製品を卸して，その対価を小売業はお金で支払うことで成立する。そしてそのやり取りを行うための手続き（業務）を細実線で示した。実に多くの業務が企業間で発生していることがわかる。業務が発生しているということは，業務を行う双方の人員の人件費が発生するということになり，コストアップの要因であることはいうまでもない。ビジネスの本質であるお金と物の流れは至ってシンプルであることを考えると，卸売業，小売業の双方で連携ができていないための無駄が発生していることは容易に想像できる。

(3) 企業間取組みイメージ（卸，小売企業間業務の将来像）

卸売業，小売業間にまたがった業務プロセスを，できるだけITを活用したモデルに置き換えたのが図4－8－3である。ご覧のとおり，双方間には情報，物，お金の流れが中心となり，業務プロセスは「新商品導入交渉」と「販促／価格交渉」のみになっている。交渉ごとは卸売業側の営業マンと小売業側のバイヤーの知恵を出し合う場として人間が介することとしている。

こういったモデルはIT技術を駆使したシステムによって実現されることになるが，その前提は双方の信頼関係と共通の目的意識，そして目的達成のためのお互いが努力を惜しまない姿勢が重要だ。例えば自動発注自動補充やVMIなどを行うためには，小売業にとっては門外不出のデータであるPOSデータを共有しなくては始まらない。POSデータを公開され自動補充を行うことを約束して卸売業は，自動補充に耐えうる在庫を持っていなくてはならず，過去のPOSデータ分析をもとに自社の保有在庫を商品ごとに日々調整しなければ，在庫回転が悪化することにもなる。しかし日々の努力を惜しまなければ最適なサプライチェーンが構築されるのである。

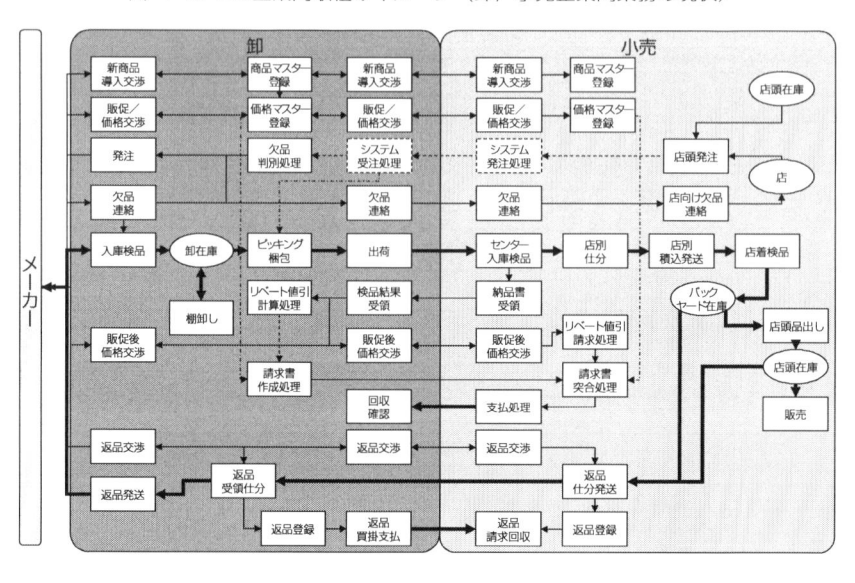

図 4-8-2 ●企業間取組みイメージ（卸, 小売企業間業務の現状）

図 4-8-3 ●企業間取組みイメージ（卸, 小売企業間業務の将来像）

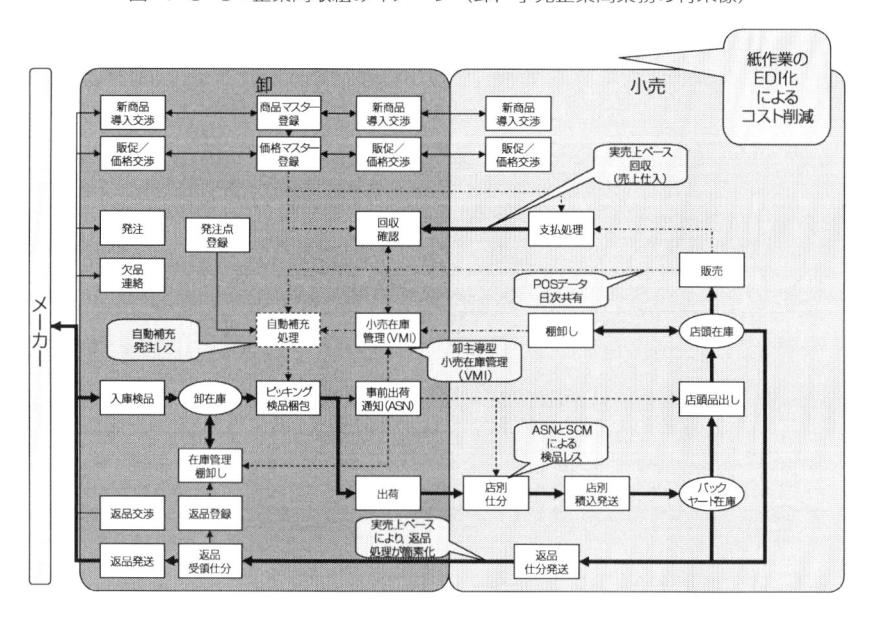

(4) 対取引先交渉におけるABCデータの活用例

　サプライチェーンコストを削減するためには，自社に努力だけでなく共通認識基づいた双方での取組みが重要である。そのためにはABCなどを用いて金額ベースの具体的な効果試算を行った上で提案を行っていくべきである。例では卸売業から小売業に双方での協働改善提案を行っている。卸売業は自社のコスト要因分析を行った結果，発注単位が最適化されていないために，コスト増要因になっていることを突き止めた。ここで小売業に発注単位の見直しだけをお願いすると，双方でWin-Winの関係にならないため，卸売業だけにメリットのある提案を小売業はそう簡単には受け入れないだろう。しかし発注単位を見直してもらう代わりに削減分800万円中，400万円割り戻すというようなWin-Winの提案を行うことで，小売業も改善への協力を考えるテーブルにつきやすくなるのである。

　小売業からみれば，このように説得力があり自社にも利益をもたらすトータルな提案をしてくる卸売業は，「納品業社の1社」という位置付けから「改善のビジネスパートナー」というように他社から一歩抜きん出る存在になることは，想像に難くない。

図 4-8-4●対取引先交渉におけるABCデータの活用例

現状	ABC導入後	対小売業提案後
販社B社経営者 小売A社との取引が赤字なのは過剰な物流サービスによるところが大きいと考察できるが，どのサービスのどのコストをどれだけ削減できるのかまったくわからない。 しかしコスト削減しなければ赤字だ。	A社にはバラピッキング，検品コストが多くかかっている。ABCの試算によると発注単位「1」の商品の6割を中箱単位にすれば，800万円のコストが削減されることがわかった。さっそく，A社に提案しよう。	発注単位を見直してもらうかわりに削減分800万円中，400万円割り戻すA社のメリットを強調した提案は，受け入れられた。 取引条件変更により得られたコスト削減分を卸価格に反映すれば間接的な売上増も期待できる。
小売業A社経営者 コストを抑えながら消費者サービスを改善させるためには，販社にさまざまなサービスを請け負ってもらう必要がある。当社の要求に応えられない販社との取引は見直していこう。	販社B社が物流サービス見直しについて提案を行いたいと言ってきたが，当社にメリットのない提案は受け入れるつもりはない。	当社のメリットも金額ベースで算出してある提案は社内にも受けがよく，合意を得やすい。もっと頻繁に提案してもらいたいものだ。

(5) (デマンド&) サプライチェーンのIT化
＝伝言ゲームから皆で考える同時進行型へ

　(デマンド&) サプライチェーンはその名のとおり，鎖のようにつながって商流・物流・金流が行儀よく流れていく仕組みを表した言葉である。

　IT技術 (主にネットワーク) が進歩するにつれ，商品取引データとPOSデータがデータベース化されて，(デマンド&) サプライチェーン関係者で共有されることができるようになれば，データを分析して消費者動向を見据えながら，小売業，卸売業，メーカーが同時連動的に最適な商行動をとることができるようになる。(デマンド&) サプライチェーン全体で，どうすれば消費者に最適に商品を購入してもらうことができるかを考えるようになるということで，これはすなわちメーカー，卸売業，小売業の役割が変化するということにほかならない。さらにインターネットによる消費者の直接購買もこの役割変更の流れを後押ししている。

　新しい顧客ニーズ情報をベースにした，業務プロセスの抜本的再構築は現行業務のスリム化と新しい競争力源泉を生む前提で進める必要がある。まさにABC/ABMの出番である。

(6) マーチャンダイザー (新商品開発仕入担当) 業務改善による
　　サプライチェーン業務改善

　第3章1(7)でも紹介した同様の事例である。図3-1-6参照。

　このケースでは，ABC調査の結果マーチャンダイザーの活動の多くが仕入先との交渉と社内承認を受けるための資料作成にかかっていることを受け，この部分において，ITを活用した効率化を徹底的に図ることにし，競争力源泉活動である，他社にないオリジナルなことを創造する活動に今までの6倍に当たる30％の時間をかけることが可能になった。

　同時にサプライチェーンを構成する商流の下流企業である仕入先も，上流である顧客側のIT活用により，自分たちの打合せ，情報交換がIT化され，打合せのための移動時間の削減，情報の入力修正，エラー対応，印刷などの手間が削減され，抜本的に業務効率と品質が上がった事例である。

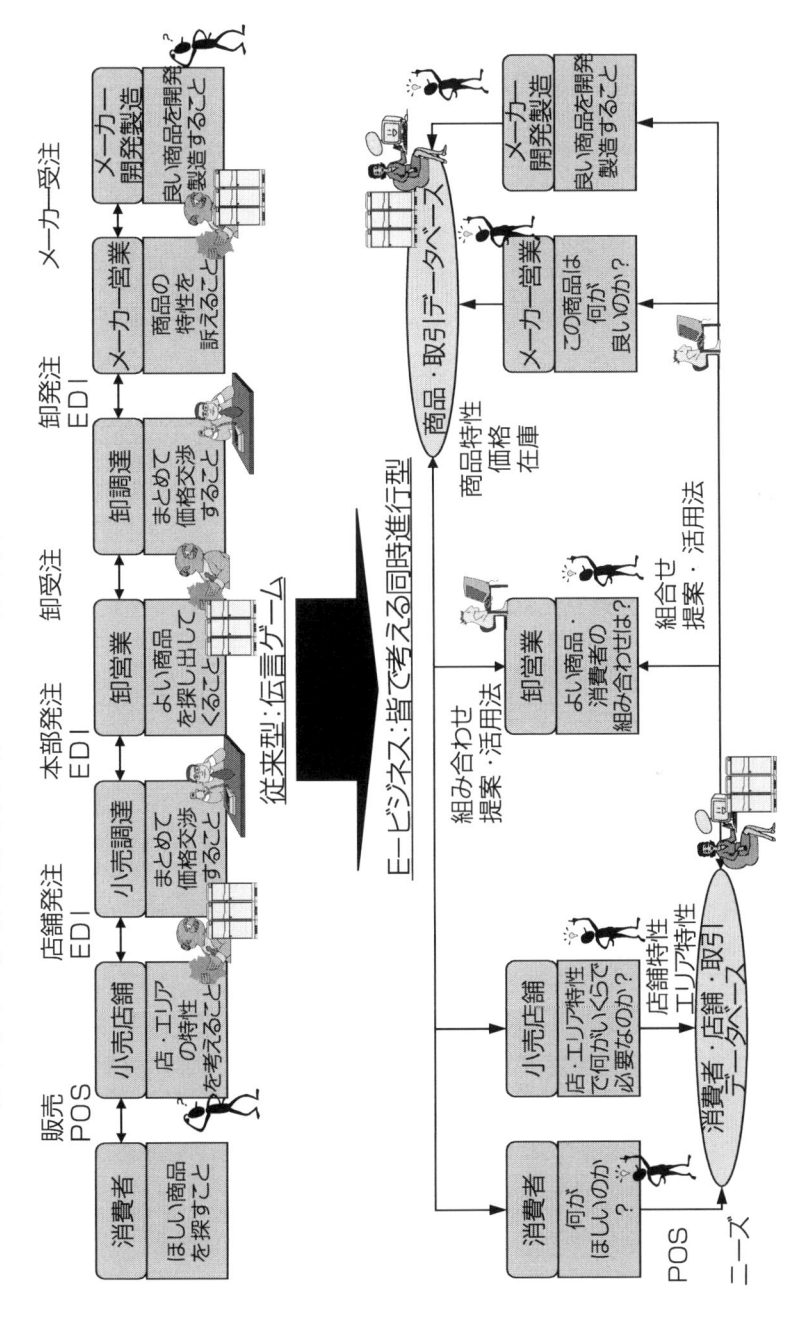

第4章 ABMの適用と効果 ● 171

図4-8-5 ● (デマンド&) サプライチェーンのIT化-伝言ゲームから皆で考える同時進行型へ

従来型：伝言ゲーム

消費者	販売 POS	小売店舗	店舗発注 EDI	小売調達	本部発注 EDI	卸営業	卸受注	卸調達	卸発注 EDI	メーカー営業	メーカー受注	メーカー開発製造
ほしい商品を探すこと		店・エリアの特性を考えること		まとめて価格交渉すること		よい商品を探し出してくること		まとめて価格交渉すること		商品の特性を訴えること		良い商品を開発・製造すること

E-ビジネス：皆で考える同時進行型

商品・取引データベース
 商品特性
 価格
 在庫

消費者・店舗・取引データベース
 店舗特性
 エリア特性

- 消費者：何がほしいのか？　POSニーズ
- 小売店舗：店・エリア特性で何がいくらで必要なのか？
- 卸営業：よい商品・消費者の組み合わせは？　組合せ・提案・活用法
- メーカー営業：この商品は何が良いのか？
- メーカー開発製造：良い商品を開発・製造すること

(7) オープンABCの企業間取引への適用例「コストプラス」

　卸売業はメーカーから商品を仕入れ自社の倉庫に備蓄し，小売業からの発注に応じて商品を出荷する。手数料の決定方法は納品金額（売価）の○○％という，いわばマージン率によって支払われる。

　実際の卸売業に発生しているコストは，商流や物流に関わる人件費，倉庫費，輸送費，本部費などで，このうち変動要素は倉庫の出荷に関わる人件費とトラックによる輸送費くらいである。この変動費は，納品価格に応じて変動するのではなく，出荷個数やトラックによる配送回数で変動する。つまり納品価格×マージン率という考え方は，簡便であるが実際に発生するコストの挙動とはまったく関係ない。

　コストプラスとは，サービスを享受する小売業がプライスリストに基づいて，商品とサービスを卸売業に発注し，実際にかかった手間に応じて費用を払う方式をいう。このような方式を採用することで，卸売業はかかったコストを回収でき，小売業はプライスリストをもとにサービスを選択できるだけなく，より安くサービスを受けられる卸売業を探すことも可能となるのだ。コストプラスのベースとなるサービスコストの算出にはABCが用いられることはいうまでもない。

図 4-8-6●オープンABCの企業間取引への適用例「コストプラス」

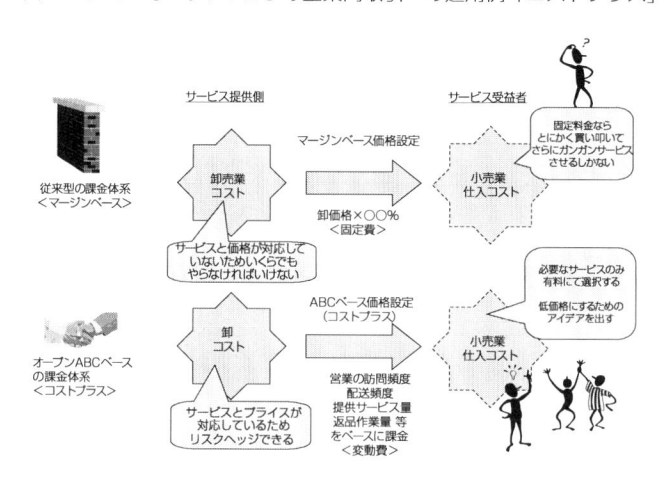

9 ● J-SOX と ABM

(1) J-SOX の概要と内部統制コスト

　金融商品取引法に基づき，2008年4月以降にすべての上場企業に対し適用された内部統制に関するルールが J-SOX（日本版 SOX 法）である。すでに各企業はその実装を終えて運用に入っている。

　そもそもの内部統制の目的は，業務の有効性と効率性の向上，財務報告の信頼性を確保，関連法規の遵守（コンプライアンス），資産の保全の4つとされている。一方で強制適用された J-SOX の目的は財務報告の信頼性を確保することに限定されていることから，日本企業における内部統制は他の3つの視点が不足してしまっていると考えられる。筆者が所属する組織でも多数の企業のJ-SOX 対応をサポートしているが，期限の切られた法対応の活動の中では，業務の効率性の検討まで及ばなかった各社の事情はよく理解できる。

　もう1つの見方として，そもそも効率のよい統制手続きをどのように評価するかが定義されていなかったことも問題であるといえる。内部統制手続きを追加したことによる業務コストの増加額を把握していないのが多くの企業の現状である。

　内部統制導入により発生するコストを整理すると，統制手続きを含む業務設計および3点セットなどの文書作成・維持に必要な「構築・維持コスト」，統制手続きを組み込んだ業務活動で日々発生する「業務運用コスト」，毎年モニタリングする際に発生する「評価コスト」に分類することができる。統制手続きを組み込む業務設計時に「業務運用コスト」と「評価コスト」を低減させる視点が，一般企業において不足していることが問題である。この追加コストは隠れたコストになっているが無視できない金額になっている可能性がある。

図 4-9-1 ● J-SOX 運用にかかる追加コスト

運用業務コスト，評価コストを ABC ベースで試算し，運用・評価の負担を考慮した上で，統制手続きを組み込んだ業務フローを設計する必要がある。

内部統制の構築・維持
- 統制手続きの設計
- 文書化
→ 構築維持コスト

統制手続きの実行
- 申請
- 部門承認
- 伝票起票
- 経理承認
→ 運用業務コスト

内部統制の評価
- 整備状況の評価
- 運用状況の評価
→ 評価コスト

図 4-9-2 ●「ABC を通した見える化」と削減のイメージ

統制作業を組み込んだ業務フロー案のコストを算出し判断基準とする

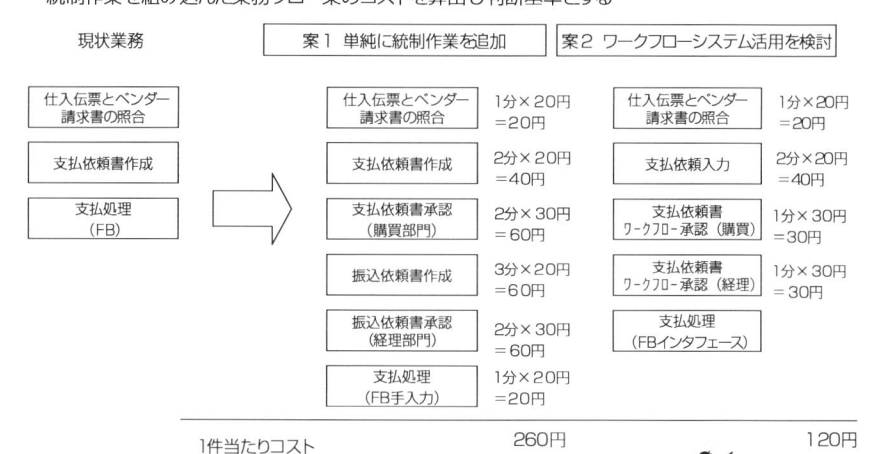

現状業務
- 仕入伝票とベンダー請求書の照合
- 支払依頼書作成
- 支払処理（FB）

案1 単純に統制作業を追加
- 仕入伝票とベンダー請求書の照合　1分×20円＝20円
- 支払依頼書作成　2分×20円＝40円
- 支払依頼書承認（購買部門）　2分×30円＝60円
- 振込依頼書作成　3分×20円＝60円
- 振込依頼書承認（経理部門）　2分×30円＝60円
- 支払処理（FB手入力）　1分×20円＝20円

1件当たりコスト　260円
年間コスト（トランザクション1万件）　2,600,000円

案2 ワークフローシステム活用を検討
- 仕入伝票とベンダー請求書の照合　1分×20円＝20円
- 支払依頼入力　2分×20円＝40円
- 支払依頼書ワークフロー承認（購買）　1分×30円＝30円
- 支払依頼書ワークフロー承認（経理）　1分×30円＝30円
- 支払処理（FBインタフェース）

1件当たりコスト　120円
年間コスト　1,200,000円

(2) ABCによる運用コストの検討を通した内部統制コストの削減

　そこにリスクがあるのであれば，内部統制手続きを組み込むことは上場企業の責務である。しかし，統制の有効性を保つことを前提として，コストの最も安い手続きを採用することも，内部統制構築者の1つの責任であると考える。

　ここでは，業務運用コストの「ABCを通した見える化」と削減のイメージを図4-9-2に記載している。

　新たに設計した業務フローに，日々のトランザクションが流れ込んだときに，現状に比べてどれだけ業務コストが上がってしまうのか。いいかえれば，どれだけ企業の利益を下げてしまうのかを認識する必要がある。管理職の業務コストを計算するために，本著で提案しているABCの考え方が有効であることは想像に難くない。

　図4-9-2に示した例のとおり，1件当たり260円の支払手続きと120円の支払手続きでは，年間1万件の支払処理が発生すると仮定すると，1年間で100万円以上のコスト差が出る。ワークフローにより書類の作成を廃止したり，インタフェースにより入力作業をなくすことで短縮される作業時間はわずかでも，積み重ねれば大きな差となる。システム開発投資等が必要な場合もあるが，投資対効果の計算ができるので投資判断は容易である。

　また，詳細ABCリスト内で，3点セットの文書番号等を各業務の属性として管理することにより，内部統制の整備と業務改善が継続的な活動になることが期待される。

　ホワイトカラーの生産性向上が叫ばれて久しいが，統制手続きを含んだ業務の見直しは，大きなコスト削減可能領域であり，今後積極的に取り組むべきテーマだといえよう。

10 ● IFRS と ABM

(1) IFRS の概要とセグメント開示における ABC の活用

　2015年から上場企業に強制適用される可能性のある IFRS（国際財務報告基準）は37の基準と27の解釈指針（2009年1月1日現在）から構成されている。
　IFRS 強制適用を待たずして，2011年6月までに会計基準をコンバージェンスすることが東京合意で決定している。「マネジメント・アプローチ」によるセグメント情報の開示（2010年4月1日以降開始する年度より適用）もその1つである。マネジメント・アプローチでは経営資源の配分など経営者の意思決定に必要な単位が報告セグメントとなる。そして，最高意思決定機関に報告しているとおり，この単位で営業利益または経常利益，税金等調整前当期純利益等を開示する必要がある。
　報告セグメントおよびそれを構成する事業セグメントの単位は各社の経営管理手法に委ねられることになるが，営業利益まで開示するということは直課の難しい営業費をそれなりに根拠のあるロジックで配賦することが求められる。
　例えば報告セグメントとして，市場別に営業利益を報告することになった場合を考えてみる。ABC/ABM の定番メニューといえる顧客別営業利益は把握できれば，これを積み上げて市場別の営業利益を算出することは容易であり，説明性も確保されることは自明だ。このタイミングで顧客別営業利益の仕組みを整備する企業が増えることが予想される。

(2) IFRS 導入時の業務設計における ABC の活用

　IFRS の各基準を適用するために，多くの領域で業務プロセスの変更が必要になると予想される。IFRS というハードルを越えるためだけに，これらの業務変更を実施することはあまりにももったいない話である。
　収益認識基準などはそのよい例である。売上基準が出荷基準から着荷基準に

変更する必要があると判断された場合に，どのような考え方で業務を設計していくかを考えてみたい。配送業者に顧客受領書の回収を委託するのも1つの方法だが，受領した紙の伝票を回収し出荷情報と突合する作業工数は膨大ではないだろうか。まったく違ったアプローチとして，主要顧客に対してEDI取引の拡大を提案し，受領報告をEDI経由で受領する方式に切り替えることができれば，当社における売上計上処理は自動化でき，顧客側も事務処理の軽減が可能になる。さらに，内示情報や出荷実績情報の交換などの新たな関係強化につながるかもしれない。

その場合でもEDI取引の業務コスト面からの優位性を定量化する手法がなければ，社内外での投資対効果に付き説得活動に苦労するだろう。ABCベースで業務コストを試算する手法はここでも威力を発揮するであろう。

全社的な業務効率化の機会など滅多にあるのもではないが，IFRSはそのチャンスと捉えることもできる。対応できなければ，上場廃止の可能性もあるのだから，社員も本気に耳を傾けるはずである。法対応の業務変更に終わらせず，業務を効率化し競争力を獲得するチャンスでもあることを社内にメッセージすべきであろう。

図 4-10-1 ● セグメント利益と ABC／ABM

報告セグメント別の利益計算における活動基準(ABC)による配賦を活用する

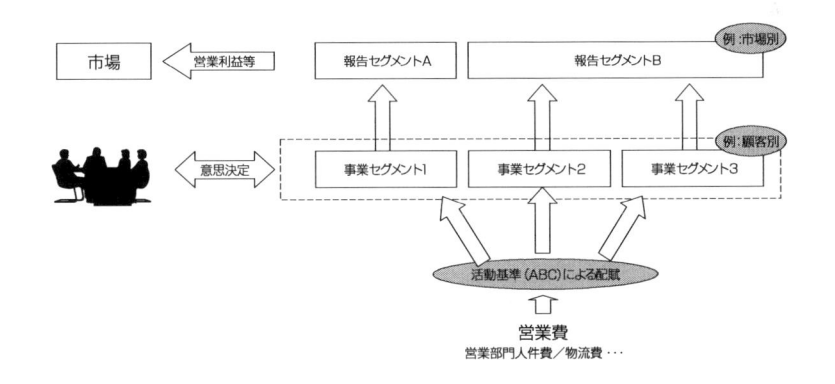

図 4-10-2 ● IFRS をきっかけに IT 化を実現

IFRS基準だけを考えて新たな業務プロセスを設計するのではなく，利益向上を狙う視点も考慮すべきである。

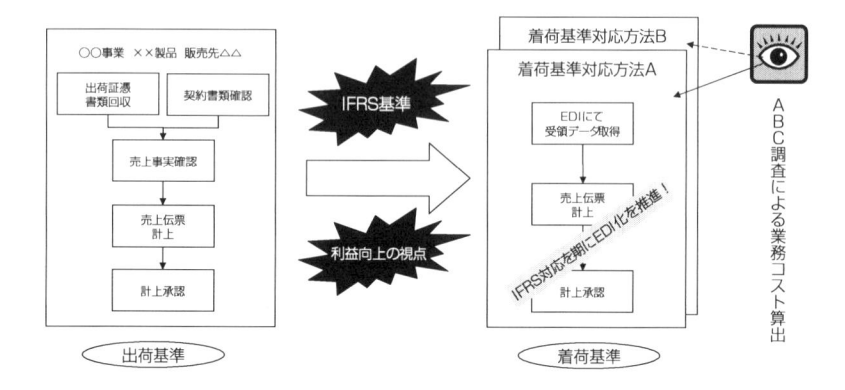

11 ● 着手スピードと機会利益・機会損失計算

(1) 意思決定遅延による機会損失額の算出モデル

　先に述べた，プロセス改善，IT導入，残業削減，営業力倍増，ミーティング生産性向上，シェアドサービス，アウトソーシング，企業間取組み，J-SOX，IFRSなどへのABC/ABMの活用，いずれをとっても必ず，コストか売上，結果的には利益にインパクトのある打ち手であることは理解できると思う。

　これら，利益にインパクトのある打ち手において，着手意思決定の遅延がどの程度のインパクトがあるか，モデルで評価してみた。

　意思決定してすぐ着手した場合，調査や運用設計，導入徹底にかかる時間は意思決定の遅延にかかわらず同じである。改善策による利益効果を月額X円とし，Nヶ月遅延した場合，図表における平行四辺形の面積に当たるX円掛けるNヶ月分の利益効果を失ったことになる。

　例えば，第4章3(2)にて先述した残業削減策5,200万円／月の着手を3ヶ月遅らせただけで，期間損益ベースでは1億5,600万円も損することになる。さらに細かく見たところで施策導入が1営業日遅れただけで260万円損すると考えると背筋が寒くなるだろう。

　また，第4章4(2)にて先述した約1,000万円／月の粗利益額を追加で創出する，営業力倍増ソリューションも同様で，3ヶ月の意思決定の遅れは約3,000万円の粗利益の遺失を意味する。こちらは1営業日50万円の遺失である。

　時は金なりというが，意思決定の遅れは絶対に取り戻せない。月額の利益にインパクトにある施策は一時も待たずに着手すべきである。

図 4-11-1 ●意思決定遅延による機会損失額の算出モデル

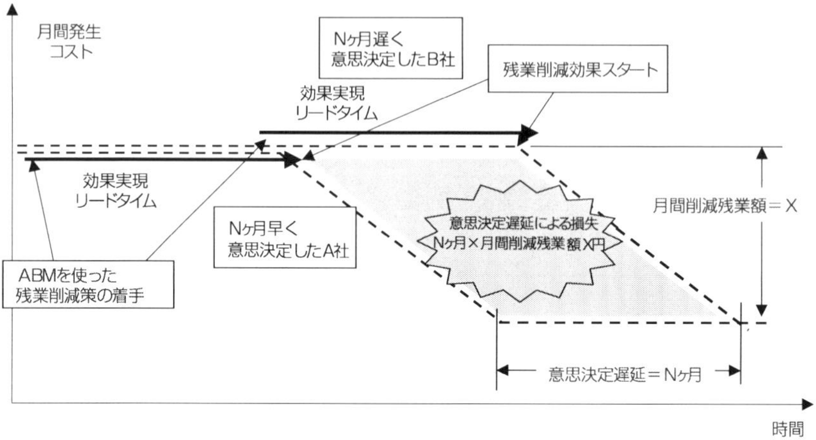

12●これからのABC/ABM

(1) ABC/ABMの発展方向性

　ここまで，ABC/ABMとは？　から始まってその分析手法，そして経営的な活用の方向性につき記してきたが，この節ではABC/ABMのこれからの発展性につき述べる。

　そもそもABC/ABMは製造間接費の正確な配賦を通した正しい製品利益の意思決定に資する情報源としてスタートしている。さらに，P&Gとウォルマートの ECR（エフィシエント・コンシューマー・レスポンス）を通した製販同盟を推進するインフラとしてABC/ABMは工場外におけるコスト管理と企業をまたがった改善活動に活用されるものと進化した。日本の流通業でも1990年代からP&GによりABC/ABMが紹介され，筆者たちがそのノウハウを発展させ，多くの企業に導入したのは記憶に新しい。

　ABC/ABMに興味を持った企業は，ホワイトカラーの生産性向上を求めて，営業，物流，企画，管理，製品開発，ITの各業務領域にABC/ABMを導入し，継続的な改善に活用している状況だ。

　筆者が考えるこれからのABC/ABMは「単なる可視化」に加え，目的を持った鋭い武器として活用されるものになると考えている。

　企業環境はますます厳しいものになり，すべての行動に投資対効果の説明が求められるようになる。このような中，「ABCを導入するといくら儲かるのか？」という発想ではなく「いくら儲けるためにABCをどのように活用するか？」といった考え方が求められることになる。

　従来であれば，「ABCを導入し，非付加価値業務の中の削減可能コストは20％発見された」でよかったことが，「40％のコスト削減が求められているのでABCにより必要な順に並べた活動のうち，プライオリティの低いほうから40％の活動をカットする」といった使われ方になってくるはずである。

このような観点から，「残業削減」や「営業力倍増」のような短期で成果の出る ABC/ABM の施策と，全社的な財務インパクトを客観的視点で探索する目的でのセグメント別管理会計が好んで使われるようになるだろう。また，他社に勝てる仕組みを継続維持しないと企業が生き残れない上に，貴重な人的資源が削減されている状況もある意味当たり前の状況であるので，競争力のある事業や活動に人的資源を集中することになるだろう。逆にそうでない事業や活動は切り捨てられる運命だ。日本では人的資源を大切にする良き文化が残っているので，スキル分析を通じた最適配備，スキル向上を狙った徹底施策がますます求められることになるだろう。

　環境問題やCSR（企業の社会的責任）を含めたリスクマネジメントも待ったなしの状況で，今のコスト構造からこの分の予算と人的資源をどのように捻出するのかも企業にとっては重要な課題である。

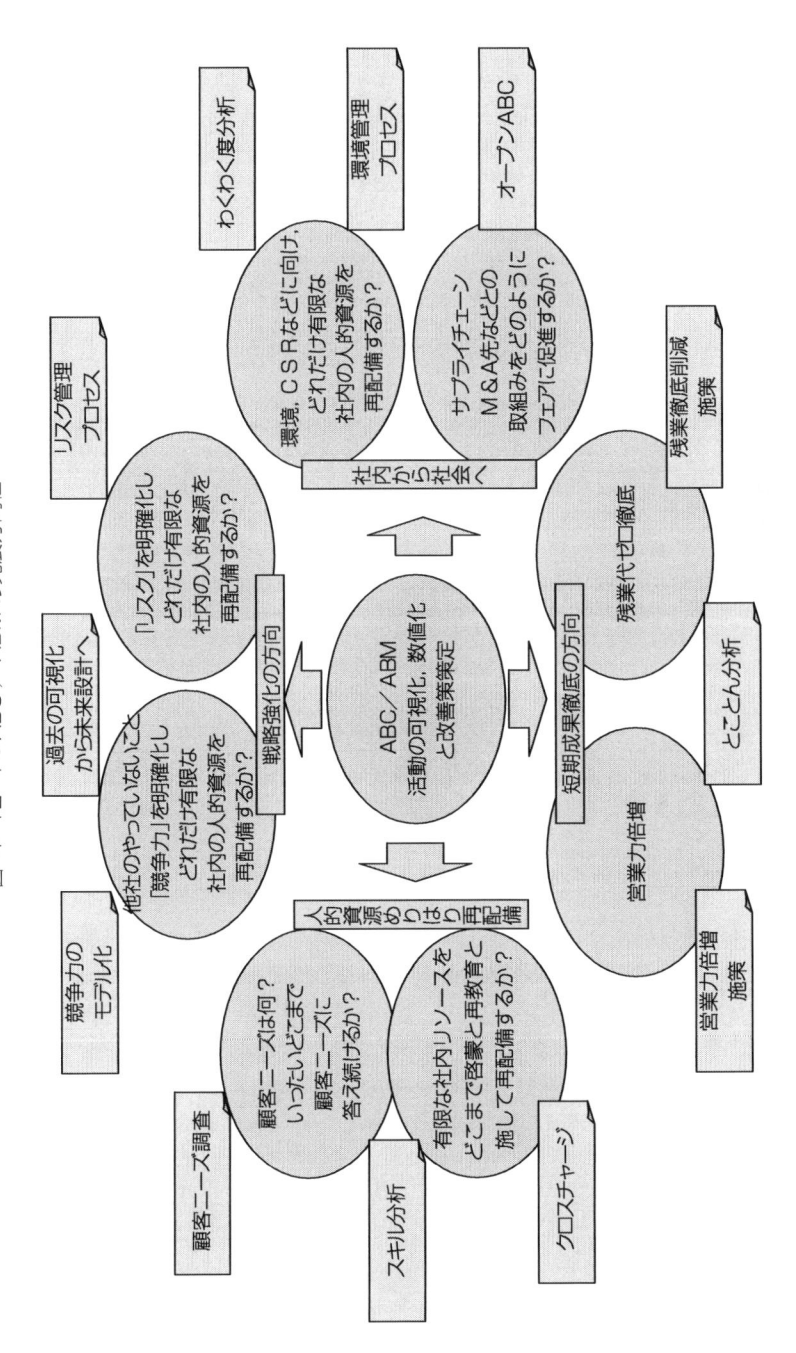

第4章　ABMの適用と効果●183

図4-12-1 ● ABC / ABM の発展方向性

中心：ABC/ABM 活動の可視化、数値化と改善策策定

【戦略強化の方向】

- リスク管理プロセス：「リスク」を明確化しどれだけ有限な社内の人的資源を再配備するか？
- わくわく度分析／環境管理プロセス：環境、CSRなどに向け、どれだけ有限な社内の人的資源を再配備するか？
- オープンABC：サプライチェーン、M&A先などとの取組みをどのようにフェアに促進するか？（社内から社会へ）

【過去の可視化から未来設計へ】

- 競争力のモデル化：他社のやっていない「競争力」を明確化しどれだけ有限な社内の人的資源を再配備するか？

【短期成果徹底の方向】

- 残業徹底削減施策：残業代ゼロ徹底
- とことん分析：営業力倍増
- 営業力倍増施策

【人的資源めりはり再配備】

- 顧客ニーズ調査：顧客ニーズは何？いったいどこまで顧客ニーズに答え続けるか？
- スキル分析／クロスチャージ：有限な社内リソースをどこまで啓蒙と再教育と施して再配備するか？

(2) これからの ABC/ABM ＝業務の可視化から将来設計へ

企業は今までどおりの成り行きベースの改善では生き残れなくなっている。先に述べたように今後の ABC/ABM は，目標値をひねり出すツールから，与えられた目標をより低リスクに達成するために必須の武器へと進化することが予測できる。

今までの ABC/ABM は業務の可視化と改善ポテンシャルの発見，改善実行のサイクルをメインに据えた活用が多くを占めていた。図 4-12-2 に示すように，これからは，企業の将来設計を補完するツールとして活用されることになるだろう。

図 4-12-2 ●これからの ABC/ABM ＝業務の可視化から将来設計へ

	今までのABC／ABM (業務の可視化)	これからのABC／ABM (＋将来設計)
ABC／ABM現状調査	現状業務の詳細化と数値化＝「現状の可視化」	(左記に加え＋)企業ビジネスの将来予測に基づいた，貴重な人的資源配分の予測モデルの構築（既存社員の25％の時間を新規ビジネス創造に割り当てる等）
ABC／ABM分析内容	無駄な業務，システム化すべき業務，集約化すべき業務，外注化すべき業務などの抽出	(左記に加え＋)企業がもっとやるべきこと(活動)と実行組織，実行プロセスの明確化と必要な人的資源の見積もり，抽出
ABC／ABM分析結果	人件費削減ポテンシャル	(左記に加え＋)新収益源泉開発，および，重大リスク管理のための組織・プロセス構築計画書，および，人的資源移行計画書(啓蒙・教育)と導入支援，残業削減，営業パワー倍増など具体的成果
その結果，ビジネスがどう変わるか？	無駄な活動を実施している人的資源の行き先が見つかる範囲でのコスト削減	(左記に加え＋)新収益源泉開発プロセス，重大リスク管理プロセスが導入され，人的資源がより有効利用され，社員の成長とともに，企業競争力が継続的に維持される。

(3) 企業リスクの管理と ABM

　企業が創造力と営業力を強化し，新しいことにトライすればするほど，企業リスクは上がっていく。昨今の情報ネットワークの進化により以前は大事にならなかったちょっとしたトラブルも今やあっという間に知れ渡って大問題になってしまうような状況になっている。

　CEO をはじめとする経営幹部はもはやこの「リスク」をどうマネジメントするのかのほうが財務的な問題よりも，より緊急的な課題である。財務的な問題は長期的に企業の首を絞めるが，リスクは一瞬にして企業も役員も葬り去ることがありえるからである。

　そもそも，日本企業は行政が保護する護送船団方式の右ならえで発展を遂げてきたゆえ，発生しうるリスクに関して対応策の策定と十分な準備がなされているとは言い難いのではないのだろうか？

　リスクマネジメントにおいてはそもそも企業で発生しうるリスクを棚卸しして見積ることから始めることになる。見積られた品質管理コストやリスク事前対応コストがビジネスで得られる利益を超えるようであれば，そのビジネスはストップだろうし，超えないようであればビジネス継続であろう。

図 4-12-3 ● 企業リスクの管理と ABM

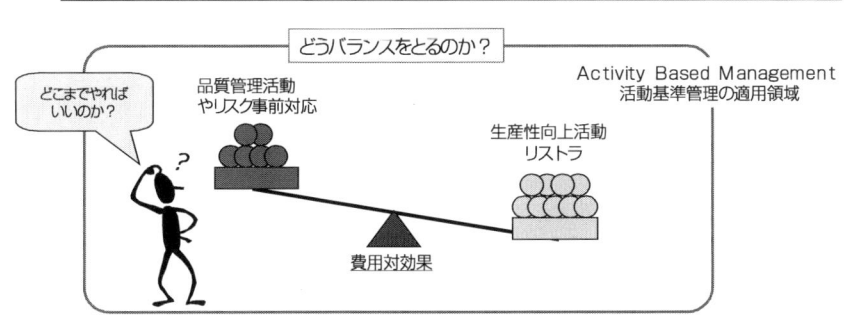

(4) リスク管理を意識した企業リスク対応プロセスのイメージ

先述したリスク管理のプロセスを図4-12-4に示した。

このリスク管理は、全社的な探索と対応を必要としているため、一般的に総務部門ないしは法務部門の担当になりがちであるが、存続に関わるリスクが顕在化していたり、組織間をまたがった調整を必要とする企業においては、CRO（リスク担当役員）を設置し、リスクの発生を未然に防ぐ活動や万が一の対応時に権限を持たせることも検討するべきであろう。あくまでも、リスク管理は場当たり的ではなく、プロセス化して徹底管理することが重要である。

また、万が一、リスクが顕在化し問題が発生したとき、この問題が悪い方向に派生しないよう、事前に対策本部の設置要綱と緊急時対応のマニュアル化をしておきたい。また、緊急時は通常時とはまったく違う環境であることを前提に、リアルな予行演習を実施しておくことも必要であろう。このようにリスク対応に万全を期すことは手間とコストのかかることではあるが、この手間は企業存続にとって重要な結果を及ぼすことは想像に難くない。

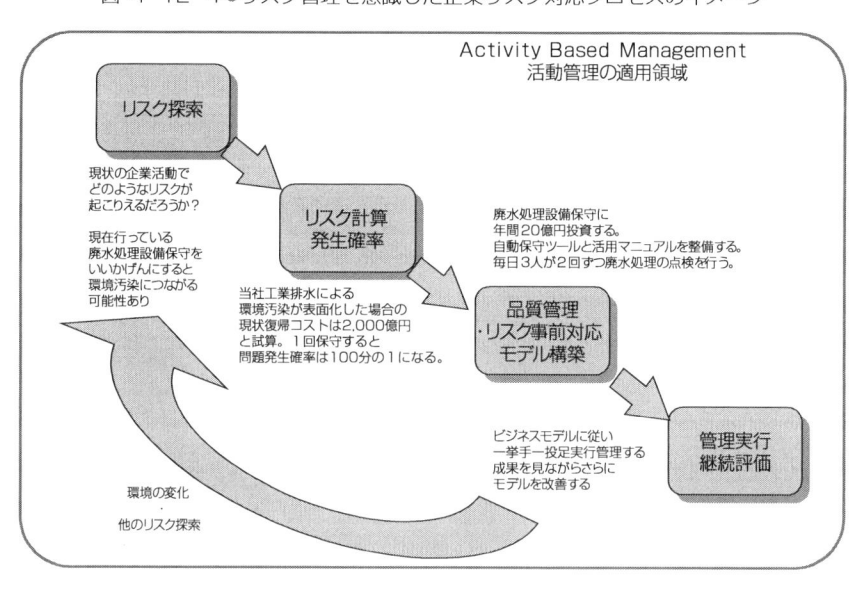

図 4-12-4 ●リスク管理を意識した企業リスク対応プロセスのイメージ

(5) 品質管理・リスク事前対応モデルがある企業とない企業

　例えば，ある企業の製品が製品瑕疵に基づく事故を起こし，第三者に対し傷害事件を起こした場合，どのように対応するか？
＜準備不足の企業 A のケース＞
　すかさずマスコミがやってきて社長は記者会見に呼び出される。このときにこの社長はどのように答えるのだろうか？　誰も有益な情報など持っていないし，総務部長はおろおろするだけ。想定問答集はその場しのぎのものでボロボロ。社長は「現在調査中です。私も疲れているんだ！」などと答えた結果，マスコミに反省不足と大きく取り上げられ，企業イメージを大幅ダウンさせ，この企業はこの社長とともに復活不可能な状態に陥ってしまった。
＜準備万全の企業 B のケース＞
　すかさずマスコミがやってきて社長は記者会見に呼び出される。すかさず，CRO の登場である。CRO はこの会社のリスクをすべて統括している責任者であるため，社長ではなく CRO が回答することになっている。当然この CRO はどんなにたくさんビデオカメラが入っていてもリアルな予行演習どおりスマートに対応する。この会社ではすべての購買部品，製造工程，物流工程，販売工程にトレーサビリティのシステムが入っており，問題を起こした製品が使っていた部品と同じロットの部品が搭載されている製品がどこに売られたのかまですべて管理されている。そのため，CRO はすかさず「今回問題を起こした製品と同じ部品を積んでいる製品は XXX 台あります。この XXX 台についてはすべて対応がとれており，同じ問題が起こることはありません」と予定どおり説明，企業イメージの著しいダウンは抑えることができた。
　このように，品質管理活動と相まって，事前にどれだけのリスクに対し対応する準備ができているかが，いざというときに大きな差となって現れるのである。この準備活動にいったいいくらの経営資源を投下すべきなのか？　企業としては予算化するとともに正しく資源を割り当てる必要がある。

図4-12-5 ●品質管理・リスク事前対応モデルがある企業とない企業

現状

準備不足A社CEO
いままで製品問題は起きていないので今後も起きることはない。いざとなったら社長の自分が先頭切って抜けるつもりなので余計な準備やコストは不要である。

準備万全B社CEO
世の中何が起こるかわからないから、自社の製品はちょっとした製品のトラブルや使い方を誤ると人命にかかわる製品だ。自分はいざというときの対応能力は高いほうだが、十分に緊急対応策を練って、準備万全対応ができる選任担当役員CROを設置して、最悪の事態に備えたい。

品質・リスク対応モデル

準備不足A社CEO
品質は現場と仕入先に任せている。もちろん、出荷前に品質テストも十分実施しているのでその品質は万全である。部品・製品のトレーサビリティの仕組みはコストがかかるので後回しになっている。

準備万全B社CRO
CEOより、リスク管理を任された。これまで各部署でいったいどのようなリスク管理がされているのかABCごとに調整した。これまでのリスク管理は部署ごとにばらつきがあることがわかった。プラスアルファのコストを改善すれば、これまでのリスク管理を投入しなくても十分に準備可能だ。さしあたり、現場の製造関連管理の仕組みからトレーサビリティ情報を管理するようにするのと、危機対応マニュアルをコンサル会社の予行演習サービスを活用し、予行演習をしておくことにする。

問題発生

準備不足A社CEO
何の準備もしてないところにマスコミ対応だ。総務部長もCEOも全く情報を持っていない。社長が出るということでマスコミの前に立たされた。とにかく平謝りに謝った。「何にも把握していないのか?」などと厳しい質問が連発され、ついに切れてしまった。

準備万全B社CRO
問題が起きたらすかさずトレーサビリティの仕組みをベースに、関係顧客に連絡を実施した。幸いに同じ問題は起こっていないようなので対策を打つことにした。マスコミ対応も予行演習どおり、迅速な調査結果、対策計画がセットで準備され、自分がマスコミ対応することになったが、予定どおりの対応を淡々と実行した結果、マスコミとしてもそれ以上に厳しい質問をしようがなかったようだ。もちろん被害者にも再発防止策を合わせてすぐに謝罪を行うこととしている。

(6) 戦略性分析〜顧客価値分析と企業価値分析

　ここまでの顧客価値分析は，あくまでも「顧客から見た顧客価値分析」をベースにその経営的メリットにつき記述してきた。しかしながら，企業はその組織自体の存続のために，顧客から見えないところで絶対に必要な業務も存在する。この点まで加味した戦略性分析の切り口を企業価値分析とここでは呼ぶこととする。

　企業価値分析において，顧客価値分析では非付加価値活動とされたものをさらに3つに分類することとなる。1つ目は重大リスク管理活動（CRC：Critical Risk Control），2つ目が企業付加価値活動（EVA：Enterprise Value Added），そして3つ目が非付加価値活動（NVA：Non-Value Added Activity）である。

　重大リスク管理活動（CRC：Critical Risk Control）とは先に述べたとおり，企業活動が大きく損なわれるリスクを探索し，低減する活動であり，製造業における品質管理活動やトレーサビリティ管理，総務・人事部門の訴訟リスク管理，マスコミ対応などの事前の企画と仕組みづくりが挙げられる。この領域の重要性は年々増しており，企業価値を一瞬で失うことのないよう，十分な資源投入と資源の効果的な連動性を担保する必要がある。

　企業付加価値活動（EVA：Enterprise Value Added）とは企業の維持に必須の活動であり，人事・経理・総務の中でも法的に対応するため，ないしは株主から求められる業務を指す。

　非付加価値活動（NVA：Non-Value Added Activity）はそれ以外の活動ということになる。

　当然のことであるが，企業価値分析においても，非付加価値活動を最小化し，重大リスク管理活動を増やすことを志向するべきである。この企業価値分析は一般的に，企画・人事・総務・経理などのバックオフィス業務の改善・改革・見直しに効果を発揮する。

図 4-12-6 ●戦略性分析〜顧客価値分析と企業価値分析

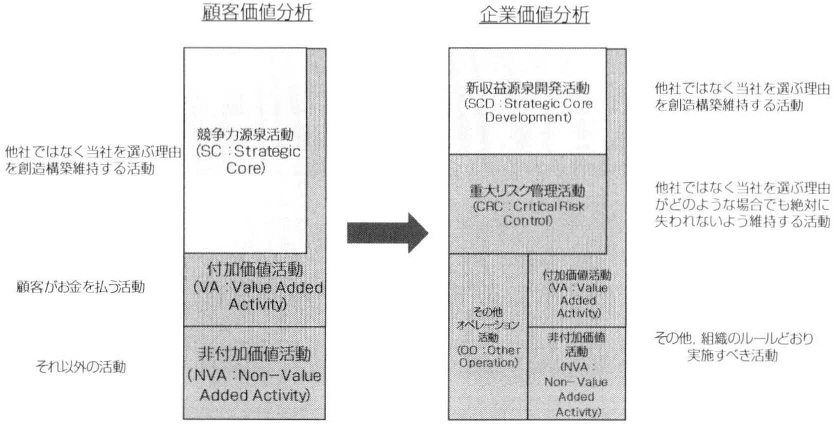

顧客価値分析

- 競争力源泉活動 (SC：Strategic Core) — 他社ではなく当社を選ぶ理由を創造構築維持する活動
- 付加価値活動 (VA：Value Added Activity) — 顧客がお金を払う活動
- 非付加価値活動 (NVA：Non-Value Added Activity) — それ以外の活動

企業価値分析

- 新収益源泉開発活動 (SCD：Strategic Core Development) — 他社ではなく当社を選ぶ理由を創造構築維持する活動
- 重大リスク管理活動 (CRC：Critical Risk Control) — 他社ではなく当社を選ぶ理由がどのような場合でも絶対に失われないよう維持する活動
- その他オペレーション活動 (OO：Other Operation)
  - 付加価値活動 (VA：Value Added Activity)
  - 非付加価値活動 (NVA：Non-Value Added Activity)

  その他、組織のルールどおり実施すべき活動

(7) 環境保全に対する企業の責任意識の範囲（それでいいのか？）

　身近なリスクマネジメントに加え，環境に対するリスクマネジメントも求められている。消費者は思いのほか環境保全に敏感で，また知らず知らずのうちに環境破壊に関っていたり，また経営的に無関心であることがわかると，あっという間に噂となり，既成事実と同視され，企業ブランドを毀損する結果になりうる。市場や消費者のためのみならず，企業が継続的に存続するために環境保全に対する対策も継続かつ効果的，連動的に打っていかなければならない。

　図4-12-7に示したように，通常の企業活動において，資源は安く調達したいし，紙の使用は無関心だし，エネルギー利用の削減も掛け声くらい，売った後の製品がどのような廃棄経路をたどろうと無関心といったところが通常企業の責任意識の範囲ではないだろうか？

図 4-12-7●環境保全に対する企業の責任意識の範囲（それでいいのか？）

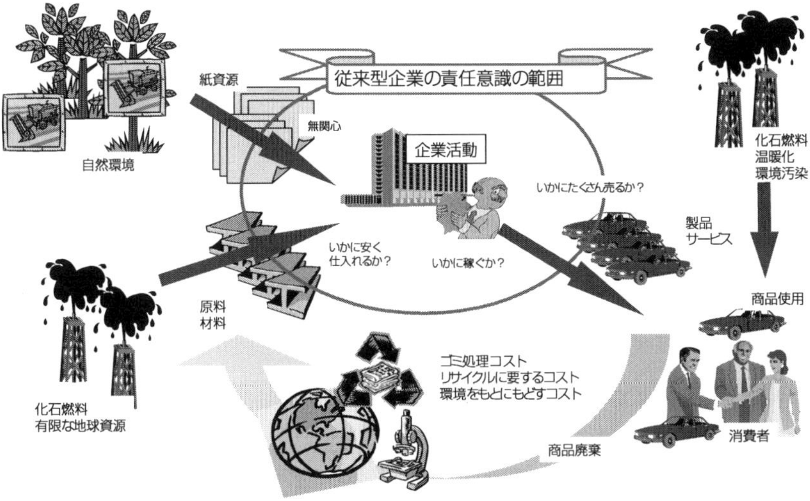

(8) 環境を意識した企業対応プロセスのイメージ

　もちろん，無尽蔵に環境保全活動にコストを投入することは不可能であるが，環境対策コストは「まったくゼロ」というわけには行かないだろう。いかにビジネスの生産性と環境対策を両立させるかが重要である。逆にいえば，環境問題をテコに利益率をアップさせる方策はないか考えてみるといろいろアイディアも出てくるだろう。

① 　ペーパーレスにして，すべての情報をデータベース化する。情報の組織間再利用を促進し，紙からの情報の再入力を削減した結果，組織生産性が向上し残業が削減され，紙とコピー代が削減された。紙が削減された結果，森林保全に関するアピールが可能になった。

② 　夏や冬における電力削減に協力するため，在宅勤務を促進し，残業も徹底削減した。結果，電力料金が削減され，残業代も削減。在宅勤務により社員の移動時間がなくなりさらに生産性が増す結果となった。在宅勤務により移動に関わるCO_2が削減された。残業によるタクシーに関わるCO_2排出もなくなり，当然コストもセービングされた。

③ 　製造工程の各製造装置にリアルタイムに電力量を計測する装置を設置，生産計画における各ラインの工程計画を作成する際に，各ラインの装置稼働が重ならないように制御することでピーク電力を抑制するモデル「スマートファクトリー」を追加的に導入した。結果，ピーク電力を40％削減しても問題ないことが判明。電力会社との法人契約プランを数段階低くすることに成功。電気代が安くなったほか，ピークカットにつながり電力会社からも大変喜ばれた。

④ 　テレビ会議システムとネット会議システムを自社のみならず，仕入先，顧客先に統合的に導入することを提案，結果的に在宅勤務を大々的に取り入れることに成功した。ABCをベースに出張，移動に関わる交通費と人件費を計算したところ，導入コストよりむしろ利益が出ることがわかった。仕事の効果性と生産性を向上させるため，コンサルタントを導入して継続的に運用改善を図っているが，このネット上のサイバーワークはさらに生産性が上がる予定だ。移動がまったくなくなり，紙もほとんどなくなり，

オフィスも抜本的に縮減した結果，CO_2削減も大きく達成した。

上記は，現在のIT技術があれば，十分に実行可能なものばかりである。このようにABC/ABMで今まで語ってきた，活動の可視化を通じた生産性向上策は，企業競争力の向上とコストダウンのみならず，CO_2削減を始めとする環境対策にも有効である。

業務がすっきりして余計な活動が削減されれば，確かに環境効果も高いというわけである。ホワイトカラーの場合はアウトプットされた情報そのものに価値があるのであって，環境負荷が高い移動や紙作業にはまったく経営的価値はないのである。

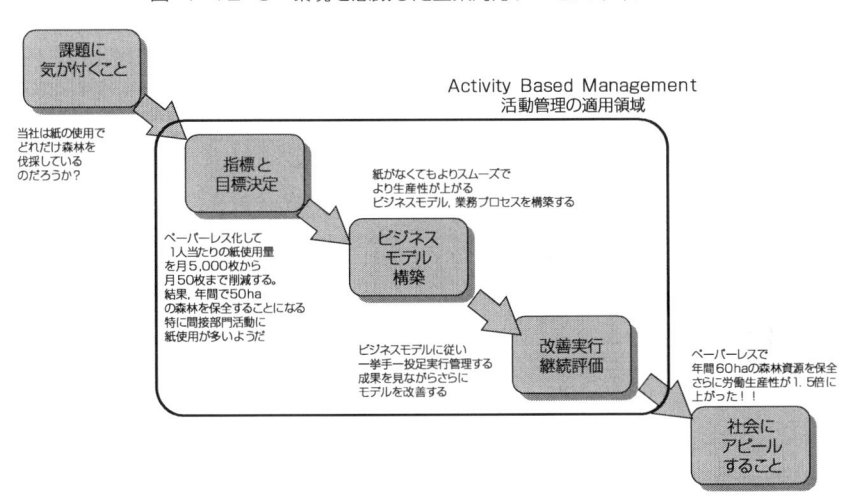

図4-12-8●環境を意識した企業対応プロセスのイメージ

第5章
ABC/ABM プロジェクト事例

1 ● ABC による業務可視化，プロセス改善プロジェクト事例

(1) 高収益体制確立統合プログラム

　本章では，ABC による業務可視化を柱とし，必要な情報を付加しながら，業務プロセスの改善，組織の再編，クロスチャージの実現，そしてスキル分析に基づく人事異動まで含めた幅広い打ち手に展開した事例を紹介する。

　大手総合家電メーカー X 社の Y カンパニーでは，中期計画（5ヶ年）の3年目を迎えていたが，カンパニー長は「売上目標は達成しているが，利益目標が未達成である」，「コスト管理体制が確立されていない」，「中期計画初年度と比べ，変革マインドが低下してきていると感じている」などの課題を感じており，これらの課題を解決するために，改めて「高収益体制」を確立するための施策に着手した。

図 5-1-1 ● 高収益体制確立統合プログラムの概要

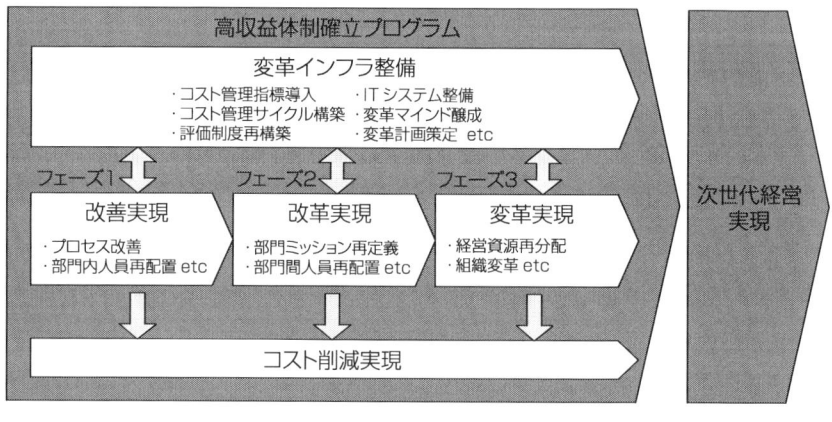

```
┌─────────────────────────────────────────────────┐
│ 高収益体制確立プログラム                              │
│                                                 │
│           変革インフラ整備                          │
│    ・コスト管理指標導入    ・IT システム整備          │
│    ・コスト管理サイクル構築  ・変革マインド醸成        │
│    ・評価制度再構築       ・変革計画策定 etc        │
│                                                 │
│   フェーズ1 ⇕    フェーズ2 ⇕    フェーズ3 ⇕         │
│   ┌────────┐  ┌──────────┐  ┌──────────┐         │
│   │ 改善実現 │  │ 改革実現  │  │ 変革実現  │  →次世代経営
│   │・プロセス改善│ │・部門ミッション再定義│ │・経営資源再分配│     実現
│   │・部門内人員再配置etc│・部門間人員再配置etc│・組織変革 etc│
│   └────────┘  └──────────┘  └──────────┘         │
│        ↓           ↓           ↓              │
│         コスト削減実現                            │
└─────────────────────────────────────────────────┘
```

(2) プロジェクト体制およびスケジュール，プロジェクト成果物

　本プロジェクトは，カンパニー長がオーナー，カンパニー長直属の組織である経営戦略室がプロジェクト事務局（室長がプロジェクトマネジャー，室員3名がプロジェクトメンバー）となり，それを支援する形で，外部コンサルタント4名が参画，計7ヶ月の期間で実行された。プロジェクトでは図5-1-3のとおり，5つの成果物を開発した。

図 5-1-2●プロジェクト体制とスケジュール

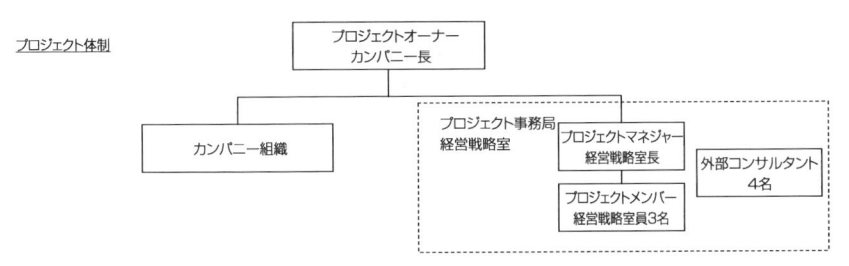

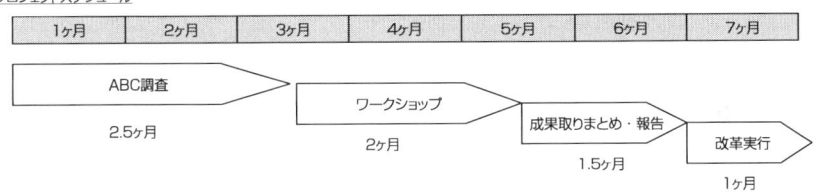

図 5-1-3●プロジェクト成果物

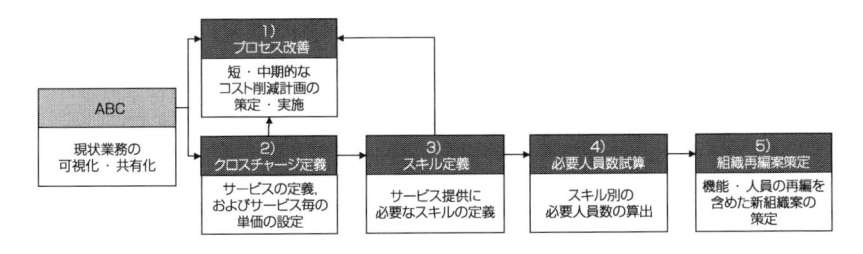

(3) プロセス改善概要

　高収益体質確立のステップ1に位置付けられている「改善実現」のためには，このプロセス改善を実現させることが非常に重要であり，本プロジェクトの主要成果といえる。このプロセス改善は，「確実にコスト削減を実現すること」は当然として，加えて「可能な限り早期に成果を創出すること」，そして，「カンパニー全体の改革マインドを向上すること」を目的として実施された。そのため，改善案および計画を策定するにあたっては，プロジェクト事務局や経営層が主導する「トップダウン型」で進めるのではなく，現場担当者や管理職の主導で進める「ボトムアップ型」で進める必要があった。

　以上の前提を踏まえて，本プロジェクトでは，図5-1-2上段にて示しているとおり，ワークショップを中心とした6つのステップで，改善計画を策定した。

　改善改革の成果として，短期改善案（3ヶ月未満で成果を創出でき，かつ原則として投資を必要としない改善）で100百万円，中長期改善案（成果創出まで3ヶ月以上が必要，または投資が必要となる改善）で266百万円，計365百万円の改善効果（改善目標値）を策定した。なお，この365百万円は，対象コストの12.2%削減に相当する金額となった。

＜ステップ1＞改善原案策定（プロジェクト事務局）

　ABCによる業務可視化結果（定量情報）に，ヒアリングを通じて得た，経営層・管理職・実務担当者それぞれの見解・意見・要望（定性情報）を加えて，プロジェクト事務局が中心となり，「短期のプロセス改善による業務効率化」，「短期の役割分担の再編」，「中長期のプロセス改善による業務効率化」の3つの区分について，それぞれプロセス「改善原案」を策定した。

＜ステップ2＞改善テーマ設定（管理職ワークショップ）

　各部門の部長職および課長職を対象とした「管理職ワークショップ」を開催し，ステップ1で策定した「改善原案」について，以下の4点を討議した。

①　プロジェクト事務局が提示した改善原案を以下の3つに分類
　・実施対象：本プロジェクトにて実施すべき改善案
　・継続検討：次プロジェクト以降で検討すべき改善案
　・実施対象外：すでに実施済み，もしくはすでに課題が解消されている改

善案
② 改善原案以外に実施すべき改善案（管理職提起改善案）を検討
③ 本プロジェクトで取り組むべき改善案を整理し，「改善テーマ」を設定
④ 「改善テーマ」ごとに，担当者（＝担当者ワークショップの参加者）を選任

＜ステップ3＞改善案策定（担当者ワークショップ）

管理職ワークショップで策定した改善テーマごとに，実務担当者を対象とした「担当者ワークショップ」を開催した。本ワークショップでも，管理職ワークショップと同様に，プロジェクトに対する理解促進や改善意識向上のための啓蒙，教育を行った上で，改善について以下の4点を討議した

① 改善案の実現可否について判断（実施不可の場合には，理由を明確化）
② 改善案以外に実施すべき改善案（現場提起改善案）を検討
③ 改善案ごとに，リーダーを選定
④ リーダーを中心に，改善案の詳細を検討

なお，本ワークショップは，各テーマ4時間×2回の開催を基本としていたが，進捗状況に応じて，適宜，延長・短縮。また，討議の中で新たなテーマが発生した場合には追加開催するなど，臨機応変に対応した。また，このワークショップは，初回のみプロジェクト事務局主導で進行し，2回目以降については，リーダーを中心とした現場主導で運営した（事務局はファシリテーション，アドバイス，改善効果の算出のみを担当）。

＜ステップ4＞改善案レビュー（合同ワークショップ）

担当者ワークショップで検討された改善案について，管理職がレビューする場として「合同ワークショップ」を実施した。このワークショップでは，担当者（リーダー中心）が，管理職に対してプレゼンテーションを行い，改善案の実現性や改善効果（＝改善目標値）の妥当性についてレビューを受けた。また，管理職レベルでの調整が必要（＝他部門の協力が必要）となる改善案について，管理職に協力を依頼した。

＜ステップ5＞改善実行計画策定（担当者ワークショップ）

改善案のレビュー完了後，再び「担当者ワークショップ」を開催し，改善案ごとに，詳細な改善実行計画を策定した。なお，計画を策定するにあたっては，

プロジェクト事務局にて，確実かつ効率的に改善を実現するために必要となるポイントを踏まえた計画モデル（項目）を準備，ワークショップ参加者に提示した上で討議を進めた。

＜ステップ６＞改善実行計画承認（プロジェクト報告会）

プロセス改善の最終ステップとして，担当者が直接，カンパニーの経営層に対して，改善案および実行計画についてダイレクトにプレゼンテーションを行い，承認を得る場として「プロジェクト報告会」を設けた。

以上のステップを経て策定された実行計画は，本プロジェクトの次フェーズ「改善実行プロジェクト」として，現在引き続き継続実施されている。

図 5-1-4●プロセス改善のステップと効果のサマリー

| ステップ1 改善原案策定 (PJT事務局) | ステップ2 改善テーマ設定 (管理職WS) | ステップ3 改善案策定 (担当者WS) | ステップ4 改善案レビュー (合同WS) | ステップ5 改善実行計画策定 (担当者WS) | ステップ6 改善実行計画承認 (PJT報告会) |

※PJT=プロジェクト
※WS=ワークショップ

【改善効果サマリー】

期間カテゴリー		改善カテゴリー	改善効果：百万円（改善率）		
短期	3ヶ月未満で効果創出が可能であり，かつ，原則として投資の必要がない投資の必要がない改善案	①プロセス改善による業務効率化（短期で実現可能なプロセス改善）	43 (1.4%)	100 (3.3%)	365 (12.2%)
		②役割分担の再編（担当間/部門間の役割分担変更による効率化）	57 (1.9%)		
中長期	効果創出まで3ヶ月以上必要，または投資が必要となる改善案	③プロセス改革による業務効率化（中長期で実現可能なプロセス改善）	266 (8.9%)	266 (8.9%)	

(4) プロセス改善成果物（抜粋）

プロセス改善で策定された成果物の抜粋を図5－1－5および図5－1－6に示す。前述のとおり，プロセス改善の成果は，大きく「短期改善」と「中長期改善」に区分されているが，「短期改善」については，プロセス改善で年間百万円単位の改善策が多く抽出され，さらに，担当部門や担当者の役割再整理による再編では，年間数千万円の改善策が策定された。

「中長期改善」については，「評価基準数値の変更」，「EDI取引の導入」，「承認基準の構築」のみで年間9,000万円以上のプロセス改善効果を見込んでいる。

図 5-1-5 ● プロセス改善―短期改善案

【短期改善案 プロセス改善による業務効率化(抜粋)】 単位:千円

対象部門	対象活動	施策名	内容	改善効果
A部門 Aチーム	・計上受付 ・計上処理	確認項目の精査	二重チェックによる精度の向上の度合いを測定し、項ごとに、二重チェックの要否を判断する。	9,075
A部門 Bチーム				3,361
A部門 Cチーム				2,026
B部門 Dチーム	・問合せ対応 ・情報提供	FAQの定期アップロード	FAQをポータルサイトに定期的に追加および更新を行うことをルール化し、件数の多い問合せや必要な情報を提供し問合せ件数を削減する。	3,991
B部門 Eチーム				462
B部門 Fチーム				846
B部門 Gチーム				596

【短期改善案 役割分担の再編(抜粋)】 単位:千円

サービス・活動名称	現状			再編後			改善効果
	部門	担当者	コスト	部門	担当者	コスト	
・定期データ集計 ・不定期データ集計	A部門 B部門 C部門	・一般職 ・派遣社員	125,002	新設部門	・一般職 ・派遣社員 (変更ナシ)	100,782	24,220
・請求書発行 ・入金消し込み	D部門	・Aグループ ・Bグループ	65,523	D部門 (変更ナシ)	・AB共通 流動的に対応	50,061	15,462
・商品発注	E部門	・専門職 ・一般職 ・派遣社員	100,234	E部門 (変更ナシ)	・一般職	85,670	14,564

図 5-1-6 ● プロセス改善―中長期改善案

【中長期改善案 プロセス改革による業務効率化(抜粋)】 単位:千円

対象部門	対象活動	施策名	内容	改善効果
A部門	・仮計上 ・遅延計上 ・計上変更 ・手配変更	評価基準数値の変更	・売上数値の実態と連携していない仮計上、遅延計上を部門の評価指標から除外し、集計作業の削減を図る。	57,563
B部門				23,499
C部門	発注処理	EDI取引の導入	・ABCリストから、ベンダー別のEDI移行の投資対効果を算定し、EDI処理に移行すべきベンダーの選定を行う。 ・EDI移行に関する費用負担を拒否するベンダーに対して、自社で負担した場合の損益分岐点を算出し、EDI取引可能ベンダーの再選定を行う。 ・EDI推進をメインミッションとする担当者を設置し集中的に選定ベンダとのEDI連携を推進する。 ・営業へ代替商品の提案を行い、ベンダの集約を図る。	10,332
人事部	経費申請承認	承認基準の構築	経費、通勤交通費の確認・承認の基準を構築し小額申請の確認・承認回数を削減する。	1,891

(5) クロスチャージ設計のアプローチ

　間接部門の改善，改革を推進する際に「モチベーションの維持・向上」が障壁となる場合がある。「問題なく処理して，当たり前」，「失敗した時だけ問題となる」，「改善目的がコスト削減しかない」といった環境的要因により，改善主体（改善の当事者）である間接部門メンバーの改善意識が上がらないケースが考えられる。改善すると給料は変わらない上に自分のポストがなくなるリスクを感じるからである。

　本プログラムでも，この点を重視し，間接部門については，単なるコスト削減に留めず，「企画機能の強化」，「プロフィットセンター化」，「分社化」，「アウトソーシング」など幅広い展開施策に展開し，抜本的な「変革」につなげることを目的としている。

　その第1ステップとして，本プロジェクトでは「クロスチャージ」を定義，導入した。これは，ABCリストに「サービス」という観点（切り口）を付加し，アクティビティ（細分類）をモジュール・サービス・サービス区分・サービス提供単位，といった項目に組み直し，サービスごとの「単価」を算定したものである。

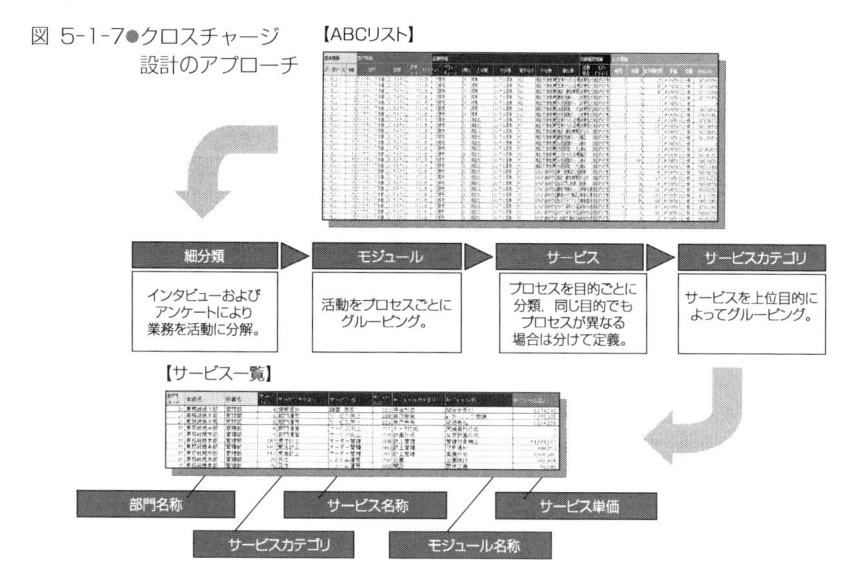

図 5-1-7 ● クロスチャージ設計のアプローチ

(6) クロスチャージのサービス単価（抜粋）

　サービス単価を算定するにあたっては，「部門内活動（部内会議など）」や「個人のスキルアップのための活動」など，各サービスに紐付かない活動について，そのコストをどのように配賦するか，が重要なポイントとなる。本プロジェクトでは，他社事例などを参照としながら，各部門と討議を重ね，納得度の高い配賦ロジックを設定した。

　なお，本アウトプットは，将来的な展開の基礎資料とするだけではなく，本プロジェクトで「プロセス改善案」を策定する際にも，有効な資料として活用した。

図 5-1-8 ● クロスチャージのサービス単価（抜粋）

部門	サービスカテゴリ	サービス名称	サービス提供先（主要部門）	単価：円	単位
業務部	受注計上	オーダー管理	営業	33,566	件
	受注計上	通常計上	営業	851	件
	受注計上	計上変更	営業	470	件
	手配	通常手配	営業	1,654	件
	手配	変更手配	営業	4,672	件
	売上計上	システム開発	営業	2,850,633	開発
	売上計上	オーダー管理	営業	18,332	件
	売上計上	通常計上	営業	760	件
	売上計上	計上変更	営業	24,671	件
	発注	システム運用	営業	464,799	月
	セミナー・研修会	研修会開催支援	人事	451,545	支援
	情報提供	調査・返答	営業	241	対応

(7) サービスに対する必要スキル定義ステップ

　実際に役割分担の再編，または人員配置を行うためには，ただ業務量と人員数を合わせるだけではなく，業務を行うために必要なスキルを考慮する必要がある。そのため，本プロジェクトでは，(5)で策定したクロスチャージの切り口であるサービス対し，以下のステップで必要スキルを定義した。

　＜ステップ１＞スキル項目定義

　サービスを提供するにあたり，必要となるスキルを「企業独自性」と「業務専門性」の２つに区分し，「企業独自性」については，社内で収集した情報（内部情報）を基本として，24の項目を定義，「業務専門性」については，内部情報に他社の事例や，各種資格・検定，行政から提供されている専門性定義モデル（外部情報）を加味して，82の項目を定義した。

　＜ステップ２＞スキルレベル定義

　(5)で策定したクロスチャージを実施する単位であるサービスごとに，必要となるスキル項目を定義し，さらに，必要となるスキルレベルを０（不要）～３の４段階で設定した。

　＜ステップ３＞スキル基準定義

　現状の人員配置と最適スキルの人員配置を比較するためには，指標を統一する必要がある。そのために，スキルレベルをＹカンパニーの役職定義に変換した。

(8) ABCによる適正人員数試算

　先に策定したスキル基準を用いて，本来はどのスキルレベル（役職）の人員が何人必要となるか（適正人員数）を試算し，適正人員数を現状の人員数を比較した場合のギャップを可視化した。この結果，Ａ部門では，課長および専門職の，いわゆる上位階層が余剰しており，一般職および派遣社員が不足している，との結果となった。

　なお，本試算では，プロセス改善やサービスの再編などによる業務量の削減に伴う必要人員数の削減は考慮していない。そのため，現状の合計人員数とスキル基準に基づく合計人員数は等しくなる（Ａ部門の場合はどちらも144名）。したがって，業務量削減を考慮した場合，さらに余剰人員数が増えることが予

第5章 ABC/ABMプロジェクト事例●205

想される。

図 5-1-9●サービスに対する必要スキル定義ステップ

ステップ1

スキル区分	スキル区分説明	スキル項目	
企業独自性	業務の遂行に必要な自社独自の情報およびノウハウ	K01	自社の市場・顧客の理解
		K02	自社商品・サービスの理解
		K03	企業内ルールの理解
		....	他 全24項目
業務専門性	業務の遂行に必要な専門知識および技術	G01	各種社会保険制度に関する知識
		G02	年金制度に関する知識
		G03	人員計画（短期・中期・長期）に関する知識
		....	他 全82項目

サービスごとに、必要なスキル項目およびスキルレベルを0(不要)〜3で定義

スキル基準

スキルレベルを現状の役職に変換	管理職
	専門職
	一般職
	派遣社員

ステップ2

サービス	スキル項目			
	K01	K02	K03	....
ターゲット顧客選定	2	2		
アカウント情報整理	1			
売上予測	2	2		
アカウントプラン策定	3		1	
社内レビュー・承認	3	3	3	
アプローチプラン策定			2	

ステップ3

サービス	担当者	
	スキル基準	現状
ターゲット顧客選定	専門職	管理職
アカウント情報整理	一般職	管理職
売上予測	専門職	専門職
アカウントプラン策定	管理職	専門職
社内レビュー・承認	管理職	管理職
アプローチプラン策定	専門職	管理職

図 5-1-10●ABCによる適正人員数試算

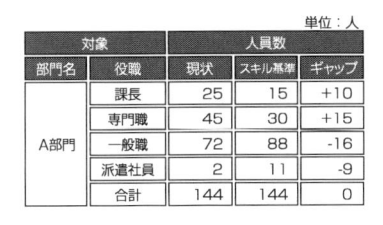

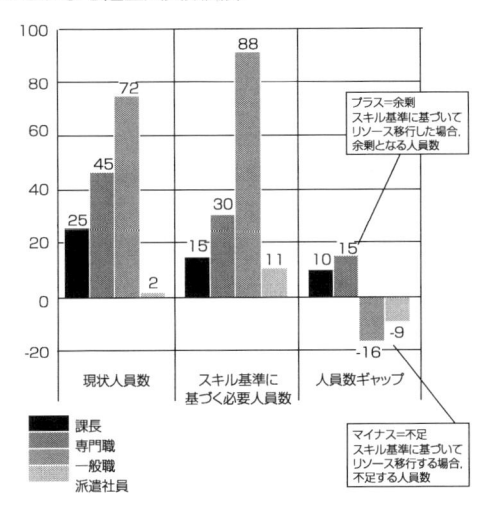

単位：人

対象		人員数		
部門名	役職	現状	スキル基準	ギャップ
A部門	課長	25	15	+10
	専門職	45	30	+15
	一般職	72	88	-16
	派遣社員	2	11	-9
	合計	144	144	0

プラス＝余剰
スキル基準に基づいてリソース移行した場合、余剰となる人員数

マイナス＝不足
スキル基準に基づいてリソース移行する場合、不足する人員数

（グラフ：現状人員数／スキル基準に基づく必要人員数／人員数ギャップ）
課長 25, 15, 10
専門職 45, 30, 15
一般職 72, 88, -16
派遣社員 2, 11, -9

凡例：■課長 ■専門職 ■一般職 ■派遣社員

(9) 組織再編設計

ABC/ABMとプロセス改善，クロスチャージ，スキル定義，適正人員数試算等，さまざまな改善策の集大成としてこのプロジェクトでは組織再編案もあわせて策定した。

＜ステップ１＞新組織に必要な機能の定義

組織の位置付けを明確にするために，部門毎に必要な機能を再定義し，さらに機能ごとに，以下の３つの機能区分を定義し，それぞれ詳細を定義した（機能によっては１つ，または２つしか機能区分を持たない場合もある）。

① 経営支援機能：中長期的な利益拡大を実現するために，経営を支援する機能
② 事業支援機能：短期的な売上を確保するために，営業活動を支援する機能
③ プロセス実行機能：事業を円滑に運営するために，処理プロセスを実行する機能

なお，機能については，主に本プロジェクトで得られた定性情報をもとにプロジェクト事務局主導で策定した仮説に基づいて定義している。

＜ステップ２＞新組織再編方針の定義

ステップ１で定義した機能区分ごとに再編の方針を定義した。また，機能区分とスキルを組み合わせ，それぞれ担当する人的資源を「社員」，「派遣社員」，「外部」の３種類で定義した。

＜ステップ３＞新組織案策定

ステップ１・ステップ２で定義した内容に基づき，新組織を定義し，それぞれの部門に必要となる人員数を試算した。

＜ステップ４＞改善効果試算

ステップ３で策定した組織案と現状を比較し，人員数および人件費ベースでの改善効果を試算した。その結果，社内だけを対象とした場合，人員数で70.3％（378人→112人），人件費ベースで70.1％（2,825百万円→842百万円）の削減効果が見込まれた。組織再編による効果は，機能強化はもちろんのこと，コスト削減効果も大きかった。

第5章　ABC/ABMプロジェクト事例●207

図 5-1-11●新組織に必要な機能の定義の例

必要機能（抜粋）				
経理	人事	財務	システム開発	……

機能区分	
機能区分	内容
経営支援機能	中長期的な利益拡大を実現するために，経営を支援する機能
事業支援機能	短期的な売上を確保するために，営業活動を支援する機能
プロセス実行機能	事業を円滑に運営するために，処理プロセスを実行する機能

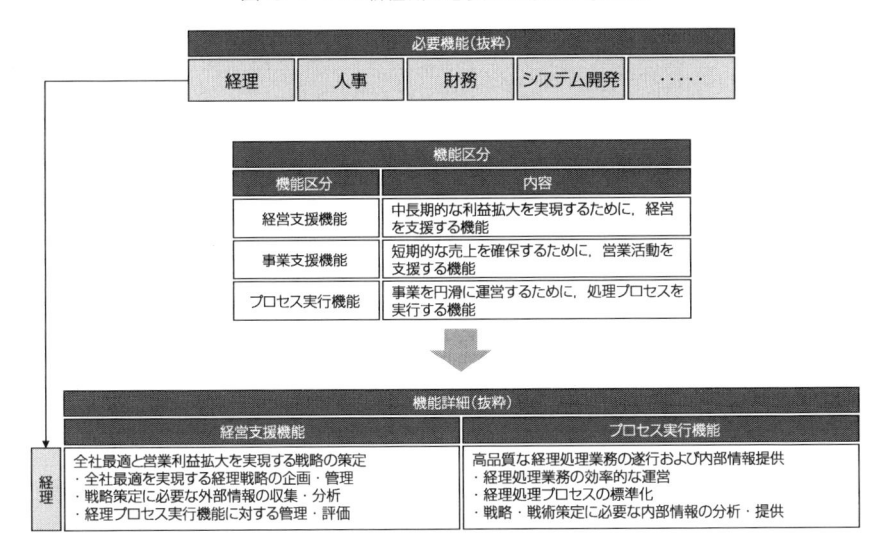

機能詳細（抜粋）	
経営支援機能	プロセス実行機能
・全社最適と営業利益拡大を実現する戦略の策定 ・全社最適を実現する経理戦略の企画・管理 ・戦略策定に必要な外部情報の収集・分析 ・経理プロセス実行機能に対する管理・評価	・高品質な経理処理業務の遂行および内部情報提供 ・経理処理業務の効率的な運営 ・経理処理プロセスの標準化 ・戦略，戦術策定に必要な内部情報の分析・提供

（経理）

図 5-1-12●新組織再編方針の定義の例

機能区分	機能再編方向性
経営支援機能	強化・集中
事業支援機能	強化・分散
プロセス実行機能	効率化

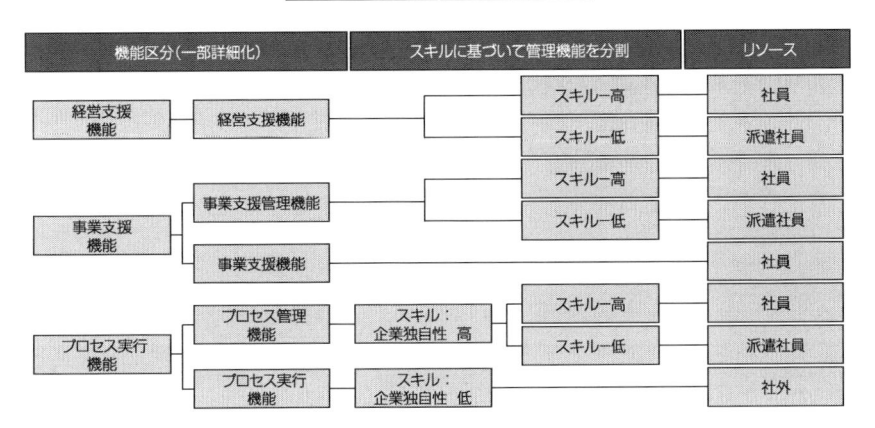

機能区分（一部詳細化）		スキルに基づいて管理機能を分割		リソース
経営支援機能	経営支援機能		スキル－高	社員
			スキル－低	派遣社員
事業支援機能	事業支援管理機能		スキル－高	社員
			スキル－低	派遣社員
	事業支援機能			社員
プロセス実行機能	プロセス管理機能	スキル：企業独自性 高	スキル－高	社員
			スキル－低	派遣社員
	プロセス実行機能	スキル：企業独自性 低		社外

図 5-1-13 ● 新組織案策定の例

再編後組織		
社内組織		社外組織

A部門
経営支援機能	プロセス管理機能
社員:18名	社員:12名

→ **X社**
プロセス実行機能
外部:37名

B部門
経営支援機能	プロセス管理機能
社員:8名 派遣:4名	社員:2名 派遣:1名

→ **Y社**
プロセス実行機能
外部:80名

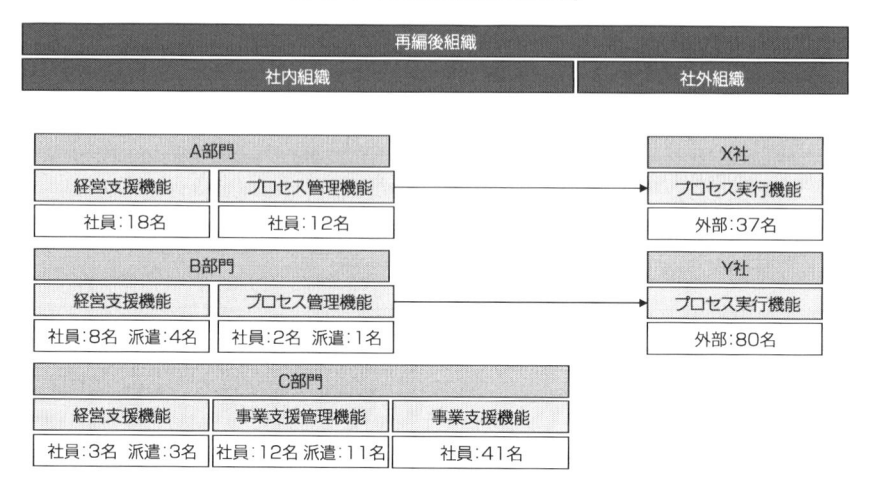

C部門
経営支援機能	事業支援管理機能	事業支援機能
社員:3名 派遣:3名	社員:12名 派遣:11名	社員:41名

図 5-1-14 ● 改善効果試算の例

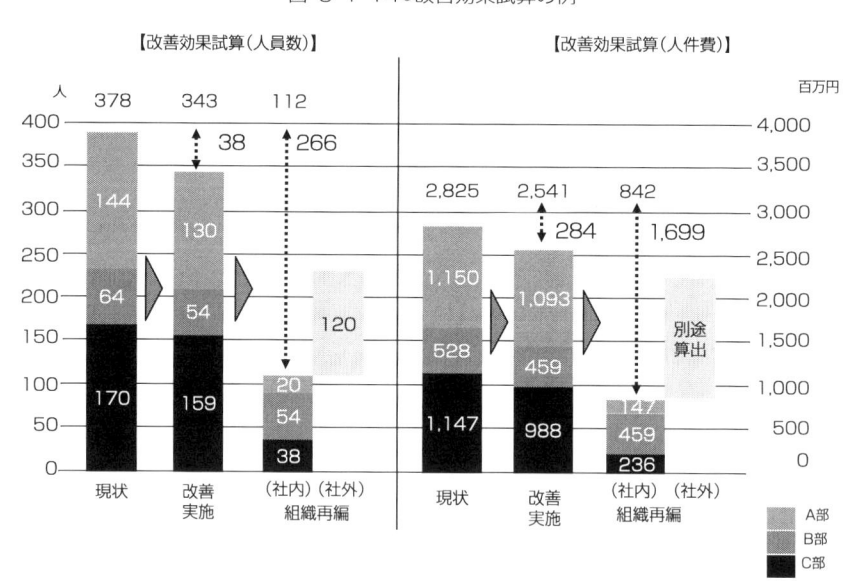

【改善効果試算(人員数)】

現状:378人(A部:144、B部:64、C部:170)
改善実施:343人(A部:130、B部:54、C部:159)、差 38
組織再編:(社内)112人(A部:20、B部:54、C部:38)、(社外)266、別途算出 120

【改善効果試算(人件費)】

現状:2,825百万円(A部:1,150、B部:528、C部:1,147)
改善実施:2,541(A部:1,093、B部:459、C部:988)、差 284
組織再編:(社内)842(A部:147、B部:459、C部:236)、(社外)1,699、別途算出

凡例:A部 / B部 / C部

2 ● ABC ベース
顧客別営業利益システム導入と活用

(1) 顧客別営業利益管理
～サービスアップ＆シェアアップとコストダウンの両立～

　ここでは，大手精密機器メーカー販売会社A社の実際のプロジェクトを事例として，進め方とその活用の解説をする。A社は価格競争が激しさを増す中，一層のコスト管理を求められており，一方で顧客に対するサービスの質の向上，シェアの向上も必須という状況に置かれていた。これらのもっとやるべき向上施策とコストダウンの両立を図るため，まずABCによる「見える化」を推進しつつ，企業改革の大きな柱として顧客別の営業利益管理システムの導入を決定した。

図 5-2-1 ● 顧客別営業利益管理 ～サービスアップ＆シェアアップとコストダウンの両立～

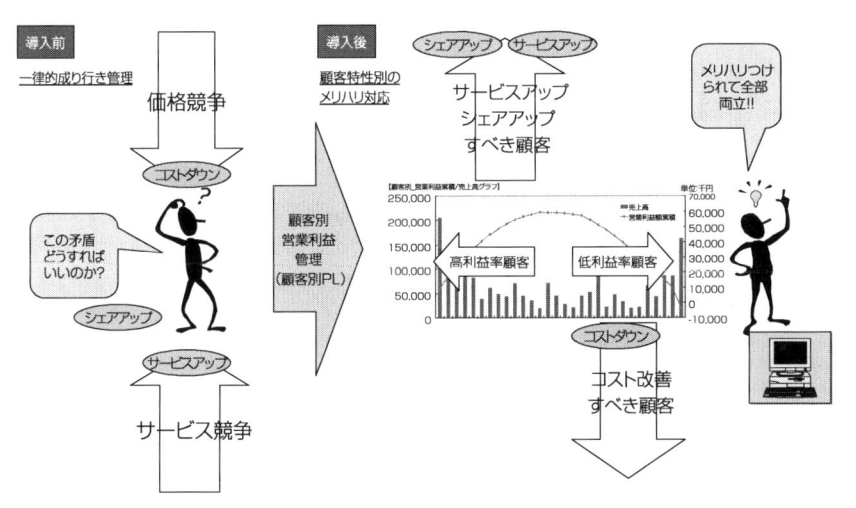

(2) 顧客別営業利益管理プロジェクトアプローチとスケジュール

　A社におけるABCベース顧客別営業管理システム導入に向けての業務分析およびRFP（要件定義書）作成フェーズのスケジュールを図示した。ここで重要なことは，可能な限り短期間でこのフェーズを実施することであった。確かに時間をかければ十分かつ精密な調査・分析が可能となる。しかし，これだけ急激に変化する環境下においては，あまり現状把握に時間を費やしてしまうと，その間に企業の置かれている環境が大きく変化してしまう危険性がある。「正確性」と「経済性」はトレードオフの関係にあるため，特にプロジェクト前半の情報収集・調査は可能な限りクイックに行い，スピードを重視することがポイントとなる。ただし，急ぐあまりあやふやなデータを取ることは本末転倒になりかねない。精度も可能な限り追求するが，それよりも重要なことは，そのデータが，どこの，誰の，どのようなデータなのか，という「根拠」である。ここがはっきりしていれば，仮にデータの精度が甘い場合は，早急に取り直すことも可能となり，議論が本論からずれることもなくなり，目標に向かって少しずつ前進していくのである。

　後半の分析段階においては，利害関係者間においてコミュニケーションを密にとることが重要となる。特に，コストの配賦基準は「これ」といった正解が存在しない。企業内に存在するコストは，ある時点においては増えも減りもしない。つまり配賦基準を決める場においてはどこかのコストを減らせば，どこかのコストが増えることになる。当然利害が絡むことになるため，徹底的な議論が必須となる。理想をいえば，配賦基準に関連させた評価制度も確立する必要がある。なんの説明もなく従来どおりの売上や粗利での管理下においてコストを配賦するだけでは，現場のモチベーションの低下を招くことになりかねない。

　この段階での議論においては「納得感」が重要となる。理屈を並べて相手のことを「説得」したくなってしまうことはよくあると思うが，説得ばかりしていては，いざ運用となった段階で，現場やメンバー内に疑念が渦巻き，結局使われない無用の長物となりかねない。

　また同じく重要なこととして「言葉の定義の共有」がある。プロジェクトで

は常に「改善」,「効率化」,「成果」といった言葉が飛び交うが,日ごろよく聞く耳当たりのよい言葉ほど,その言葉をどういう意味で利用しているのかを突き詰めて議論してみると,往々にしてお互いに微妙に認識がずれていることがある。実はこの「ずれ」が後になり,大きな問題を引き起こす。プロジェクトであれば,ゴールを明確に設定することは非常に重要であるが,言葉の定義が共有化されていない場合,互いに認識がずれているため,ある人にとっては成功プロジェクトであり,ある人にとっては失敗プロジェクトになってしまうことがある。普段使い慣れている言葉ほど危ないと思い,是非日頃から意識的に言葉の定義を行うことを薦める。

後半では,システム導入にあたりRFPを策定することになるが,ここでは単に機能要件だけではなく,ABC調査に基づく数値的目標(CSFとKPI)を設定したものを用意することが望ましい。またシステム会社に丸投げするのではなく,ともに導入していく心構えが必要となる。プロジェクトマネジメントをしっかり行い,つど状況をチェックし,経営層,マネジメント層,現場層の3レイヤーが違和感なく運用・活用できるかに目を光らせていくことが求められる。

図 5-2-2●顧客別営業利益管理プロジェクトアプローチとスケジュール

プロジェクトは顧客別の採算性を可視化し,コストマネジメントを強化することを目標としており,下記スケジュールで推進した。

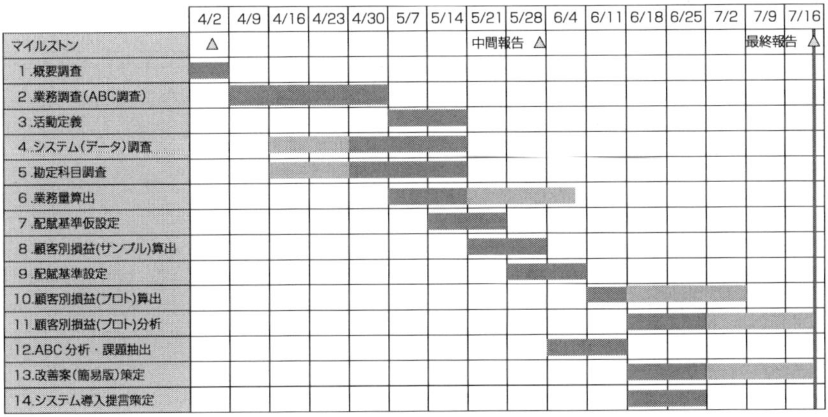

マイルストン	4/2	4/9	4/16	4/23	4/30	5/7	5/14	5/21	5/28	6/4	6/11	6/18	6/25	7/2	7/9	7/16
	△							中間報告 △						最終報告	△	
1.概要調査																
2.業務調査(ABC調査)																
3.活動定義																
4.システム(データ)調査																
5.勘定科目調査																
6.業務量算出																
7.配賦基準仮設定																
8.顧客別損益(サンプル)算出																
9.配賦基準設定																
10.顧客別損益(プロト)算出																
11.顧客別損益(プロト)分析																
12.ABC分析・課題抽出																
13.改善案(簡易版)策定																
14.システム導入提言策定																

(3) 顧客別営業利益管理プロジェクトアプローチと成果物

プロジェクトのキックオフ時には目的の共有化が重要となる。できれば利害関係者全員を集め、プロジェクト責任者、経営者から正確かつ具体的にわかりやすく伝えることが必要となる。インタビューは企業が抱える課題や問題、その発生要因を探る定性インタビューと各活動の業務量およびABCコストを把握する定量インタビューに分かれる。

インタビュー結果を受け、損益計算モデルを決定し、配賦基準の設定を実施、補足でアンケート等を実施し、データを固めていく。その結果をまとめることにより、簡易的な表計算ソフトベースの顧客別営業利益管理ソフトウエアプロトタイプを作成する。このプロトタイプをベースに徹底的な討議を行うことになる。最終的には業務改善ポイントとアクションをまとめたBPR改善提案書、プロトタイプを用いての活用シーンを示す顧客別営業利益（PL）分析、システム導入のための概要仕様書を作成することになる。ここまでをA社の場合、実質2ヶ月半程度で行った。

図 5-2-3●顧客別営業利益管理プロジェクトアプローチと成果物

プロジェクトの主な成果物は、①顧客別PL分析、②システム導入提言（配賦基準説明）、③BPR改善提案(簡易版)の3点とする。

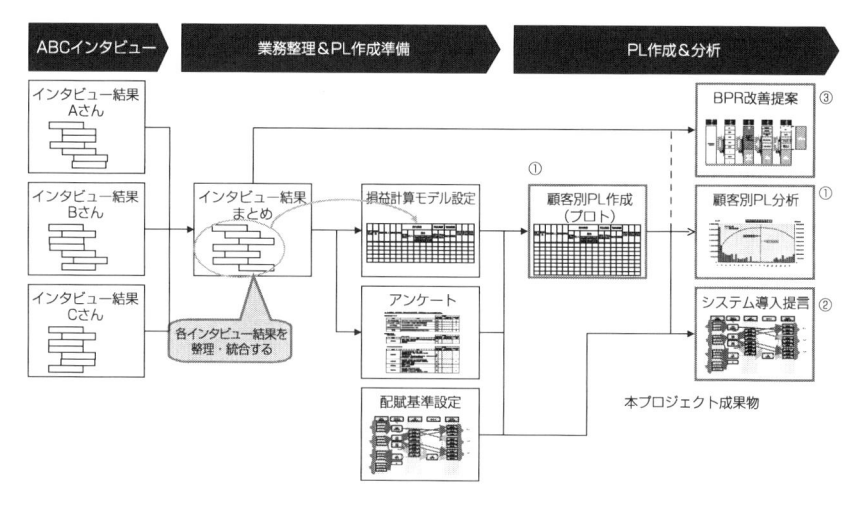

(4) 顧客別営業利益分析プロセス

　顧客別の営業利益が算出されてきたら，まず顧客別の営業利益を把握する（図5-2-4）。ここでは黒字の顧客，赤字の顧客さまざまな顧客が出てくることになる。ここでは総利益額や総利益率と相関的に営業利益を見てみるのもいい。

　次に，把握された営業利益の理由を費目別に他社と比較しながら確認する。この場合，各費目別の金額を売上比率や総利益を分母にした総利益比率などに変換しておくと，規模の違う顧客同士の利益性の比較ができるので便利である。

　次に顧客別の営業利益差異の要因分析を実施する（図5-2-5）。複数の事業を行っている企業や複数の顧客層を持っている企業は事業特性をまず把握することが求められる（①対象顧客すべてにおける営業利益の分析）。

　続いて，顧客要因で営業利益に傾向があるかについて考える。事業区分よりもう一段細かいレベル（②業態区分別の営業利益分析）を行い，特性を把握する。また企業によっては顧客に対し，年間売上高や信用度，粗利益率などで格付け（顧客ランク）などを決めている企業もある。その場合は，③格付け（顧客ランク）別の営業利益分析を行ってみることも重要である。

　また自社要因で営業利益に傾向があるかについても検討する必要がある。④支店・所課別の営業利益分析や⑤営業担当者の資格等級別の営業利益分析なども行い特性を把握することにより，よりきめ細かい営業戦略・戦術を組むことが可能となる。

　特に他顧客に比べ営業利益が低く，収益改善が必要とされる企業については，より具体的な対策案を検討するためより深い分析が必要である（図5-2-6）。まずコスト要因を精査する。具体的には
　①　コスト構成比率（製造原価/販売費/一般管理費）の分析
　②　製造原価比率の高いものは，別途原価低減の検討が必要
　③　販売費比率の高いものは，どの機能コストが高いのか分析
　④　一般管理費比率はコスト全体の比率を年度推移などで分析
などの収益改善対策の分析方法が挙げられる。

図 5-2-4●顧客別の営業利益を把握

要因分析は，以下の手順で分析を進める。
　1)顧客別の営業利益をさまざまな指標を用い分析
　2)営業利益率が低い顧客郡のコスト要因を分析

基本CD	顧客名	売上	原価	粗利益	販売費							販売費合計	販売利益	一般管理費	営業利益
					人件費				その他経費					
					計画策定	受注	販売								
							通常営業							
							訪問準備	訪問	訪問後作業						

2)コスト要因を把握

1)顧客別の営業利益を把握

図 5-2-5●顧客別の営業利益差異の要因分析

顧客別の営業利益は，以下の指標を用い因果関係があるか分析する。

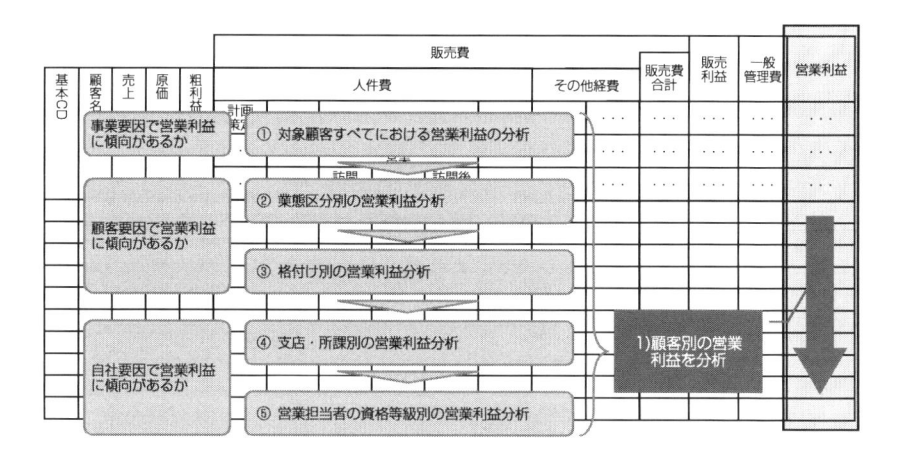

事業要因で営業利益に傾向があるか
① 対象顧客すべてにおける営業利益の分析

顧客要因で営業利益に傾向があるか
② 業態区分別の営業利益分析
③ 格付け別の営業利益分析

自社要因で営業利益に傾向があるか
④ 支店・所課別の営業利益分析
⑤ 営業担当者の資格等級別の営業利益分析

1)顧客別の営業利益を分析

第5章　ABC/ABMプロジェクト事例●215

図 5-2-6●具体策検討のためのより深い分析

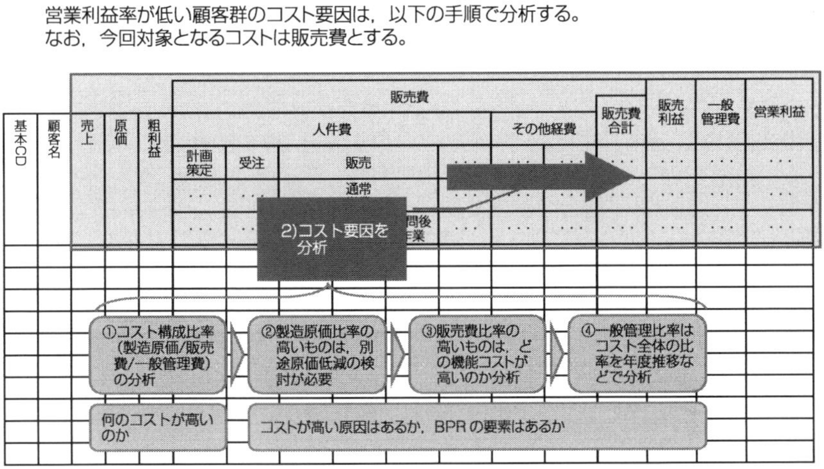

営業利益率が低い顧客群のコスト要因は、以下の手順で分析する。
なお、今回対象となるコストは販売費とする。

基本CD	顧客名	売上	原価	粗利益	販売費							販売費合計	販売利益	一般管理費	営業利益
					人件費				その他経費						
					計画策定	受注	販売								
							通常					...	...	...	...
					...	...	訪問後作業		...						

2)コスト要因を分析

①コスト構成比率（製造原価/販売費/一般管理費）の分析 → ②製造原価比率の高いものは、別途原価低減の検討が必要 → ③販売費比率の高いものは、どの機能コストが高いのか分析 → ④一般管理比率はコスト全体の比率を年度推移などで分析

何のコストが高いのか　　コストが高い原因はあるか、BPRの要素はあるか

(5) 顧客別営業利益分析成果物～課題・改善案一覧

　ABC/ABMによる「詳細数値による可視化」によって改善すべき課題と改善案はより明確になった(図5-2-7)。この改善案は定性的なものではなく，定量的に目標を設定された。改善案はすぐに着手でき，改善効果がすぐ見込めるものが多かった。明確かつ具体的な目標が示されたことにより，従業員一丸となって改善に取り組めるという副次的な効果もあった。A社においてもこれまでは，方法や目標が具体化せず，なかなか実行に移せなかった改善案の多くがスムーズに実行移され，目に見える利益効果を享受するに至った。

図 5-2-7 ●顧客別営業利益分析成果物～課題・改善案一覧

各種分析を実施し，以下の課題を認識し，それぞれの改善案を設定した。

No.	課題	改善案
1	受注業務(欠品対応含む)や出荷対応に関する連絡業務が多い	事務作業はSSC化して一括対応することで，事務作業に係るコストを削減する
2	クレームや修理に伴う引取り・開梱・発送等の商品現物対応に関する業務が発生する	修理は本来XXXサービスが担う業務であり，顧客へ周知徹底する
3	顧客支援(支店・改廃支援，棚卸支援，顧客販売応援)の割合が多い	リソースの最適化(人件費の安い派遣社員へ業務を移管するなど)を行う
4	移動時間が多い	直行直帰実現のための電子媒体の有効活用，モバイル導入などワークスタイル変革を行う
5	企画・分析が属人的であり，個々人の経験・スキルにより内容の質・作成時間に差異が発生すると想定される	ナレッジマネジメントの導入により，企画立案作業の効率化・平準化を図る
6	製品を戦略的に売るための活動(Core業務)が少なく，在庫補充的な位置付けに留まっている	有効な会議や企画業務を増やし，問題解決型の営業を推進する
7	販売支援発生手数料等，物流・修理業務を担うXXXサービスにかかるコストが大きい	狙いを整理し，コスト削減に向けた各種取組みを実施する(詳細は後述)

(6) 顧客別営業利益分析成果物～改善案の着手優先順位

改善案の一覧が作成されると，次に実行に移す優先順位付けをすることとなる。ABC/ABMの手法により試算された各改善策に対し，効果試算額と効果実現スピードをマトリクスにして各改善案をプロットする（図5－2－8）。これまでの取組み状況や人的資源の余裕度，企業体質などの内部環境や各種経営指標の目標や予測状況など勘案し，関係者で討議して優先順位を決定することとなる。以下では，A社のプロジェクトで策定された3つの改善策を抜粋して紹介する。

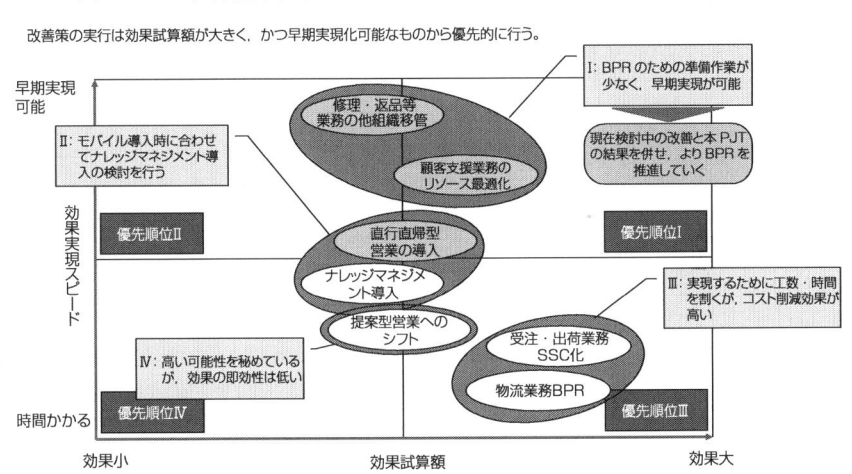

図 5-2-8●顧客別営業利益分析成果物～改善案の着手優先順位分析イメージ

改善策の実行は効果試算額が大きく，かつ早期実現化可能なものから優先的に行う。

早期実現可能

I：BPRのための準備作業が少なく，早期実現が可能

修理・返品等業務の他組織移管

顧客支援業務のリソース最適化

II：モバイル導入時に合わせてナレッジマネジメント導入の検討を行う

現在検討中の改善と本PJTの結果を併せ，よりBPRを推進していく

効果実現スピード

優先順位II

直行直帰型営業の導入

ナレッジマネジメント導入

優先順位I

提案型営業へのシフト

III：実現するために工数・時間を割くが，コスト削減効果が高い

受注・出荷業務SSC化

物流業務BPR

IV：高い可能性を秘めているが，効果の即効性は低い

時間かかる　優先順位IV　　　　　　優先順位III

効果小　　　　　効果試算額　　　　　効果大

(7) プロセス改善１：修理・返品等業務のサービス子会社移管

クレームや修理・返品に伴う引取り・開梱・発送等の商品現物対応が営業活動を圧迫している事実はA社において以前から問題になっていた。特に営業所においては、こういった雑務も含め、営業が対応する必要があり、いわゆる「なんでも屋」状態となっていた。

活動タイプで見てみると商品現物対応が全体の約４％を占めており、その内訳をさらに見てみるとその８割がクレーム、修理、返品といった業務であった。A社においてはこれらの業務を行う目的でのサービス子会社が既にあるにもかかわらず、顧客要望に素早く対応するスローガンのもと、活用されていないケースが多かった。

本来行う必要のない、年間5,000万円の活動コストと付随する棚卸業務で年間1,000万円、その他にも営業所の在庫スペースコスト等がかかっていることがわかった。

本来のプロセスに移すため、顧客に理解を促す資料を作成し、サービス子会社の利用徹底をお願いするとともに、顧客視点から不都合がある業務を選別し、やむを得ず個別対応しなくてはいけない場合に限り個別対応するといった標準ガイドラインを策定し、実行に移すこととなった。

第5章　ABC/ABMプロジェクト事例 ● 219

図 5-2-9 ● プロセス改善1：修理・返品等業務のサービス子会社移管

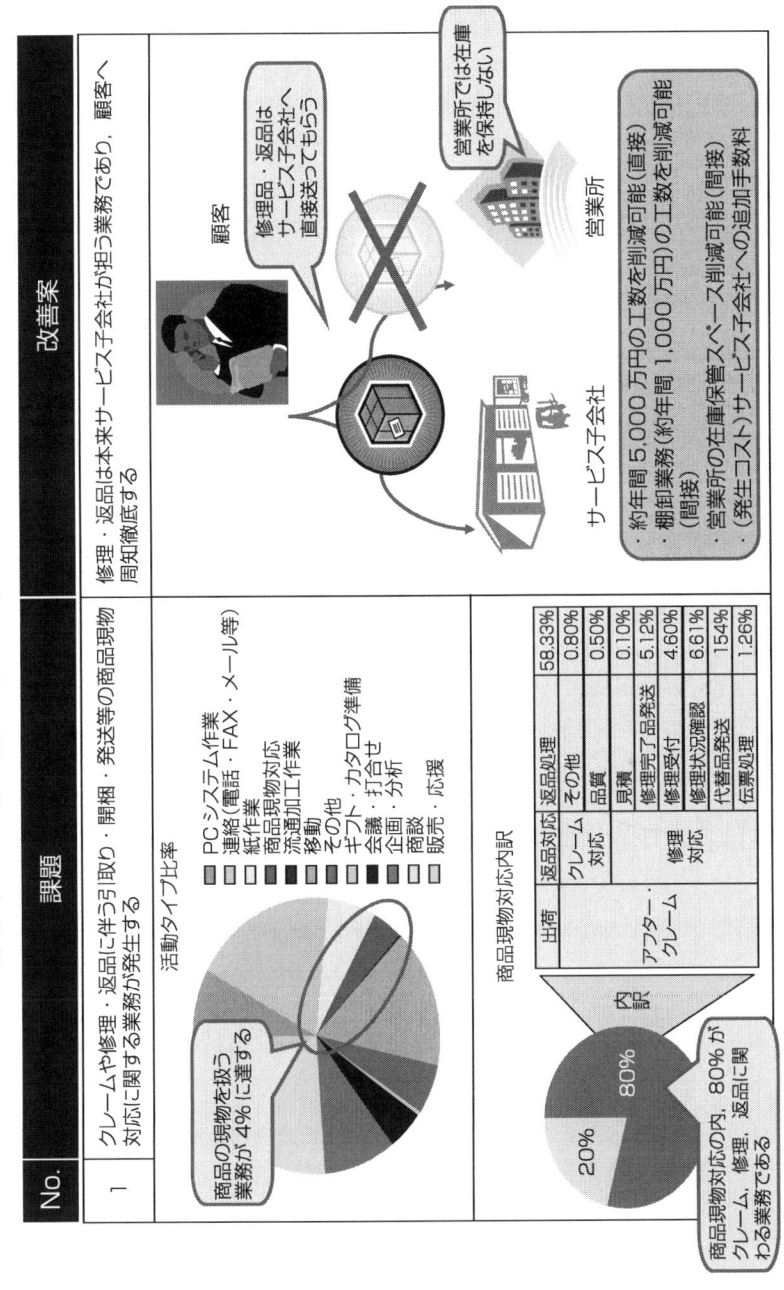

No.	課題	改善案
1	クレームや修理・返品に伴う引取り・開梱・発送等の商品現物対応に関する業務が発生する **活動タイプ比率** - PCシステム作業 - 連絡作業（電話・FAX・メール等） - 紙作業 - 商品現物対応 - 流通加工作業 - 移動 - その他 - ギフト・カタログ準備 - 会議・打合せ - 企画・分析 - 商談 - 販売・応援 商品の現物を扱う業務が4％に達する **商品現物対応内訳** | 出荷	返品対応	返品処理	58.33%
		その他	0.80%
	クレーム対応	品質	0.50%
		見積	0.10%
アフター・クレーム	修理対応	修理完了品発送	5.12%
		修理受付	4.60%
		修理状況確認	6.61%
		代替品発送	1.54%
		伝票処理	1.26% | 内訳 20% / 80% 商品現物対応の内、80％がクレーム、修理、返品に関わる業務である	修理・返品は本来サービス子会社が担う業務であり、顧客へ周知徹底する 顧客 修理品・返品はサービス子会社へ直接送ってもらう 営業所では在庫を保持しない 営業所 サービス子会社 ・約年間5,000万円の工数を削減可能（直接） ・棚卸業務（約年間1,000万円）の工数を削減可能（間接） ・営業所の在庫保管スペース／サービス子会社への追加手数料（発生コスト）

(8) プロセス改善２：顧客支援業務のリソース最適配備

　顧客支援業務（顧客先へ行って労働提供する業務）の顧客からの要求はどの企業にとっても悩みの種の１つである。いわゆる御用聞き的業務でもあり，一見わざわざ高コストの社員が対応しなくても十分こなせそうな業務も数多くあるが，一方で顧客とのリレーション維持には避けては通れないともいえる。いわゆる感覚・経験論ベースの議論になり結局うやむやで放置か成り行きになってしまうことが常である。

　Ａ社においても同様な状況が繰り返されていた。今回は ABC/ABM の手法を用いて顧客支援業務につき「詳細数値による可視化（見える化）」を実施した。営業部門の活動のうち７％強が顧客支援活動に充てられており，そのうち販売応援などを除いた約６％については顧客非付加価値活動（NVA：顧客から見てお金を払いたいと思わない活動）であると判明した。

　その業務を人件費の安い派遣会社や若手社員等に移管することにより，削減コストは年間約5,900万円という試算結果となった。Ａ社では顧客支援活動に長けた定年退職後のベテラン営業マンを再雇用し，担当営業として配備した。この結果，まず，営業マンが本来注力すべきである新商品の提案や新規顧客への営業活動に対し時間を割けるようになった。また，顧客側も長年お世話になってきたベテラン営業がこまめに対応してくれることになり，安心感が生まれ，以前より顧客満足度が向上した。会社側としては，再雇用の道を開くことができた。現在は定年退職後の再雇用営業特別部隊を組織し，顧客支援業務の専門別会社を設立しており，新しいビジネスに発展，この業界の先駆的な存在になっている。

第5章 ABC/ABMプロジェクト事例●221

図 5-2-10 ●プロセス改善2：顧客支援業務のリソース最適配備

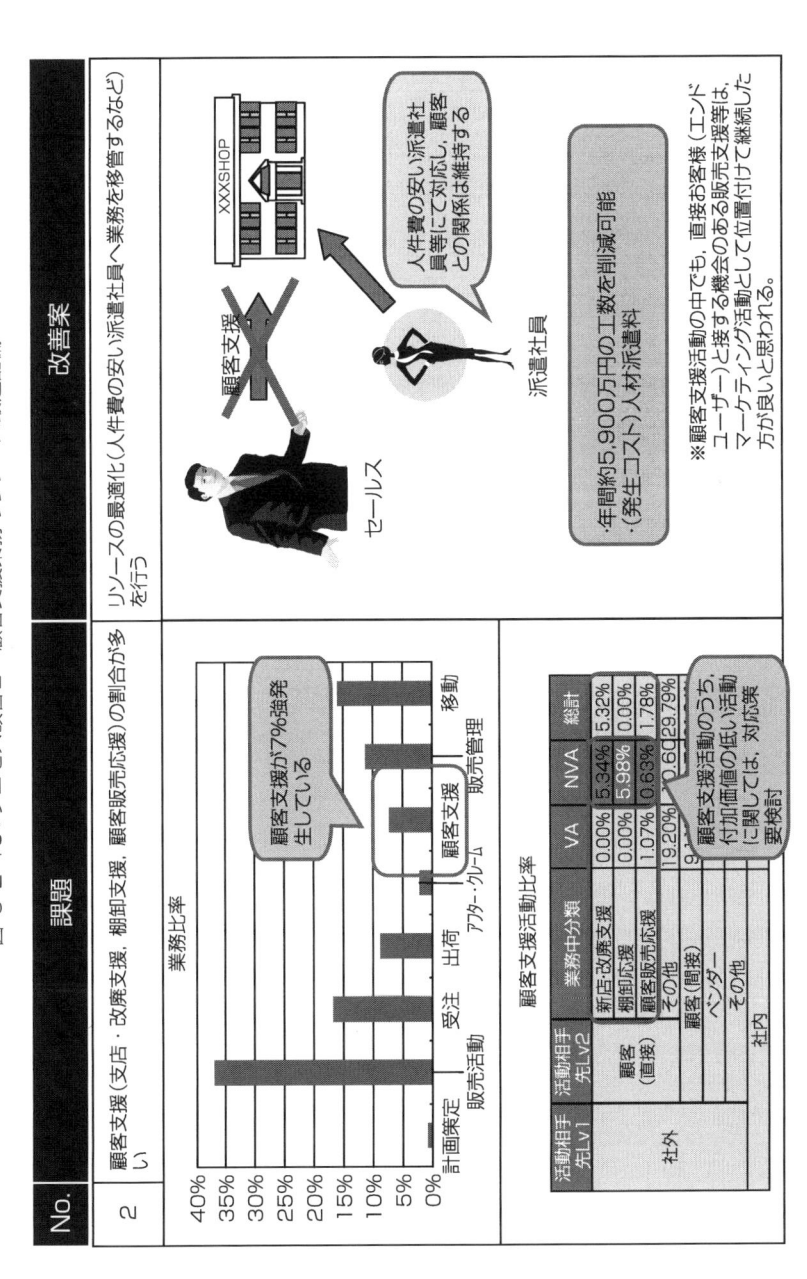

No.	課題	改善案
2	顧客支援（支店・改廃支援、棚卸支援、顧客販売応援）の割合が多い	リソースの最適化（人件費の安い派遣社員へ業務を移管する）を行う

業務比率

顧客支援が7%強発生している

（棒グラフ：計画策定、販売活動、受注、出荷、アフター・クレーム、顧客支援、販売管理、移動）

顧客支援活動比率

活動相手先Lv1	活動相手先Lv2	業務中分類	VA	NVA	総計
社外	顧客（直接）	新店改廃支援	0.00%	5.34%	5.32%
		棚卸応援	0.00%	5.98%	0.00%
		顧客販売応援	1.07%	0.63%	1.78%
		その他	19.20%	10.60%	29.79%
	顧客（間接）				
	ベンダー				
	その他				
社内					

顧客支援活動のうち、付加価値の低い活動に関しては、対応策を要検討

・人件費の安い派遣社員等にて対応し、顧客との関係は維持する

・年間約5,900万円の工数を削減可能
・（発生コスト）人材派遣料

派遣社員

※顧客支援活動の中でも、直接お客様（エンドユーザー）と接する機会のある販売支援等は、マーケティング活動として位置付けて継続した方が良いと思われる。

⑼ プロセス改善３：直行直帰型営業導入による正味営業時間アップ

　Ａ社は都市郊外に本社があるため，顧客訪問には相当な負荷がかかっていた。以前からモバイルPC装備による直行直帰を要望する声があったが，一方で扱っている情報の中には機密情報も含まれており，いわゆるセキュリティの観点からモバイル化に二の足を踏んでいる状態であった。

　ABCの営業活動調査結果から移動が全業務の17％を占めていることが判明。その中でロケーション（会社に戻って行う必要があるか否か）依存を調べてみると，依存性が低い業務が42％占めており，これらの業務を出先でモバイルリモート環境で行うことにより，直行直帰を導入した場合，年間3,900万円のコスト削減インパクトがあることがわかった。

　移動をしなくなったからといって営業人件費がその分，減るわけではないので，この金額がそのまま削減できるわけではないが，セキュリティと効率化の平行線の睨みあいの議論から一歩も進まなかったモバイル導入の課題が，ABCでの定量化により具体的な議論に発展した。最終的には，Ａ社では営業の顧客直行のみを先行して実施することとなり，結果的に正味営業時間が10％以上増加することになった。

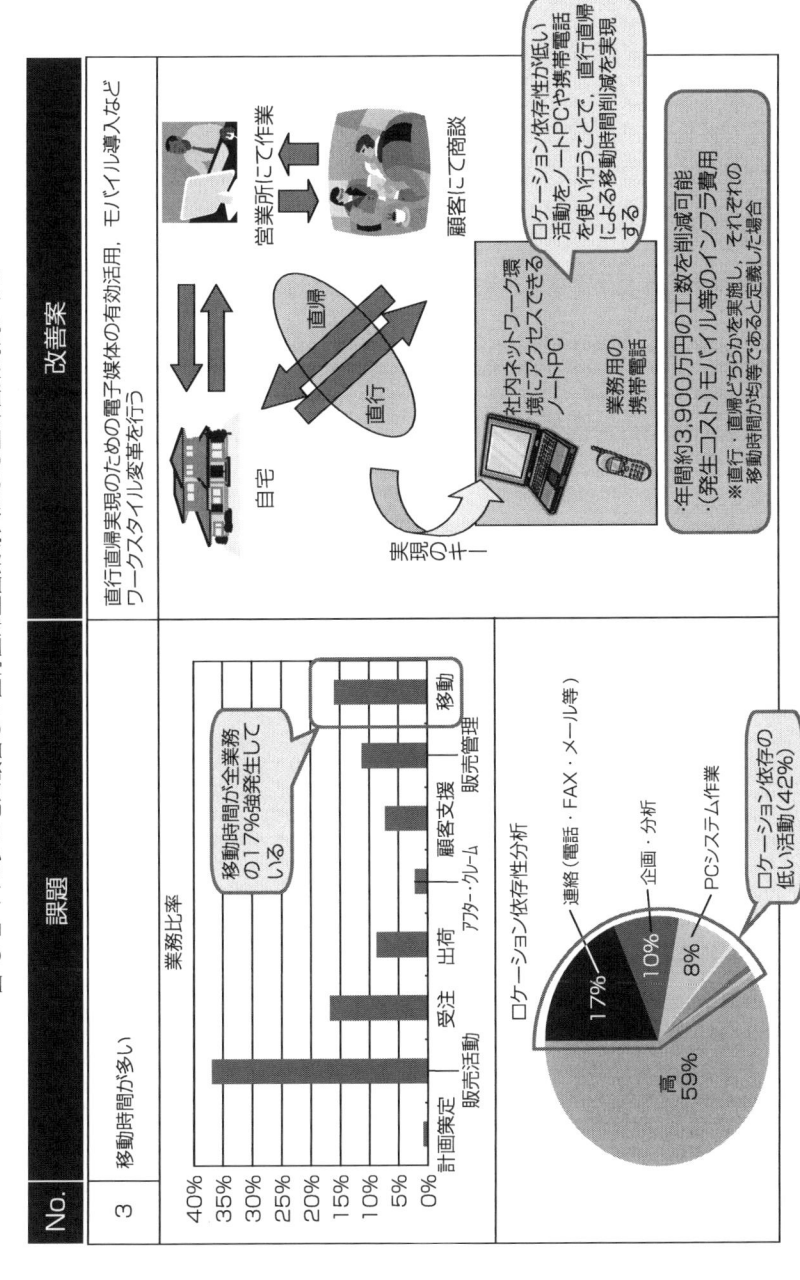

第5章 ABC/ABM プロジェクト事例 ● 223

図 5-2-11 ● プロセス改善3：直行直帰型営業等導入による正味営業時間アップ

No.	課題	改善案
3	移動時間が多い 業務比率のグラフ：販売活動、計画策定、受注、出荷、アフターフォロー、顧客支援、販売管理、移動 「移動時間が全業務の17%強発生している」 ロケーション依存性分析（円グラフ） 高 59% ロケーション依存性が低い活動(42%) 連絡（電話・FAX・メール等）17% 企画・分析 10% PCシステム作業 8%	直行直帰実現のための電子媒体の有効活用、モバイル導入などワークスタイル変革を行う 自宅 → 直行／直帰 → 営業所にて作業／顧客にて商談 実現のキー： ・社内ネットワーク環境にアクセスできるノートPC ・業務用の携帯電話 ロケーション依存性が低い活動をノートPCや携帯電話を使い行うことで、直行直帰による移動時間削減を実現する 年間約3,900万円の工数を削減可能 （発生コスト：モバイル等のインフラ費用） ※直行・直帰どちらかを実施し、それぞれの移動時間が均等であると定義した場合

⑽ 顧客別営業利益分析，2つの視点

続いて，ABCをベースにした顧客別営業利益管理のデータを用いての分析イメージをいくつか紹介する。顧客別営業利益管理には大きく2つの方向性がある。

まずは「顧客傾向の把握」である。複数の軸を用いて重要と思われる顧客の傾向を可視化することにより，他の顧客と比較し，それぞれの顧客ごとの特性を掴むことができる。

次に「販売費要因分析」である。販売費の中で構成比率が高い活動コストをより詳細に分析することにより，顧客ごとの改善アクションにつなげることが可能となる。以下にA社で実際に行った分析を用いて，その一部を紹介する。

図 5-2-12●顧客別営業利益分析，2つの視点

「顧客傾向把握」「販売費要因分析」の2つの視点にて分析を行った。

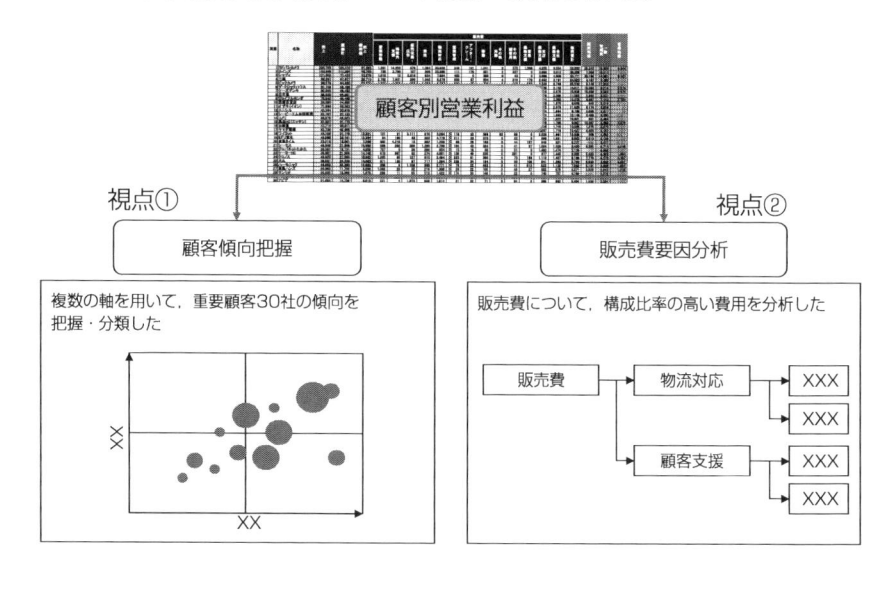

⑾ 顧客別営業利益分析，顧客傾向分析，営業利益／売上高〜くじら曲線

　A社においては，取引先が約10,000社に上るが，その中で最重要と位置付けられる30社を抽出し分析を行った。顧客別の営業利益が大きい顧客から少ない顧客に向けて並び替えを行い，その営業利益外の累計を線グラフに，そして，対応する顧客ごとの売上額を棒グラフで示したものである。営業利益額累計値に対応する線グラフの形は一般的に鯨の背中の形に類似するので「くじら曲線」と呼ばれている。

　A社の最重要顧客30社においては，13社が黒字，17社が赤字となっており，およそ図5－2－13のような構成となる。

　特に両端の「顧客a」と「顧客dd」を比較すると面白い。この2つの顧客はA社にとって売上高が多いトップ2社であり，当然この30社の中でも特に重要視されている。担当部門も大口を相手にする部隊で新進気鋭のスペシャリストを揃えていた。しかし，ここに大きな落とし穴があった。売上高が大きいというだけで，この2社に対して，同じグループで同様の対応をしていたのである。図5－2－13からも読み取れるように「顧客a」は売上高も高く営業利益も最も生み出している。一方「顧客dd」は，売上高ついては「顧客a」についで多いのだが，この30社の中で最も赤字幅が大きかったのである。当初のインタビューでは2社の担当営業が口を揃えて「売上が高い分値引き要請が強く，あまり儲かっていないのでは」と言っていた。しかし，営業利益計算をした結果が，結果のとおりである。さらにインタビューをしてみると，その原因の一部が判明した。

　「顧客a」は値引き要請は強いもののその分一括で大量の発注をしてくれ，イレギュラーな小口発注や返品などはなく，物流についても「顧客a」の倉庫に配送するだけで，あとは「顧客a」の子会社がその後の倉庫内作業をすべて行っていた。代金支払も遅延などはなく，伝票関係もA社指定のものを活用，システムもA社の要望に大筋応えてくれていた。

　一方「顧客dd」は大口の取引を盾にして，店舗での品出しや棚替えや販売促進支援の要請などがあり，イレギュラーな小口発注や返品も当たり前，発注

の形態も決まっておらず、ときには手書きのFAX発注が読み取れないような文字で送られてくることも多い。

　手間暇がかかるかどうか、つまり人的資源をどれだけ消費しているかに大きな違いがあったのである。粗利が高くてもその分人的資源が消費されてしまえば営業利益は出ないのである。ABCの実施により、顧客ごとの知らなかった特性がわかり、対応策が打てるようになった好例である。

図 5-2-13●顧客別営業利益分析、顧客傾向分析、営業利益／売上高～くじら曲線

　　重要顧客30社別の営業利益を見ると、黒字が13社、赤字が17社となっている。
　　また、利益額上位4社で全黒字額の55%を構成している。

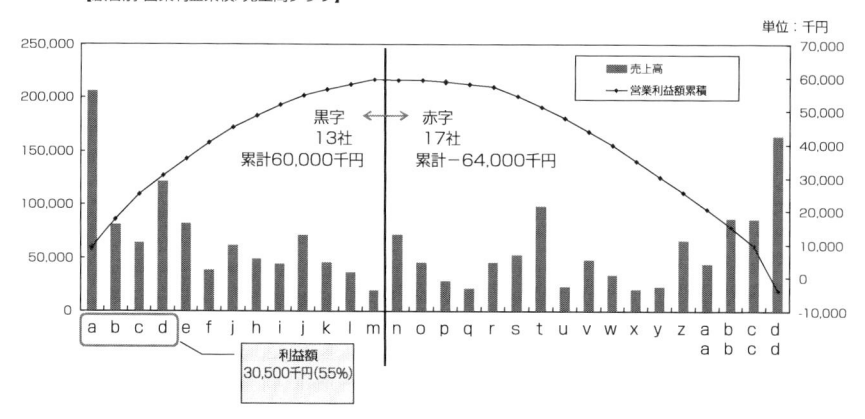

【顧客別 営業利益累積/売上高グラフ】

⑿ 顧客別営業利益分析,顧客傾向分析,営業利益率・総利益率マトリクス

　顧客別に算出した営業利益をベースに今度は縦軸に売上営業利益率,横軸に総利益率をセットし,顧客をプロットした。顧客の分布は基本的に右上から左下に分布するが,上に行くほど総利益率の割りに,営業利益が高い顧客,つまり,販売費率が低い顧客。下に行くほど逆に販売費がかさんでいる顧客といえる。

　右上の象限が,総利益率も高く営業利益率も高い優良顧客。右下の顧客が販売比率を改善しなければいけない顧客。左下の顧客が原価および販売費を改善しなければいけない企業である。

　同様に縦軸に営業利益率,横軸に総利益額でプロットすると,規模の大きい企業で営業利益率を改善しなければいけない企業が割り出せることになる。

図 5-2-14●顧客別営業利益分析,顧客傾向分析,営業利益率・総利益率マトリクス

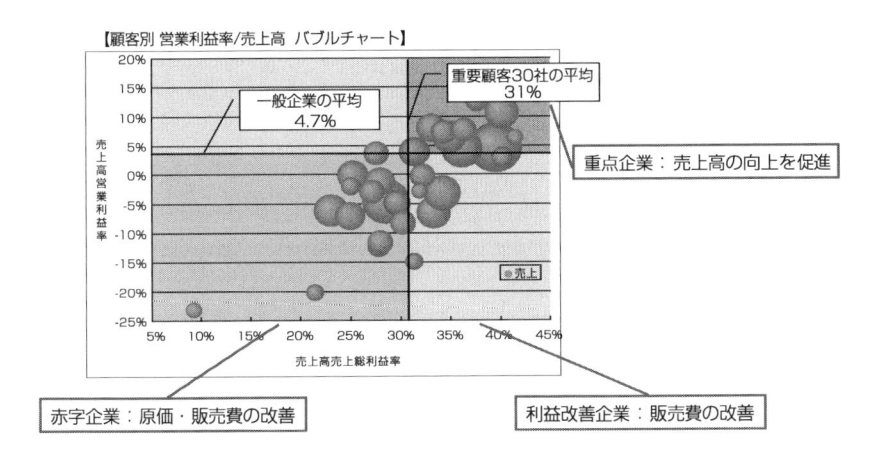

(13) 顧客別営業利益分析，販売費要因分析

次に「販売費要因分析」について見てみよう。30社の売上高販売費率を高い順に並べたものである。さながら販売費のレントゲン写真のように販売費の内訳に大きなばらつきが見られる。

さきほど話題になった売上上位2社「顧客a」と「顧客dd」を見てみるとまったくコスト構造が違うことがわかるであろう。「顧客dd」は物流対応関係の販売費が高い。実際に担当営業にインタビューしてみると，小口配送や返品がかなりの頻度で発生していることがわかり，データ上でも裏付けられたことになる。また売上高販売費が最も高かった「顧客u」については，顧客支援が異常に高いことが判明した。これについても営業担当に詳細なインタビューを行ったところ，なんと「顧客u」の店舗に複数の販売支援員アルバイトを送っていたことがわかった。しかもこのアルバイト支援は慣習化しており，営業担当は「知らなかった」とのこと。何年も前から行われており，担当が変わる中まったく把握していなかったことになる（この分析を受けて停止をした）。知らなかった現場の状況もはじめてABCにより把握され，対策をとられた好例である。

図 5-2-15 ● 顧客別営業利益分析，販売費要因分析

販売費の構成比率が高い「①物流対応」「②全社業務支援」「③支店業務支援」「④顧客支援」の4項目について要因分析を行った。

【顧客別 販売費対売上高比率グラフ】

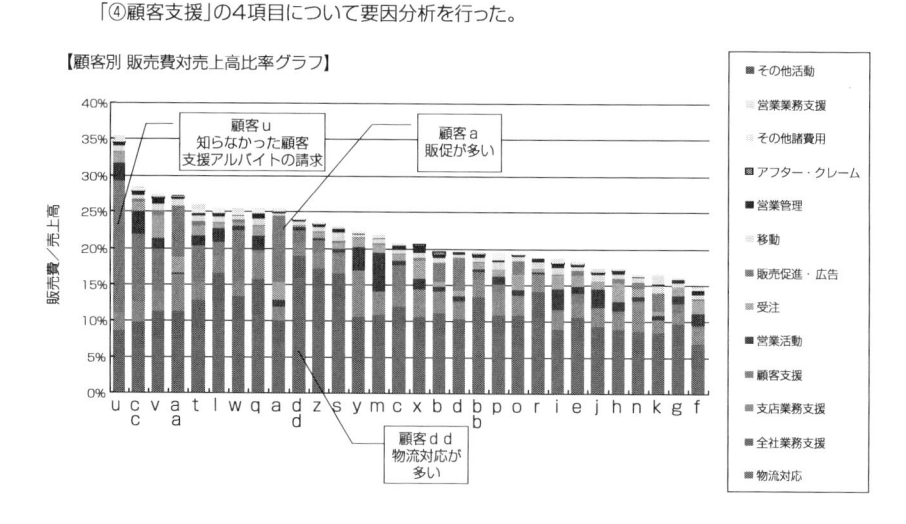

⒁ 顧客別営業利益管理サイクル

　ここまで見てきた，顧客別営業利益管理の仕組みは継続的に活用されながら，市場の変化や顧客ニーズの変化を取り込みながら，利益改善のチャンスを探るものとして位置付けるべきである。図表はA社が月次で取り組んでいる顧客別営業利益間サイクルである。A社は各営業組織別に営業利益の目標を持っており，この顧客別営業利益の積上げとトレンドを見ながら支援活動の配分を決めている。営業企画部門がこの分析支援を実施している。

図 5-2-16●顧客別営業利益管理サイクル

顧客別利益は継続的活用により，より大きな成果を期待できる。

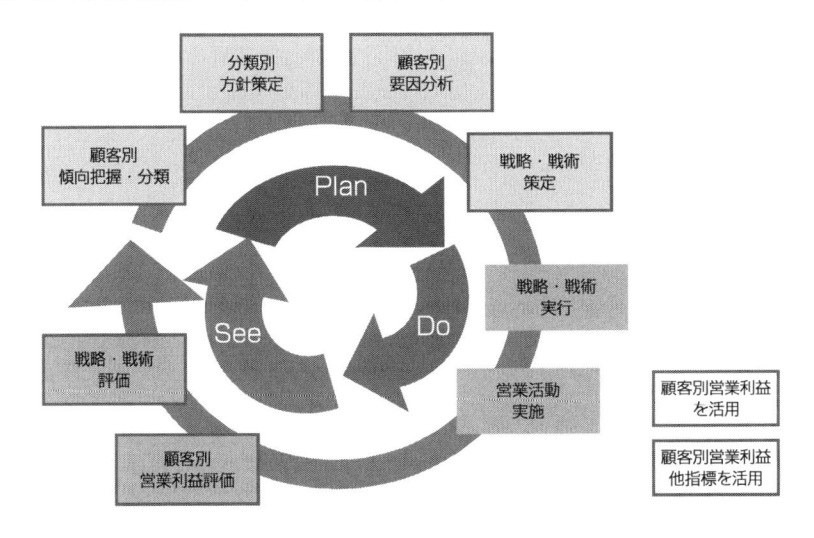

⒂ 顧客別営業利益管理，配賦モデルの例

図5-2-17と図5-2-18はA社も用いている典型的な顧客別営業利益管理に用いる配賦モデルの例である。販売費の多くが人件費で占められている場合，直課できる場合は直課，配賦が必要な場合は配賦基準にABC（WL：ワークロードベース）を用いることになる。

正確な営業利益を計算するためにはより詳細なワークロードを取得する必要があるが，ワークロード情報取得にコストがかさむようでは本末転倒である。活動の消費時間を測定するのではなく活動の実行回数を測定，回数に活動の標準時間を積算することでワークロードを計算することにより，ワークロードデータの正確性と，入力工数の削減を両立することが可能となる。また，ABCが大きい活動のワークロードは正確に取得する必要があるが，そうでないものは近い指標で類推するなどの策で，データ取得に関するワークロード取得の手間と計算された営業利益の正確性の両立を図ることができる。

第5章 ABC/ABM プロジェクト事例 ●231

図 5-2-17 ●顧客別営業利益管理，配賦モデルの例のイメージ(1)

図 5-2-18 ●顧客別営業利益管理，配賦モデルの例のイメージ(2)

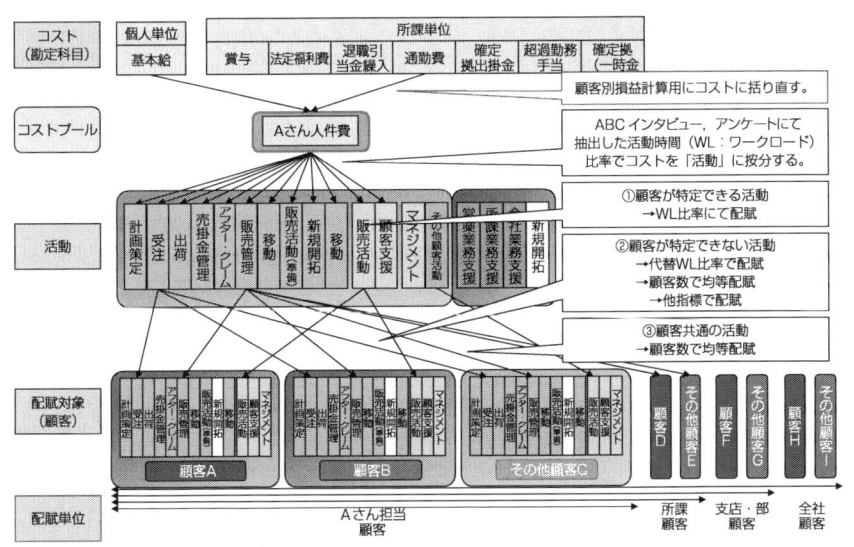

第6章

ABC/ABM とソフトウェア

1 ● ABC/ABMを支えるシステムの全体像

　ABC/ABMに限らず新たな経営手法を導入するということは容易なことではない。今でも多くの時間を費やして作成している月次会議資料に加え，新たなABC/ABMを活用したレポートを作成するとなると，当事者は資料作成の作業負荷ばかり気になってしまうものである。

　ABC/ABMを経営管理に活用する際に，システムが絶対条件というわけではない。詳細業務調査による業務改善を実施する場合には，表計算ソフトウェアによるデータ分析でも十分な場合が多い。しかし，全社のPDCA活動に中にABC/ABMをしっかり組み込むためには，例えば月次でレポートを作成するのであれば，やはりシステム化を考えたほうがよいであろう。

　通常の管理会計手法では掌握できなかった顧客・チャネル・仕入先などを対象とした採算性を把握しようという試みであるため，ABC/ABMを支えるシステムには，それなりの計算ロジックが必要になる。特定の担当者が毎月スプレッドシートで計算するのでは，「属人化」，「ブラックボックス化」といわれても仕方がない。ここでは，この計算過程を自動化するABC/ABMシステムの全体像を説明する。

　システムの全体像を図表に示した。ここではABC/ABMシステムを4つの機能に区分して考えてみたい。

　ABC/ABMシステムは基本的に配賦計算とレポーティングシステムである。「データ収集機能」ではABC/ABMシステムが基幹系のシステムから収益と費用データを，基幹系システムと活動管理システムから配賦基準となるドライバーデータを取得する。昨今のモバイル技術，センサー技術の普及により，この活動管理システムへの時間入力が自動化されることが多くなり，このABC/ABMシステムに付随する手間とコストを下げることを可能としている。

　「ABC配賦機能」はABC/ABMシステムのエンジン部分であるといってよい。多くのベンダーがこの領域のパッケージソフトを開発・販売している。こ

第6章　ABC/ABMとソフトウェア●235

れらのパッケージソフトに共通した基本的な機能を後ほど説明する。

「経営情報管理機能」とは，配賦，集計された営業利益データをさまざまな切り口で格納するデータベース機能である。ABC/ABM関連以外の経営情報や切り口に用いられる顧客属性などもマッチングされながらあわせて蓄積されることも多い。

ABC/ABMをベースにした経営判断を行うにあたり，先に説明したデータベースからデータを抽出，マッチング，並び替えをし，表計算のベースやグラフそして，予算実績ポータルなどに出力し，分析可能な状態にする必要がある。この機能を「プレゼンテーション機能」と呼ぶ。

図 6-1-1 ● ABC/ABMを支えるシステムの全体像のイメージ

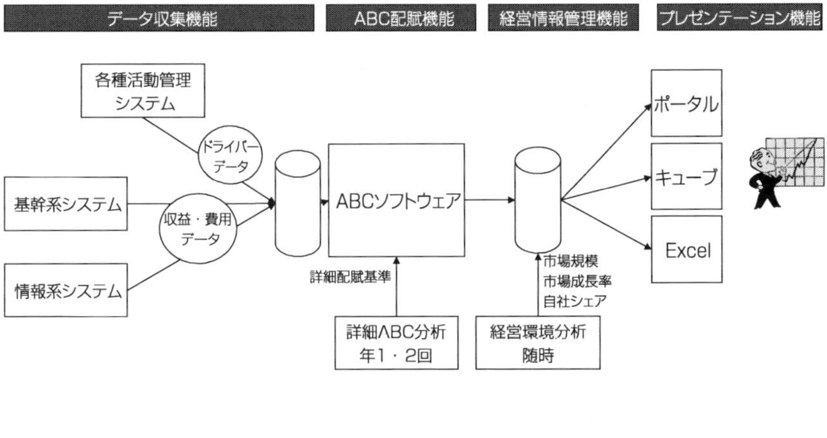

2 ● データ収集機能

(1) 費用・収益データ

　ABC/ABMシステムには大きく2つのデータ群が必要となる。収益・費用データとドライバーデータである。

　収益（売上）金額データは会計システムにも存在するが，通常，部門別に集約されてしまっており，そこから原価計算対象（顧客・製品など）に再度分解することは困難な場合が多い。そこで製品・サービス別，顧客別，チャネル別，仕入先別などの収益（売上）データは販売管理システムや受注管理システムから直接収集することになる。もちろん，販売管理システムや受注管理システムに売上区分の管理機能が必要となるが，自社開発システムの場合であれば管理上必要な製品別，顧客別，さらには値引き等の費目別の管理区分が定義されていることが一般的であり，販売管理パッケージであれば汎用的な区分コードが製品，顧客等に設定可能な場合が多いので，問題になることはまずない。

　また，費用に期間対応する収益として，入金ベース，検収ベース，出荷ベース，受注ベースのいずれを採用すべきか課題となる。販売費用は一般的に早いタイミングで発生することが多いので，受注ベースを用いることも多いが，受注と検収のリードタイムで発生する売上差異をどのように調整するかがあわせて課題となる。顧客別製品別の営業管理の仕組みは一般的に組織や人事評価に使われるため，受注ベースは営業向け，検収ベースまたは入金ベースは組織マネジメント向けのように両方作成することも多い。

　費用データは売上原価と販売費及び一般管理費（販管費）に大別される。売上原価は流通業と製造・サービス業で事情は異なる。流通業であれば商品調達システムで商品別に計算（月次総平均等）された売上原価が収集情報対象となる。製造業・サービス業においては製品・サービス別の原価計算結果を原価計算システム等から収集することになる。原価計算における製造間接費をより正

確に算出するために ABC を用いることは伝統的な手法である。この場合，顧客別製品別の営業利益管理システムは「製造間接費の ABC ベースの配賦」そして「販売費及び一般管理費（販管費）の ABC ベースの配賦」と2段階でABC の手法を活用することになる。

　販売費及び一般管理費は部門別勘定科目別のデータを会計システムから収集することになる。これらの費用は最終的には原価計算対象に配賦されるのだが，この段階では加工せずにそのまま格納する。しかし，最初から ABC/ABM の目的に合った形で集計されたデータが存在する場合は，これを活用しない手はない。例えばテーマ別研究活動や組織横断的なプロジェクト，製品別の広告宣伝の費用がプロジェクト管理システムなどで管理されている場合などである。

図 6-2-1 ●データ収集機能（費用・収益データ）

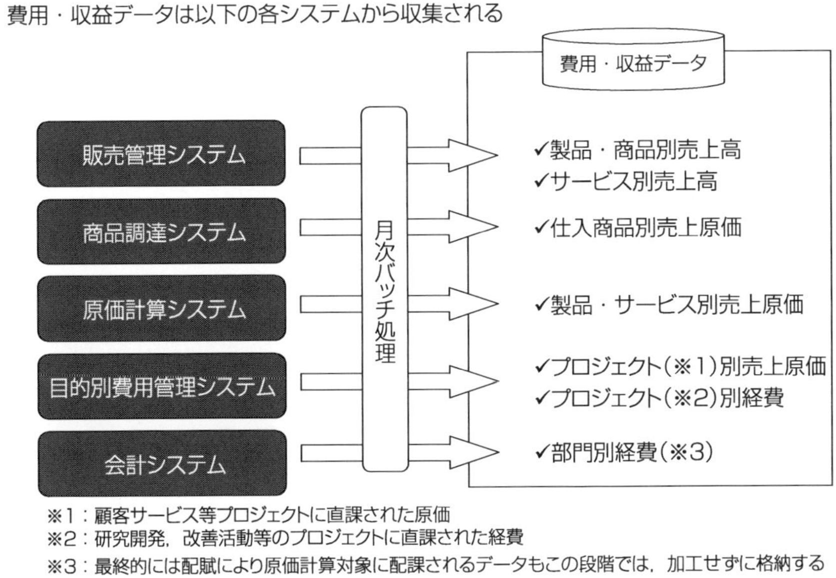

費用・収益データは以下の各システムから収集される

- 販売管理システム → 月次バッチ処理 → ✓製品・商品別売上高 / ✓サービス別売上高
- 商品調達システム → ✓仕入商品別売上原価
- 原価計算システム → ✓製品・サービス別売上原価
- 目的別費用管理システム → ✓プロジェクト（※1）別売上原価 / ✓プロジェクト（※2）別経費
- 会計システム → ✓部門別経費（※3）

→ 費用・収益データ

※1：顧客サービス等プロジェクトに直課された原価
※2：研究開発，改善活動等のプロジェクトに直課された経費
※3：最終的には配賦により原価計算対象に配課されるデータもこの段階では，加工せずに格納する

(2) ドライバー（配賦基準）データ

　いわゆる配賦基準情報であるリソース・ドライバー（人件費や経費等のコストを活動単位に配分するための数値情報：活動投入「時間」の場合が多い），アクティビティ・ドライバー（活動単位に配分されたコストを1回の活動当たりの単価に分解するための数値情報，活動の「発生回数」に対応する情報の場合が多い）の取得に手間とコストがかかることが，これまでのABC/ABMシステムの運用上の課題となってきた。取得が困難なドライバー（配賦基準）を採用すれば実績報告業務などで手間とコスト負担が発生し，コスト削減を志向しながらコスト高につながる仕組みになる。一方で，運用の手間とコストを下げるためにドライバー（配賦基準）の種類と収集頻度を減らせば，コスト配賦結果の妥当性を十分に説明できないこととなり，納得性が低下し，算出結果自体が意味無きものになるリスクがある。

　しかし，昨今のモバイル，センサー，セキュリティ技術，業務支援名目でのIT活用の普及など，ITの技術的進化と日常業務への浸透により，より正確で詳細なドライバー情報収集が自動化できる可能性が高まっている。

図 6-2-2 ●データ収集機能（ドライバー（配賦基準）データ）

新しいITの普及により，活動データ収集の手間とコストが劇的に下がった。

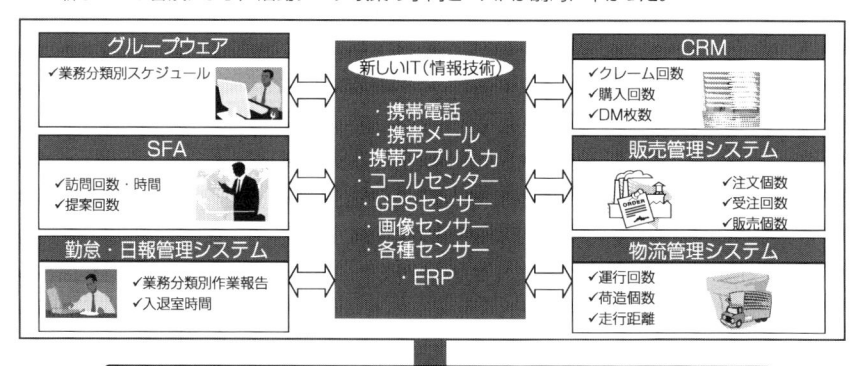

グループウェア	新しいIT(情報技術)	CRM
✓業務分類別スケジュール	・携帯電話 ・携帯メール ・携帯アプリ入力 ・コールセンター ・GPSセンサー ・画像センサー ・各種センサー ・ERP	✓クレーム回数 ✓購入回数 ✓DM枚数
SFA ✓訪問回数・時間 ✓提案回数		**販売管理システム** ✓注文個数 ✓受注個数 ✓販売個数
勤怠・日報管理システム ✓業務分類別作業報告 ✓入退室時間		**物流管理システム** ✓運行回数 ✓荷造個数 ✓走行距離

正確なABCに必要な活動データ(時間×回数)の取得の手間とコストが下がった！

↓

ドライバー・データ

3●ABC 配賦機能

(1) ABC ソフトウェア

　ABC ソフトウェアは活動基準で費用を原価計算対象に活動情報をベースに配賦するためのエンジンをコアとするものといっても過言ではない。

　従来は把握できていなかった顧客別，チャネル別，製品（群）別などの採算性（営業利益等）を計算するためには，それなりに複雑な計算ロジックが必要になる。もちろん，コンピュータシステムに決められたロジックを設定することは簡単なことであるが，問題はその過程にある。他段階の配賦ロジックをどれだけシンプルなマスタ設定（分類定義設定）で表現できるか。いいかえれば，ブラックボックス化することなく要素間の関係を「見える化」することが ABC ソフトウェアの胆といえる。

　まず，資源（費用）⇒活動⇒原価計算対象の多段階配賦に必要なロジック設定のイメージを図表に示す。前半の資源（費用）⇒活動配賦機能だけみても，特定部門の人件費・会議費などの費用をどの営業活動に配賦するかを決め，さらに配賦比率を決定するためにドライバー（活動回数等）を定義することは，直感的にわかりやすい設定環境なしには考え難い作業といえる。

(2) ABC モデル設定機能

　ここで注意が必要なのはある程度の企業規模になれば，資源（費用）・活動・原価計算対象も種類が増加し，その管理のためには階層構造をもつ必要があるということである。また，顧客・地域・製品など複数の原価計算対象を管理する場合には，多次元の情報管理も必要となる。このレベルになるともはや複雑すぎて表計算ソフトでは対応できなくなる。ABC ソフトウェアを活用することにより，複雑・大規模なモデルにおける ABC にの計算や分析が可能となる。

図 6-3-1 ● ABC ソフトウェア

ABCソフトウェアは費用を原価計算対象に活動基準で配賦するためのエンジンである。

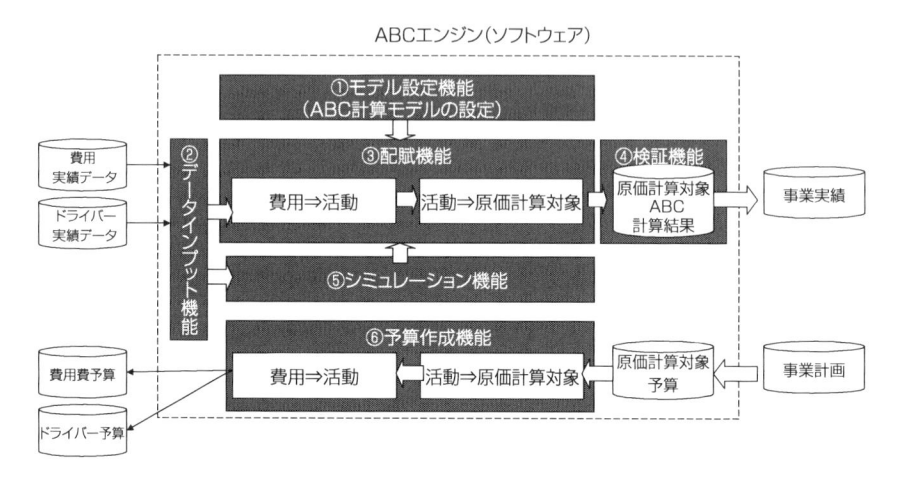

図 6-3-2 ● ABC モデル設定機能

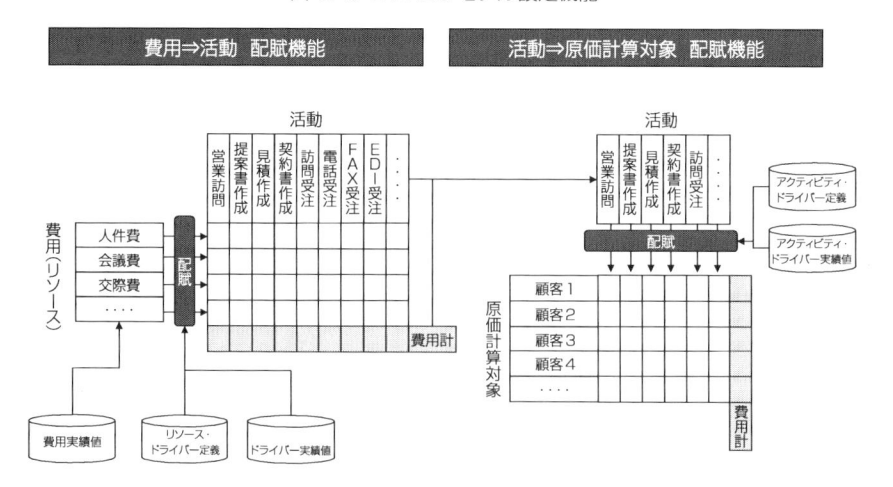

(3) モデル設定機能〜画面イメージ

　設定の容易性だけではなく、設定結果をわかりやすくアウトプットできることも重要である。配賦の妥当性を検討する際には、議論のベースになる資料が必要だからである。図6－3－3で紹介しているのは実際のABCソフトウェアにおいて要素間の関連性を定義し、定義結果を照会する画面イメージである。

　例えば情報システム部門の各活動別費用を他部門に割り振る際のドライバーとして、問合せ件数や対応時間を日報システム等から収集できれば問題はないのだが、そこまでシステム管理をしていない会社は多い。そのような場合はシステム部が当月の各プロジェクトへの業務負荷や、発生したトラブル等を考慮して、部門別の配分比率を設定することはリーズナブルな方法である。それゆえに、ABCソフトウェアにはドライバーおよび費用データの入力機能も実装されている。今回調査したABCソフトウェアでは、スプレッドシートからのデータ取り込み機能が実装されている。この機能を使えば、各部門がスプレッドシートに活動実績などを入力して、集計部門にメールするなどの運用が可能になる。周辺システムから収集した活動実績などをいったんスプレッドシートに出力し、各部門が現状を反映していない数字を修正するという一歩進んだ運用も考えられる。

　営業所やサービス拠点などが多い企業では、集計部門の業務負荷が問題になる場合もある。このようなケースでは、WEBベースの入力画面が装備されているソフトウェアを選択すべきである。各拠点・部門の業務管理担当者がABCソフトウェアに分散入力するという運用が可能になる。

　ABCソフトウェアにおける「配賦機能」とは前述したモデルに基づき、リソース・ドライバー、アクティビティ・ドライバーを活用して、収集した費用・収益データを原価計算対象に直課・配賦していく機能である。ここで注意すべきは、計算処理のパフォーマンスであり、ABCソフトウェアおよびサーバーの選定の際には十分な検討が必要になる。リソース、活動、原価計算対象、ドライバーの数の乗数に比例して計算処理の負荷は増大することになる。さらに、後述するシミュレーション機能などを成立させるためには、実行する内容・タイミングを考慮して処理時間を試算する必要がある。

242

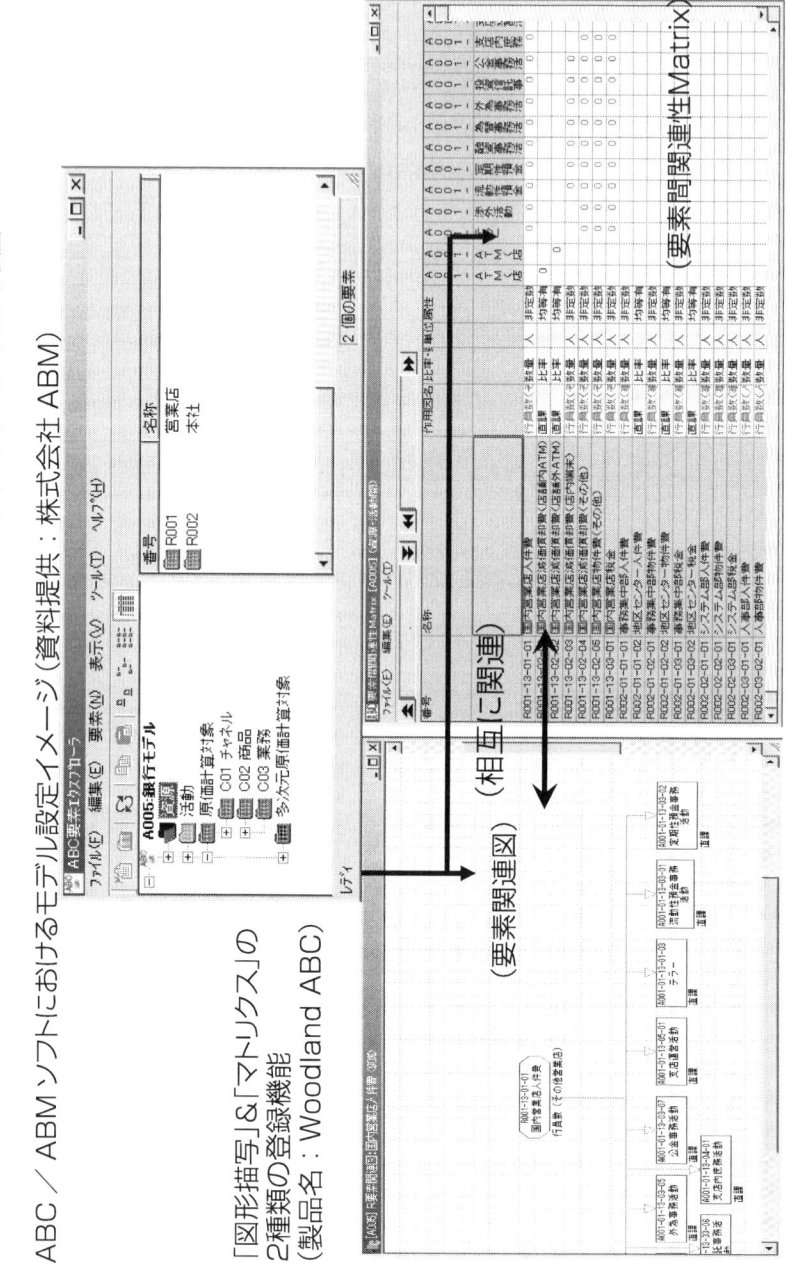

図 6-3-3 ● WoodlandABCにおけるリソースとアクティビティーのマッピング画面

ABC／ABMソフトにおけるモデル設定イメージ（資料提供：株式会社ABM）

4●経営情報管理機能

　ここまで述べてきたABC配賦機能は生産・販売実績，各種活動実績に基づく実績管理機能であったが，ABCソフトウェアにはドライバーの数量を変更した場合のシミュレーション機能まで装備されている例が多い。これは先に説明した「モデル」をデータと分離することにより可能になっている。例えば，特定の製品の売上が60％まで落ち込んだとした場合の全社に与える利益インパクトや，固定費の配賦金額が増加することによる他製品の採算性の悪化を試算することが可能になる。この機能を活用するためには，リソースを変動費と固定費に区分しておくことなど，設定および運用が複雑になる面もあるが，今まで膨大な作業を費やしていた損益シミュレーションを効率化できるのであれば，十分検討の価値があると思われる。

　変化の激しい昨今では売上連動的な予算作成が難しくなってきている。特に人件費予算などは，その妥当性の判断が難しい。そこで活動別の予算という発想が意味を持ってくる。多くのABCソフトウェアでは活動基準予算管理（ABB）の機能があり，製品別，顧客別の売上予算数量から，それに必要な各活動（受注，出荷等）の実施回数を計算し，標準時間と標準時間単価をかけて活動別の予算を計算することができる。活動別予算と部門予算の合計金額の違いを見ることにより，部門予算の妥当性が評価しやすくなるなど，年度予算を策定する上でもABC/ABMシステムは有効な情報を提供することができる。

　経営情報として，ABC/ABMベースの管理情報が重要な要素であることは間違いないが，経営情報管理システムを考える上では，経営管理に必要なその他情報を定義して，管理対象を決定する必要がる。

　経営管理に必要な情報とはなにか？　経営戦略を検討する上で企業内部の情報だけでは不可能である。自社が製品・サービスを投入している市場を再定義して，外部情報として「市場の魅力度」，「市場の競争構造」に関する情報を一元的に管理する必要がある。

「市場の魅力度」とは市場規模と成長率（短期・中期）が主要な情報となる。「市場の競争構造」とはその市場で争っている競合他社の情報や，参入障壁，需要の安定性などを判断するために必要な情報である。この２つの情報に関しては，調査結果が存在するケースは少なく，社内の関係者がつかんでいる事実を持ち寄り，推定していく活動により初期情報を設定し，随時修正を加えることで信頼性を上げていくことになる。

経営管理に必要な内部情報は「自社の財務力」，「自社の競争力」として区分することができる。「自社の財務力」とはその事業の採算性を判断するために必要な情報であり，ABC/ABMベースで計算されたコスト情報はここに格納される。「自社の競争力」とは企画，開発，製造，物流，営業，サービスといった社内のバリューチェーンを構成する機能ごとの強み・弱みを評価するための情報である。ABC/ABMで活用する各活動の標準工数，時間単価の情報等はここに格納すべきである。

図 6-4-1●経営情報管理機能のイメージ

経営情報管理システムを考える上では，ABC／ABM関連以外にも必要な情報を定義して，管理対象を決定する必要がる。

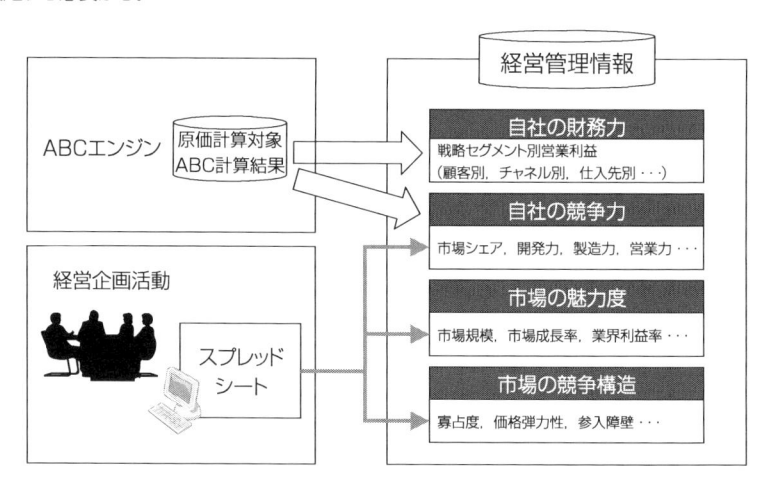

（図：ABCエンジン（原価計算対象，ABC計算結果）と経営企画活動（スプレッドシート）から経営管理情報へ。経営管理情報の内訳：自社の財務力（戦略セグメント別営業利益（顧客別，チャネル別，仕入先別…）），自社の競争力（市場シェア，開発力，製造力，営業力…），市場の魅力度（市場規模，市場成長率，業界利益率…），市場の競争構造（寡占度，価格弾力性，参入障壁…））

5●プレゼンテーション機能

　ABC/ABMのコンセプトを取り入れた経営管理情報は多くの職務・職責の方に活用されるべきであり，それを可能にするシステム機能を「プレゼンテーション機能」と定義した。この機能を以下の3つの機能に細分類すると，ソフトウェア選定の際などに有効である。ここでは営業部門を例に説明する。

① セグメント別レポートからのドリルダウン機能

　ABC/ABMの特徴的なレポートとして顧客別製品別の営業利益レポートが挙げられる。さて，採算割れの顧客や製品が明らかになった場合，各営業担当者がすぐにアクションをとるかというと，必ずしもそうはいかない。自分が担当するの顧客や製品がどのようなロジックで採算割れと計算されたのかを理解することがまず重要である。そこで，その顧客・製品に配賦された費用（営業人件費，配送費等）を照会するためのドリルダウン機能が必要になる。

② 活動別レポートからのドリルダウン機能

　営業マネジャーが自分のグループの活動に対して助言・指導を行うことを考えると，付加価値の高い活動（提案説明，見積書作成）と付加価値の低い活動（事務処理等）の比率を活動別コストとして確認できる機能が必要になる。さらに具体的な指示を行うためには，活動別のコストから，各営業マンの提案回数，見積回数などの活動ドライバーにドリルダウンする機能が有効となる。

③ ポートフォリオ表示機能

　営業部長が自部門の利益を増加させるためには，売上ボリュームのポテンシャルが大きく採算性のよい顧客や製品に対する販売ボリュームを増やす施策が必要になる。長期的に育てる顧客，取引量の増大を図る顧客，取引を見直すべき顧客を識別して，それぞれに合った営業方針を決めるべきである。そのためには，横軸を売上，縦軸を営業利益とした平面上に顧客をマッピングするようないわゆる「ポートフォリオ」表示の機能が必要になる。

図 6-5-1●プレゼンテーション機能のイメージ

経営管理情報

① セグメント別レポート
★レポーティング・ツール
★ポータル・ツール

予実績差異レポート
(各種PL, BS, CF)

警告レポート
(利益マイナス等)

・施策検討

② 活動別レポート
★Desk Top Intelligence
★Web Intelligence

取引実績レポート
(顧客別受注等)

活動実績レポート
(訪問回数,見積回数等)

・活動修正

③ ポートフォリオ表示機能
★経営ダッシュボード
★戦略管理ツール

各種ポートフォリオ・レポート
(事業／製品／顧客)

・選択と集中
・経営資源配分

6●統合型 ABC/ABM システム

　ここまで紹介してきた ABC/ABM システムの各機能を ERP（Enterprise Resource Planning：企業資源計画）システムと統合して1ベンダーがトータルに提供する動きが出てきた。ここでは「統合型 ABC/ABM システム」と呼ぶ。

　ERP の各モジュールおよび CRM，PLM，SCM，SRM といったソフトウェアに格納されている膨大な種類の明細情報を ABC のドライバー情報として標準連携を容易に可能にし，データを効率的，安全に活用できるのが「統合型 ABC/ABM システム」の強みである。すでに ERP を導入している企業が追加ソフトウェアをインストールして，事前に定義された原価計算対象，活動，リソース，配賦方法などを選択していくことで，顧客別営業利益などの ABC ベースのレポートを容易かつすぐに出力することができる。

　これまでは ABC/ABM のシステムを構築する場合，基幹系のトランザクションシステムから，週次や月次のバッチプログラムで，データを抽出後，ABC/ABM のシステムにデータ転送し，原価や各種単価を計算する必要があった。またこの計算結果は基幹系システムでも実績値計算の単価などに活用する場合があり，必要に応じて基幹系にデータを戻すようなシステムとなっていた。ERP との連動性が高まったゆえ，データ変換・転送のためのバッチプログラムを開発することなく，すぐに ABC/ABM の計算ができ，顧客別や製品別の採算性が評価できるようになったことは特筆に値する。

　また，「統合型 ABC/ABM システム」では上記のような連動性が密であるがゆえプロトタイプ型のアプローチをとることができる。まずは一般的なモデルに基づいて，ERP 等に蓄積された実績データから，ABC ベースのレポートを作成し，経営者・各部門の代表者にそのレポート結果を見て，有用性と信頼性を議論した上で，採用すべきレポートと計算ロジックを決定することができる。

図 6-6-1 ● 統合型 ABC/ABM システムのイメージ(1)

企業全体のデータを集約した信頼性の高い単一の情報ソースから，常に最新の情報を入手

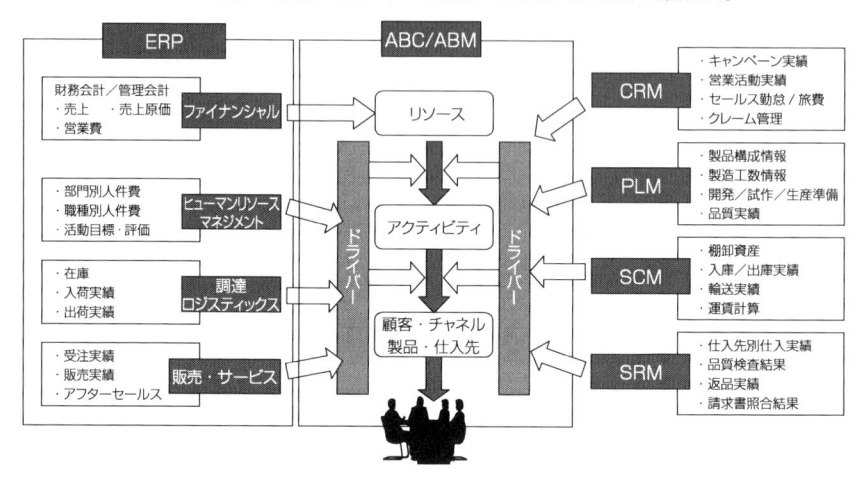

ERP
- 財務会計/管理会計
  - ・売上　・売上原価
  - ・営業費　　　　　　→ ファイナンシャル
- ・部門別人件費
- ・職種別人件費
- ・活動目標・評価　　　→ ヒューマンリソースマネジメント
- ・在庫
- ・入荷実績
- ・出荷実績　　　　　　→ 調達ロジスティックス
- ・受注実績
- ・販売実績
- ・アフターセールス　　→ 販売・サービス

ABC/ABM
- リソース
- ドライバー
- アクティビティ
- ドライバー
- 顧客・チャネル・製品・仕入先

CRM
- ・キャンペーン実績
- ・営業活動実績
- ・セールス勤怠/旅費
- ・クレーム管理

PLM
- ・製品構成情報
- ・製造工数情報
- ・開発/試作/生産準備
- ・品質実績

SCM
- ・棚卸資産
- ・入庫/出庫実績
- ・輸送実績
- ・運賃計算

SRM
- ・仕入先別仕入実績
- ・品質検査結果
- ・返品実績
- ・請求書照合結果

図 6-6-2 ● 統合型 ABC/ABM システムのイメージ(2)

統合型 ABC/ABM システムのイメージ（資料提供：SAP ジャパン株式会社）

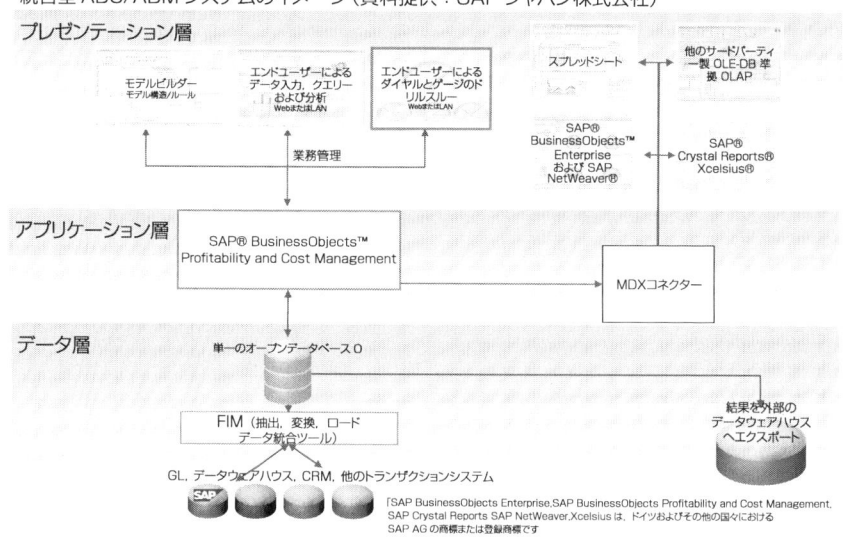

プレゼンテーション層
- モデルビルダー（モデル構築/ルール）
- エンドユーザーによるデータ入力，クエリーおよび分析（WebまたはLAN）
- エンドユーザーによるダイアルとゲージのドリルスルー（WebまたはLAN）
- 業務管理
- スプレッドシート
- SAP® BusinessObjects™ Enterprise および SAP NetWeaver®
- 他のサードパーティー製 OLE-DB 準拠 OLAP
- SAP® Crystal Reports® Xcelsius®

アプリケーション層
- SAP® BusinessObjects™ Profitability and Cost Management
- MDXコネクター

データ層
- 単一のオープンデータベース 0
- FIM（抽出，変換，ロード　データ統合ツール）
- GL，データウェアハウス，CRM，他のトランザクションシステム
- 結果を外部のデータウェアハウスへエクスポート

「SAP BusinessObjects Enterprise，SAP BusinessObjects Profitability and Cost Management，SAP Crystal Reports SAP NetWeaver，Xcelsius は，ドイツおよびその他の国々における SAP AG の商標または登録商標です」

第7章
ABC/ABM プロジェクト成功のために

1 ● 変革管理（チェンジマネジメント）

(1) 変革管理の10レイヤーズ

　変革管理とは，変革がうまく行くよう管理することである。事業においては，経営・戦略・経営計画と社員・顧客・仕入先の現場を早く，正確にすばやく同期を取れるようにするためのテクニックと実践のことを指す。

　筆者の今までの事業変革経験に基づき，「10レイヤーズ」と呼ぶ10階層の変革管理体系を定義した。この10レイヤーズのうちどれ1つ欠けていても失敗の原因になりえる。逆にいえば，今までの変革失敗の原因はこの10レイヤーズのどれかに当てはまるといえる。つまり，この10レイヤーズを意識して，正しく事業構築ないしは改革を推進すれば，失敗することはないといえる。

　10レイヤーズは第1層の戦略レイヤーから必要な要件を正しく積み上げていけば，第10層の現場レイヤーがその戦略どおりになることを示している。サンドイッチの間の階層において，何かが欠けたり，ずれたりすると，その上位の階層は不安定になったり，ずれたりしていくわけだ。

　階層が低ければ低いほど，仮説ベースでモデルベースのものである。逆に上位にいけばいくほどより現実的で個別的に実施するべきものとなっている。

　今までの変革においては，「経営戦略」を立てて「プロジェクト」をやれば「現場」がそのとおりになる，といった安易な考え方で改革を進めてきたケースが多い。しかしながら，本当に儲かったのかアピールできずにプロジェクト失敗の烙印を押されたり，何をどうすればいいのか組織間の意思疎通に齟齬が出たり，現場の利害関係が調整できずに頓挫したり，たとえプロジェクト自体が完了していても，他のさまざまな原因で失敗しているケースがとても多い。

＜第1層：戦略レイヤー＞
　そもそも経営がどうありたいのかはっきりしなければ，何も始まらない。どんな事業でどんな市場から，どのようなことをして，どの程度成長したいのか？

戦略を数値ではっきりさせればそれだけ，上位に積みあがる変革階層がしっかりするわけだ。

戦略レイヤーについては大抵の企業が持っているが，戦略が現場に浸透していないことが多々あるし，戦略が浸透していてもそのとおりに現場がなっていないことも多い。だからこそ変革管理という概念が存在するわけだ。

＜第2層：経営指標レイヤー＞

変革を実行した結果，本当に儲かったのか？　事業の業績に反映されたか計測されない限り，変革が成功したとは絶対にいえない。今までの変革のほとんどにおいて，具体的に業績にいくら反映したのか測定していないケースが多い。これらの変革成果を測定するため，最低限事業（ビジネス）別，さらには製品，サービス別の管理会計システムを導入しておく必要がある。昨今ではIT等の新技術で顧客との接点を見直す変革が増えており，その前提としての顧客別利益管理の導入が重要となる。

また，過去の指標である実績値でビジネス管理を完結しているようでは，後ろを向いて車を運転しているのと同じで，この変化の激しい時代に生き残れない。ビジネス管理は予算と予測ベースで進め，実績は予測の正確性を図るための結果指標とするべきである。

＜第3層：評価報奨レイヤー＞

戦略どおり変革が成功したときに，社員にとっては一体どのようなメリットがあるのだろうか？　多くの企業では，改革の成果と社員の評価報奨やキャリアの関係はほとんどない。ただでさえ普通の社員は変革を拒むのに，「変革の成果は会社がいただく，頑張った社員はご苦労さん」ではとても変革へのモチベーションは湧かないだろう。戦略に会った業績評価，能力評価，キャリアマネジメントの制度を入れることが変革の第一歩といえる。正しい貢献度評価のためには経営指標レイヤーの導入が前提となる。

＜第4層：変革体系レイヤー＞

変革となると，急造プロジェクトを起こして，現場からメンバーを集めてプロジェクトを実施することになるが，変革の素人を何人集めても変革はうまくいかない。またコンサルタントは変革のプロではあるが，いつまでも高いフィーを払い続けることができず，プロジェクト終了後はまた元通りになってしまう

例が後を絶たない。社内に変革を定着させるためには「専任・常任」の変革担当が必須条件である。日本の工場が世界のトップ品質であるのも，生産技術担当，生産管理担当，生産技術担当が「専任・常任」でいるからである。しかし，日本でもホワイトカラーの世界にはこの変革担当に対応する組織がないことが多い。専任組織のやるべきことは，社内に変革の文化を啓蒙すること，常時変革を起こし続けること，変革のルールとテクニックを整備することである。「シックスシグマ」などの長期的品質改善プログラムも「ブラックベルト」などの専任人材の必要性を前提条件としている。

<第5層：変革指標レイヤー＞

変革を実行する際，経営指標や管理会計だけでは細かい先行指標が管理できない場合が多い。例えば，「製品開発プロセスを短縮化して，製品の市場投入を早め，他社に先駆けることで，売上を20％向上させる」といった変革の場合，管理すべき指標として，先行指標＝開発リードタイム，結果指標＝事業部別製品別売上となる。

変革における成功は結果指標（経営指標）で成功を認識するが，プロジェクトの成功は先行指標で進捗を管理するわけだ。先行指標は改革の前後，定着後に測定すればよく，必ずしもシステム的継続的に管理する必要はない場合が多いので，経営指標レイヤーとは区別して，変革指標レイヤーを設定している。変革指標レイヤーと，経営指標レイヤーの間に論理的連動性と実際的連動性が保証される必要がある。

<第6層：可視化レイヤー＞

そもそも，現在どのような状況であるものをどのように変革するのか？　この点につき，関連する利害関係者が充分に理解しなければ変革は始まらない。ホワイトカラーの世界では特に，現場が何をどれだけ行っているのかまったく把握されていないケースが多い。その結果，組織をまたがった改革になると，あっという間に水掛け論になることが多い。既存の事業を改革する場合はもちろんのこと，新規事業を立ち上げる場合でも同様に，業務や市場，顧客，人材，文化を可視化，モデル化して共通言語とし，その現行モデルとその課題に関する共通認識を構築するのが変革の大前提となる。

いわずもがなホワイトカラー分野や企業間をまたがる改革の不可欠なツール

としてABC/ABMは，事業を活動単位に分解し，コストやリードタイム，付加価値や品質を「可視化」することにより，会社や組織，階層をまたがって共通言語と共通認識を構築する必須テクニックとなる。

＜第7層，第8層：プログラム，プロジェクトレイヤー＞

プロセスを変革する，ITを導入する，給与制度を変革するなど，変革の実行そのものはこのレイヤーで行われることになる。ここまでの階層はすべて，この変革のためのインフラ（＝前提条件）ともいえる。

「製品開発プロセスを短縮化して，他社に先駆けて製品の市場投入を早め，売上を20％向上させる」といった「プログラム」があるとすれば，複数の「プロジェクト」でこの目的を達成することになる。現状を評価し，どのようなプロセスにするか決める「開発プロセス設計プロジェクト」。ITを導入する「製品開発支援システム導入プロジェクト」。他社より早い導入を消費者によりアピールする「マーケティング・営業の連動化プロジェクト」などが必要になるわけだ。

＜第9層：利害管理レイヤー＞

評価や報奨の仕組み，変革の組織や仕組みも完備し，さらにプログラムもしっかりできても，現場がそのとおり動かなければ意味がない。人間は変化をそもそも嫌う性質がある。変革を起こすことは既存の人々の既得権を奪うことを意味する。権益を得る人，既得権を奪われる人に対する対応を無視して，変革は進まない。

たとえ変革の成果が出たとしても，影響力のある人が「失敗だった」と言えば失敗になってしまう。逆に大きな成果が出なかったとしてもすべての人が「成功だった」と思えれば変革は成功だったといえるのかもしれない。見逃されがちなポイントだが，利害関係者の共感と納得を得るために，利害を可視化し，コミュニケーションを計画し実行することが足をすくわれないためにも必要といえよう。

＜第10層：現場レイヤー＞

社員，顧客，仕入先の現場レイヤーの活動をいかに戦略どおりにするかがこの変革管理のそもそもの目的である。

図 7-1-1 ● 変革管理の10レイヤーズのモデル(1)

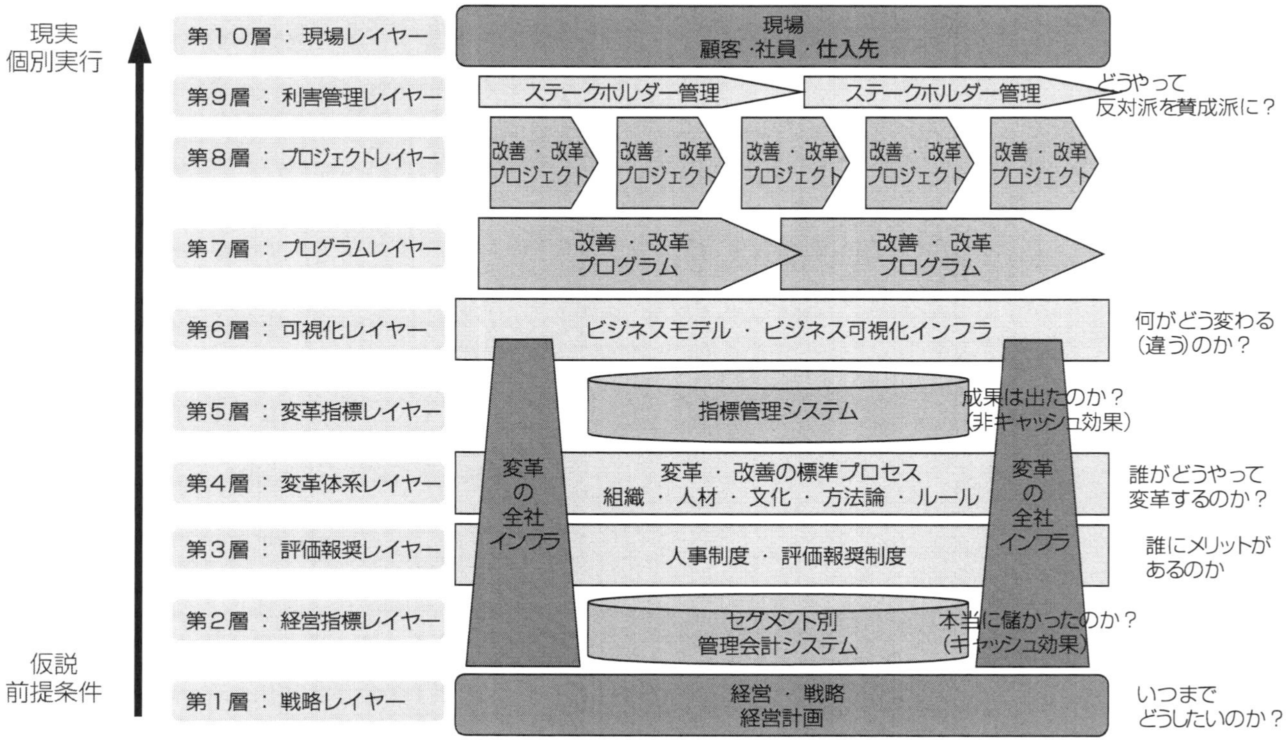

層	レイヤー名	要素	問い
第10層	現場レイヤー	現場 顧客、社員、仕入先	
第9層	利害管理レイヤー	ステークホルダー管理	どうやって反対派を賛成派に？
第8層	プロジェクトレイヤー	改善・改革プロジェクト	
第7層	プログラムレイヤー	改善・改革プログラム	
第6層	可視化レイヤー	ビジネスモデル・ビジネス可視化インフラ	何がどう変わる（違うのか）？
第5層	変革指標レイヤー	指標管理システム	効果は出たのか？（非キャッシュ効果）
第4層	変革体系レイヤー	変革・改善の標準プロセス組織・人材・文化・方法論・ルール	誰がどうやって変革するのか？
第3層	評価報奨レイヤー	人事制度評価報奨制度	誰にメリットがあるのか
第2層	経営指標レイヤー	セグメント別管理会計システム	本当に儲かったのか？（キャッシュ効果）
第1層	戦略レイヤー	経営・戦略経営計画	いつまでにどうしたいのか？

現実　個別実行 ← → 仮説　前提条件

第7章 ABC/ABM プロジェクト成功のために●255

図 7-1-2 ● 変革管理の 10 レイヤーズのモデル(2)

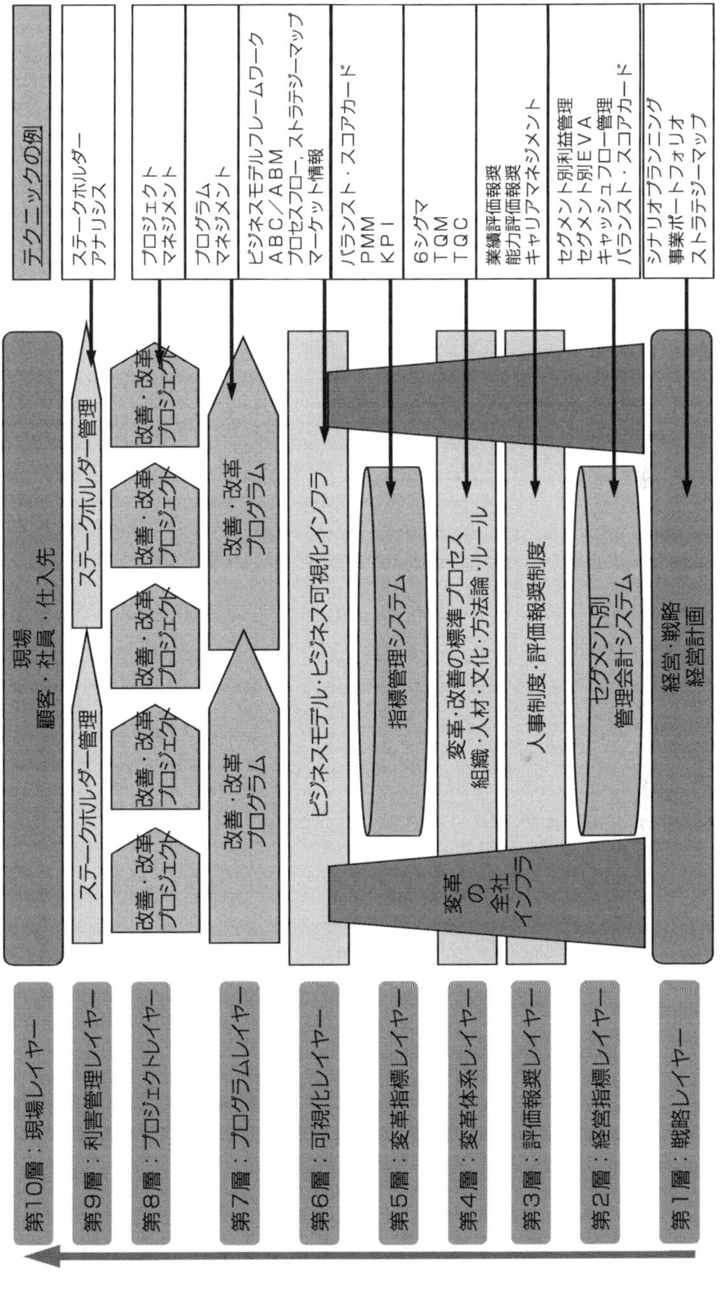

レイヤー	内容	テクニックの例
第10層：現場レイヤー	現場 顧客・社員・仕入先	
第9層：利害管理レイヤー	ステークホルダー管理	ステークホルダーアナリシス
第8層：プロジェクトレイヤー	改善・改革プロジェクト	プロジェクトマネジメント
第7層：プログラムレイヤー	改善・改革プログラム	プログラムマネジメント
第6層：可視化レイヤー	ビジネスモデル・ビジネス可視化インフラ	ビジネスモデルフレームワーク ABC／ABM プロセスフロー、ストラテジーマップ マーケット情報
第5層：変革指標レイヤー	指標管理システム	バランスト・スコアカード PMM KPI
第4層：変革体系レイヤー	変革・改善の標準プロセス 組織・人材・文化・方法論・ルール	6シグマ TQM TQC
第3層：評価報奨レイヤー	人事制度 評価報奨制度	業績評価報奨 能力評価報奨 キャリアマネジメント
第2層：経営指標レイヤー	セグメント別 管理会計システム	セグメント別利益管理 セグメント別EVA キャッシュフロー管理 バランスト・スコアカード
第1層：戦略レイヤー	経営戦略 経営計画	シナリオプランニング 事業ポートフォリオ ストラテジーマップ

(2) 変革に対し発生する現場の素直な反応

何か新しいことをやろうとすると，必ずどこかに心配な気持ちや関係者が出てくるのが通常である。変革の関係者が全員「問題ない。うまくいく」と早い段階から信じている改革ほど怪しいものはない。

＜反対派，心配派の言い分＞

自分の知らないところで何かが進行すると，どんな人でも興味と恐れを抱くことになる。「そもそも何で俺に最初に相談しないんだ？」というのは，組織の中で自分自身に疎外感を感じているからである。このような場合，変革成功のためには，早いタイミングからのコミュニケーションが必要であろう。

変革内容が理解されてくると，次に，「自分の地位や既得権が脅かさせるのではないか？」といった恐れが湧いてくる。改革において，実質的に地位や既得権の剥奪が伴う場合は，全体のためにいかに重要なことなのか説明を十分にし，かつ，できるだけ痛みが伴わないような方法で行う必要があるだろう。

地位や既得権も保全されているのに，まだ反対する人がいる。自信のない人であろう。新しいことを実施する際に，失敗はつき物である。しかし，失敗することを恐れて手をつけられない人たちに限って，「他社の事例を探してほしい」と言うものである。このような場合は他社の事例のみならず，起こりえる問題点・リスクと対処法を明確化し，「失敗の余地がない」と考えるまで議論を尽くすことであろう。

＜反対意見や心配意見を整理してよりよいプランに＞

反対意見や問題点を聞くことはつらいことではあるが，改革にとって，反対意見＝改良の余地はとても貴重だ。問題点・課題点を隅々まで，真摯に聞き出し，個別に解決する姿勢を見せていけばいい。反対意見や問題意見を言ってくれればまだましなほうである。反対派なのに，表では反対意見を言わず，裏で反対意見を流布したりする人も多数いるはずだ。このような「見えざる反対派」が最も厄介だ。しかし，社内のコミュニケーションを密にしていけば，このような人も時が経つにつれてだんだん浮き上がってくるものであろう。

(3) 変革管理の9つのポイント

　先にも述べたとおり，新しい事業改革や事業モデルを企業に導入する際，システムやプロセスのみをうまく設計してもうまくいかないことがわかってきている。変革でもっとも大変なのは「人間の頭の中を変革すること」である。各コンサルティング会社では，「チェンジマネジメント＝変革管理」という手法を持っており，今まで行った多くの改革経験から人間系をうまく変革させるノウハウが蓄積されている。変革管理9つのポイントを図7－1－3にて紹介する。

　これら9つの人間系に関わる変革要素につき，導入までの計画を立てながら，変革実行を確実なものにできるとしている。ここでは，そのなかでも，特に重要な利害関係者（ステークホルダー）とコミュニケーションについて説明する。

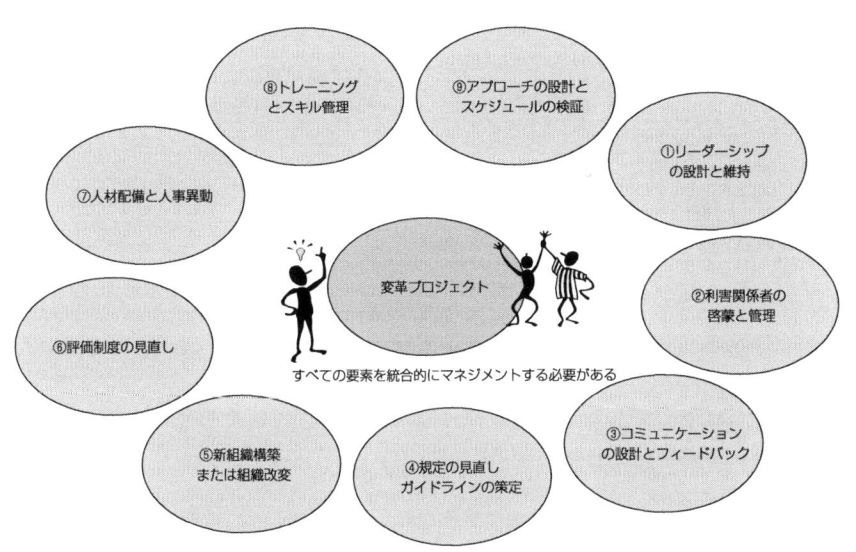

図 7-1-3 ●変革管理の9つのポイント

- ①リーダーシップの設計と維持
- ②利害関係者の啓蒙と管理
- ③コミュニケーションの設計とフィードバック
- ④規定の見直しガイドラインの策定
- ⑤新組織構築または組織改変
- ⑥評価制度の見直し
- ⑦人材配備と人事異動
- ⑧トレーニングとスキル管理
- ⑨アプローチの設計とスケジュールの検証

変革プロジェクト
すべての要素を統合的にマネジメントする必要がある

(4) 利害関係者（ステークホルダー）分析

チェンジマネジメントのテクニックの1つに利害関係者（ステークホルダー）分析がある。縦軸に「変革に対する影響度」、横軸に「変革に関する協力度」をとり、利害関係者を1人ずつ配置していく。右上に配置されるのが影響力ある賛成派、左上に配置されるのが影響力ある反対派ということになる。

また、利害関係者同士の人間関係もあわせて記入する。この作業を「利害関係の可視化（客観的に見えるようにすること）」という。この作業自体はやってみると以外に楽しいものだ。

結論からいうと、反対派に対し、うまく説明、説得を行い、賛成派になってもらえれば、改革が成功する可能性は大きくなるわけだ。言い換えれば、反対派がいなくなったときに、改革準備は完了したともいえる。

このステークホルダー分析のドラフト版を自分のイメージで作ったら、できるだけ多くのプロジェクトメンバーで共有し、アドバイスをもらう必要がある。自分よりその利害関係者のことをよりよく知っている人がほかにもいるはずだ。プロジェクトメンバー内で利害関係者が可視化、共有化できたら、個別に面談を開始し、事前に自分たちが持っているイメージと実際の改革に対する態度が同じであるか検証することもありえる。

大声で反対を唱えている人が1人でもいると、あたかも全員が反対しているような気がする。しかし、関係者それぞれにじっくり個別に話を聞くと、以外にも些細なことがひっかかっているだけだったり、本心は賛成しているのに他人が反対しているからついつい弱気になって、賛成的な発言を控えているだけの人も多かったりする。

可視化の結果、メンバーで話し合いながら、人間関係をうまく活用しながら、より上位の人に説得を頼んだり、仲間関係を使って引き込んだり、さまざまなテクニックを使うことができ、変革をスムーズに進める基盤を確立することができる。

第7章　ABC/ABM プロジェクト成功のために●259

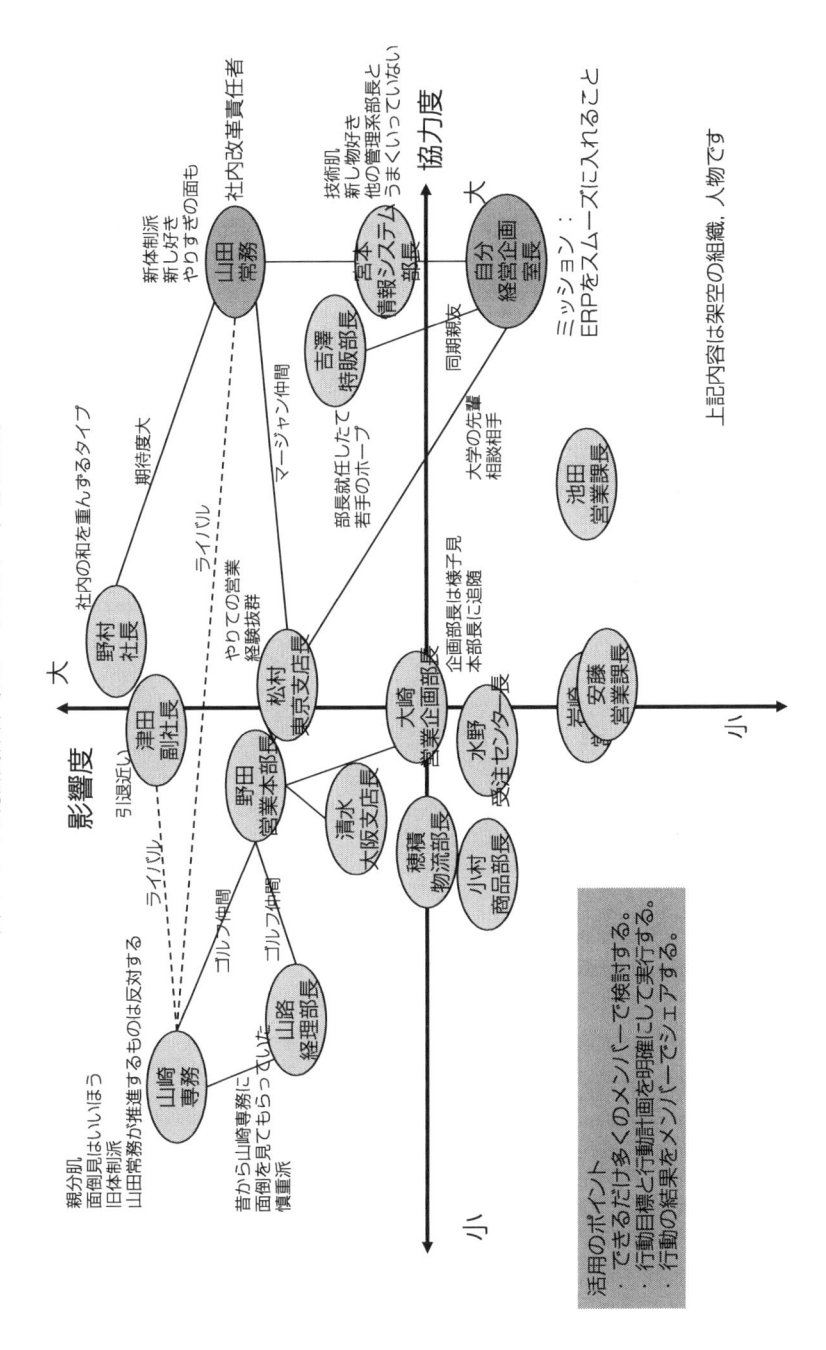

図 7-1-4 ●利害関係者（ステークホルダー）分析の例

影響度（大←→小）／協力度（大←→小）

- 野村 社長：社内の和を重んずるタイプ、期待度大、社内保守派
- 津田 副社長：引退近い、旧体制派
- 山崎 専務：親分肌、面倒見はいいほう、山田常務が進めるものは反対する、昔から山崎専務に面倒を見てもらっていた、慎重派、ゴルフ仲間
- 山田 常務：社内改革責任者、新体制派、新し物好き、やりすぎの面も
- 宮本 情報システム部長：技術肌、新し物好き、他の管理系部長とうまくいっていない
- 自分 経営企画室長
- 吉澤 特販部長：部長就任したて若手のホープ、同期親友
- 松村 東京支店長：やりての営業、経験抜群、マージャン仲間、ライバル
- 野田 営業本部長：ゴルフ仲間
- 清水 大阪支店長
- 大崎 営業企画部長：企画部長は様子見、本部長に追随
- 水野 受注センター長
- 池田 営業課長：大学の先輩、相談相手
- 安藤 営業課長
- 穂積 物流部長
- 小村 商品部長
- 山路 経理部長

ミッション：ERPをスムーズに入れること
上記内容は架空の組織、人物です

活用のポイント
・できるだけ多くのメンバーで検討する。
・行動目標と行動計画を明確にして実行する。
・行動の結果をメンバーでシェアする。

2 ● ABC/ABM プロジェクト成功のために

(1) ABC 成功9つの鉄則

　ABC/ABM はよく導入が難しいといわれる。筆者のところに，多くの企業から失敗した ABC/ABM のプロジェクトをどうすればいいのか，よく問合せがある。そのほとんどが，目的と目標，影響範囲があいまいなまま，ABC の調査に着手してしまったケースである。当然，目的，目標，影響範囲があいまいなので，経営陣はお手並み拝見モードであることが多く，経営トップが自ら参加している「におい」もしないことが多い。これらの ABC 調査の着手がアンケート数回レベルであればまだ方向修正も可能な場合も多いが，目的があいまいなまま詳細な ABC 調査を定期的に実施していたり，ましてや高額な予算をつけて専用のシステムを導入して継続的にデータを取っていたりすると，手に負えない。このような企業の担当者から，「なんとかしたい」と言われてももはや手遅れの状況になっていることが多い。

　「ABC/ABM は調査の方法次第でその経営的価値がまったく変わってしまう特性」がある。目的と目標，その影響範囲が経営ニーズと合致して初めて，調査方法を設計できる性質のものである。その中でも活動の発生回数を取得している調査手法であれば，各活動の生産性をベンチマークできるので幅広い用途に供することが可能であることがわかっている。

　図表は筆者たちが今までかかわってきた，また相談を受けた多数の ABC/ABM プロジェクトの成功と失敗から抽出した，「ABC 成功9つの鉄則」である。そのうちのほとんどすべてが ABC/ABM プロジェクト着手前の計画時点で決まってしまうこと，経営者の参画度合いで決まってしまうことに終始している。「⑨すぐ着手すること」が重要であるとともに，迅速に市場の状況と経営課題を正しく把握し，経営者レベルから ABC/ABM を実施することが必要である。

図 7-2-1 ● ABC 成功 9 つの鉄則

① ABC/ABM 実施の目的をはっきりさせてから開始すること
目的をはっきりさせてから調査に入れば思いのほか ABC/ABM の手間はかからないものである。競争力源泉に人材を集中するのか？残業代を削減するのか？営業力を倍増させたいのか？目的が複数にわたるとその乗数分 ABC/ABM は手間がかかることになる。

② 影響範囲と対象範囲をはっきりさせてから開始すること
どの組織の活動を改善したいのか？上流部門が効率的になると下流部門も効率的になる。たくさんの人数が似たような仕事をしている組織やどのような時間を掛けているのか、実際に把握されたことのない組織に対する ABC/ABM の効果は大きく出る傾向にある。

③ 成果が確認できるまで短期間（3ヶ月以内）で計画すること
情報収集，ABC 分析期間は合計2ヶ月以内，活用評価期間は3ヶ月以内にすること。それ以上かかると改革熱は冷めるし，むしろプロジェクトがコスト高になる。新規で正確なデータを取ろうとすると，手間＝コストがかかる。現場データはインタビューレベルのものからスタートする。着手時に専用のシステムは不要。

④ 評価報奨制度とリンクさせて全社的な取組みにすること
結局，改善改革の実現サイクルに乗らない限り企業は継続的に良くならない。現場の改善改革，評価報奨制度を前提に ABC/ABM を実行すること。

⑤ システム導入ありきで着手しないこと
ABC システムは役に立つが，改善が遂行されずにシステムだけ運用されても無駄である。評価報奨とリンクされた継続的改善サイクルがあって初めて意味を成す。

⑥ 経営トップが自ら参画すること
経営トップが推進するから，全社員が参画して大きな効果が期待できる。また部門間の壁を破壊するのもトップの仕事。無駄，非効率，エラーは部門と部門，組織と組織の狭間にある。

⑦ 調査方法について気を使うこと
アンケートによる単なる普通の時間調査で，正確にデータが取れることは非常に稀。回数を一緒に申告させることにより，正確さが断然増す。また，アンケート＜インタビュー＜現地調査の順で ABC 調査の正確さが増してくる。これらの手法の組合せも検討しながら，調査データの正確さを担保するように調査設計を行うべき。

⑧ 現場を責めないこと，成果は報奨をもって誉めること
業務はすべてマネジメントの指示のもと行われているのである。非効率の責任は全てマネジメントにあり，成果を出したら報奨を出すこと。がんばって報われないと現場は二度とがんばらない。

⑨ すぐ着手すること
たとえば，年間で1,200万円コスト削減できる可能性の着手に，1月遅れると100万円，1週間遅れると，30万円，1日遅れると6万円損することになる。これだけの利益を上げるのにどれだけ大変か考えてみたら，すぐ着手したほうがいいことは明らかであろう。

(2) ABC/ABM コンサルタント9つの選択基準

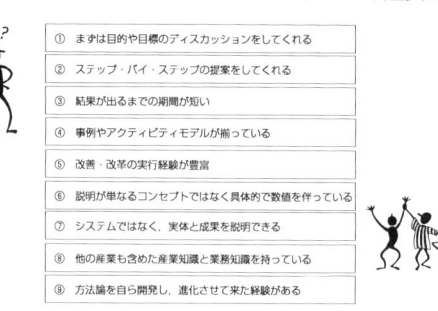

「(1) ABC 成功9つの鉄則」で述べたとおり，着手前に計画時点で ABC/ABM プロジェクト成功が決まる点，迅速に市場の状況と経営課題を正しく把握し，経営者レベルから ABC/ABM を実施する点が成功のポイントであるとすると，ABC/ABM を実施したことのない自社の企画職メンバーのみで ABC/ABM プロジェクトを計画し推進するのは困難な場合が多い。このような場合に ABC/ABM コンサルタントに支援を求めたくなるのは理にかなっている。

多くのコンサルタントが筆者の本を軽く読んだ程度で ABC/ABM を実施していることがわかったが，先にも述べたとおり，「ABC/ABM は調査の方法次第でその経営的価値がまったく変わってしまう特性」があり，また「目的に応じ調査の詳細度や切り口が変わってくる」ため，経営が求めている類似目的の ABC/ABM の実行経験がないコンサルタントは避けるべきであろう。

また，ABC/ABM は成果があって初めて役に立つものとの認識であるため，単なるコンセプトや分析結果の山では意味がない。実際の数値を持って改善目標とロジックを語れるコンサルタントを選びたいものだ。

継続的に ABC/ABM のメリットを享受するため，セグメント別管理会計システムを導入する場合も，「システムありき」でなく，数値の中身の分析能力を重視してコンサルタントを選択すべきであろう。活用シナリオがしっかり作れるかどうかで，得られる効果とシステム化予算の桁が違ってくるのが ABC/ABM を含めた情報系システムの特性である。

図 7-2-2 ● ABC/ABM コンサルタント 9 つの選択基準

① まずは目的や目標のディスカッションをしてくれる
② ステップ・バイ・ステップの提案をしてくれる
③ 結果が出るまでの期間が短い
④ 事例やアクティビティモデルが揃っている
⑤ 改善・改革の実行経験が豊富
⑥ 説明が単なるコンセプトではなく具体的で数値を伴っている
⑦ システムではなく，実体と成果を説明できる
⑧ 他の産業も含めた産業知識と業務知識を持っている
⑨ 方法論を自ら開発し，進化させて来た経験がある

(3) マネジメント12の心得

　ここで、さらに「マネジメント12の心得」を記させていただいた。特に重要と思われる3点は「現場を責めない」ということと「自分から変わる・自ら実行する」,「現場のがんばりに報奨金を出す」であろう。

＜現場を責めない＞

　業務はすべてマネジメントの指示のもと行われているのである。非効率の責任はすべてマネジメントにあり。現場を絶対に責めない。

＜自分から変わる・自ら実行する＞

　経営トップが自ら推進するから、全社員が参画して大きな効果が期待できる。また部門間の壁を破壊するのもトップの仕事。無駄、非効率、エラーは部門と部門、組織と組織の狭間にある。

＜現場のがんばりに報奨金を出す＞

　成果を出したら報奨を出すこと。がんばって報われないと現場は二度とがんばらない。

図 7-2-3 ●マネジメント12の心得

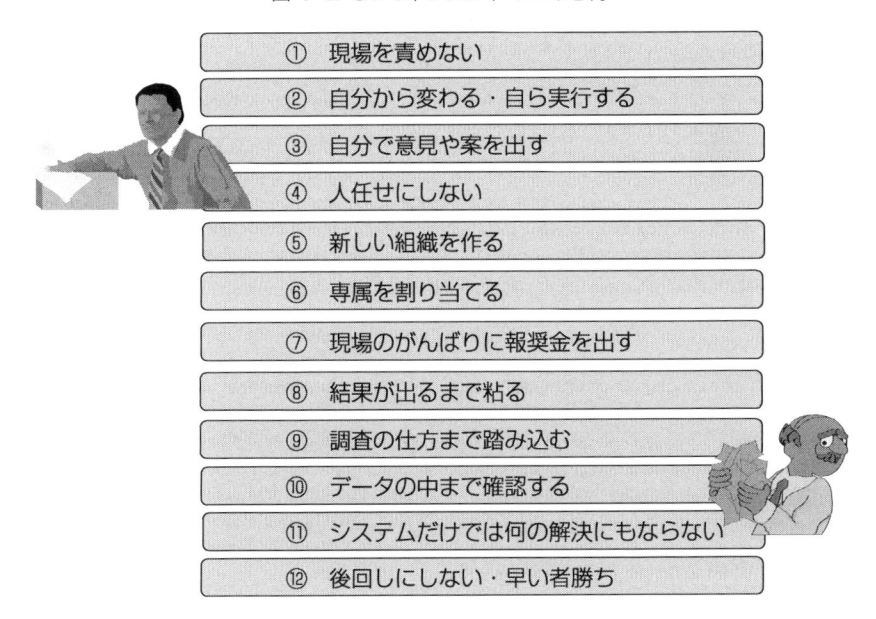

① 現場を責めない
② 自分から変わる・自ら実行する
③ 自分で意見や案を出す
④ 人任せにしない
⑤ 新しい組織を作る
⑥ 専属を割り当てる
⑦ 現場のがんばりに報奨金を出す
⑧ 結果が出るまで粘る
⑨ 調査の仕方まで踏み込む
⑩ データの中まで確認する
⑪ システムだけでは何の解決にもならない
⑫ 後回しにしない・早い者勝ち

(4) ABC/ABMのメリットまとめ

 全体のまとめになるが，ABC/ABMを実行することで，次のようなメリットが期待できる。
 ABC/ABMは自社業務の内部を細かく分析し，こつこつ改善を積み重ねる堅実性を志向しているため，本質的に日本人の性質に合っている改善手法であるといえる。また業務を細かく分類して整理，積算していくのみであるため，ロジックもきわめて単純で，誰にでも理解されやすい。
 このようにABMはきわめてローリスクで確実に成果が期待できる経営改革手法と言える。

図 7-2-4 ● ABC/ABMのメリットまとめ

<競争力向上>	競争力の源泉をアクティビティレベルまで把握し，徹底共有できる
<業務指針>	貴重な社員が本来やるべきこと，やらざるべきことを明確化できる
<コストダウン>	コスト改善課題を容易に抽出，効果試算可能
<人員計画>	経営資源（必要人員数）を論理的に試算・最適化
<共通言語>	誰でも理解できる明細度と数値により利害関係者の理解，説得可能
<投資対効果>	IT等の施策の投資対効果を精緻に試算，投資リスクを極小化できる
<啓蒙効果>	社員および利害関係者へのコストに対する理解と改善改革意識の浸透

あ と が き

　ABC/ABMのコンサルティングビジネスを日本で開始して約15年になる。この15年の間，ABC/ABMを巡る環境は一変した。

　筆者は会計事務所系コンサルティング会社のプライスウォーターハウスコンサルタント社のコンサルタントとして1993年に渡米し，製造間接費や研究開発費を正しく製品別に配賦し，製品の利益性を評価し，製品取捨選択の意思決定に用いる目的でのABCプロジェクトに参画し，新しい方法論を学んでいる。

　日本の製造業における当時の製造原価計算は，米国において筆者が経験したABCよりも精緻で正確であった。そのため，日本においてのABCは米国のそれとは違うホワイトカラー向けのアプローチで行う必要があることを漠然と感じていた。

　消費材メーカー大手のP&G社から，日本の流通の仕組みを可視化しながら，付加価値とコストが見える構造に改革したい旨の依頼があり，流通業界に対するABC/ABMを共同で開始したのが1997年のことである。

　このころは，卸売業の付加価値が疑問視され，卸中抜きの心配も出てきた時代である。ABCの結果，卸売業の業務にはそれぞれ非効率な部分も一部あるが，物流，商流，情報流の観点で，消費者に必要な付加価値を十分に提供していることが明らかになった。

　日本の産業界で最も激しい自由競争にさらされているのが流通業界であろう。この業界で培われた業務可視化を通した改善改革を目的としている日本独自の精緻なABC/ABMテクニックは，いまや流通業界を離れて，製造業はもちろん，ハイテク，情報通信，建設，金融，サービス，自治体，行政にまで適用が拡大している。

　さらに，ITの進化によりABC/ABMの適用範囲は大きく拡大した。昨今，ビジネス革新の打ち手として，インターネットを利用した各種アウトソーシングサービスがグローバルベースで各種開発されている。本書で紹介したように，ITと情報通信ネットワークをアライアンス基盤として企業と企業，個人と個

人は一瞬にして有機的につながりあい，グローバルに新しいビジネスを創造することが可能になる。

　このような背景の中，企業の変革は自前で業務を設計し，個別に情報システムを調達構築する時代から，ブロックのごとく自社に最適な社外サービスを組み合わせて変革後のビジネスを構築する時代になっていくことになる。

　競争力源泉のコア業務を中心に据えて，自社で行うべき業務，ITで効率化する業務，アウトソーシングに任せる業務を漏れと重複がないようにうまく設計するには，ABC/ABMによって作成された企業設計図が必要になる。

　社員の側から見れば，今まで行ってきた業務をITやアウトソーシングに置き換えられることを是としたくない気持ちは痛いほどわかる。しかし，今こそ，会社と自分が生き残るために企業と社会にとって，もっと必要なことを探し出し，実行することに知恵と体力を費やすべきである。

　企業や企業の中の1人ひとりの環境と生き方が大きく変わろうとしている。この転換期を生き抜くには"知恵"，"勇気"だけではなく，"誰でもわかる設計図"が必要なのである。

　末筆ながらABC/ABMの研究と実践を励まし支援していただいた多くの方々，いままで筆者とABC/ABMプロジェクトを一緒に推進してきたコンサルタントの仲間達，本書の趣旨を理解いただき中央経済社をご紹介いただいた株式会社ビジネスブレイン太田昭和取締役コンサルティング本部長の野崎正幸様，本書の価値を早くから理解し，筆者のよきペースメーカーであった中央経済社編集者の坂部秀治様，本業で忙しい中，締切りに追われながらもなんとか本作品を書き上げた本書執筆陣のメンバーに深く謝意を表する。

　2010年8月

松川　孝一

参考文献一覧（著者姓アルファベット順）

ロバート・S・キャプラン＆ロビン・クーパー，櫻井通晴訳『コスト戦略と業績管理の統合システム』ダイヤモンド社，1998

Hugh Davidson, "Even More Offensive Marketing", Penguin Books, 1997

P.F. ドラッカー『経営者の条件』ダイヤモンド社，2006

ルチアーノ・フロリディ「人類をリセット　クラウド革命」Newsweek, 2009.10.28

二神恭一『ビジネス経営学辞典』中央経済社，1998

小林寿夫『現代和英英和会計・税務・法律用語辞典』PMC 出版，1983

国税庁企画課長編『税務・会計用語辞典』財経詳報社，1978

松川孝一『図解 ABC/ABM』東洋経済新報社，2000

松川孝一『ABM で業務が変わる，コストが下がる ― 全社員を戦力化！』PHP 研究所，2000

松川孝一『図解 ABC/ABM（第2版）』東洋経済新報社，2004

松川孝一＆宮副謙司『流通 ABC 革命』同友館，1998

PricewaterhouseCoopers & James S. Lusk, "Shared Services", John Wiley & Sons,Inc., 1999

佐藤俊行『図解 ABC/ABM 入門（第3版）』東洋経済新報社，2009

清威人『スマート・ファクトリー』英治出版，2010

Peter B.B. Turney, "Common Cents", Cost technology, 1991

早稲田大学ビジネススクール『MOT（マネジメント・オブ・テクノロジー）入門 ― 技術系の MBA』日本能率協会マネジメントセンター，2002

<編著者紹介>

松川　孝一（まつかわ　こういち）
シンクログローバル株式会社　代表取締役社長
早稲田大学商学研究科，早稲田大学ビジネススクール　客員教授
早稲田大学IT活用新ビジネス研究会（WINB）　副理事長
学習院マネジメントスクール　講師・顧問
シンガポール国立ナンヤン工科大学　客員教授
株式会社日本ピーエスエス　代表取締役社長
内閣府承認「特定非営利活動法人　日本の平和と安全基盤を支える会」顧問

1965年生まれ。東京工業大学工学部生産機械工学科卒業。プライスウォーターハウスコンサルタント株式会社入社。PwCコンサルティング株式会社 執行役員 パートナー，アイ・ビー・エム ビジネスコンサルティングサービス株式会社 執行役員 パートナー 公益事業部長，株式会社大洋システムテクノロジー取締役を経て現職。
企業向けの戦略・ビジネス・ITコンサルティングサービスの傍ら，早稲田大学ビジネススクール客員教授およびナンヤン工科大学客員教授としてIT戦略マネジメントの授業，学習院マネジメントスクール講師・顧問としてABC/ABM，プロジェクトマネジメントの講義を受け持つ。

主著に『図解ABC/ABM（第2版）』東洋経済新報社，共著に『MOT（マネジメント・オブ・テクノロジー）入門―技術系のMBA』日本能率協会マネジメントセンター，『管理会計白書』早稲田大学IT活用新ビジネス研究会，投稿では「30歳までに経営幹部になれるキャリアの作り方」コンサルタントナビなどがある。

本著作においては，全般の企画・監修および，第1, 4, 5, 6章のそれぞれ一部以外すべての図表と第2, 4, 5, 7章それぞれの一部文章執筆を担当。

早稲田大学IT活用新ビジネス研究会：http://www.winb.org/
シンクログローバル株式会社：http://www.syncgl.com/

<執筆者紹介>（執筆者姓アルファベット順）

土井　宏之（どい　ひろゆき）
TIS株式会社　ビジネスシステムコンサルティング部勤務
早稲田大学IT活用新ビジネス研究会　研究員
明治大学商学部商学科卒業。外資系大手総合電機メーカーにて主に管理会計実務に従事した後，SAPジャパン株式会社に入社。ERP導入コンサルティング，製品開発企画，プリセールス等の実務担当を経て，コンサルティング部門の責任者を歴任。2009年より現職。
本著作においては，第2章「セグメント別管理会計」の文章執筆を担当。

藤本　伸一（ふじもと　しんいち）
PMIコンサルティング株式会社　代表取締役
早稲田大学IT活用新ビジネス研究会　研究員
青山学院大学理工学部卒業。プライスウォーターハウスコンサルタント株式会社入社。PwCコンサルティング株式会社，アイ・ビー・エム　ビジネスコンサルティングサービス株式会社（現日本アイ・ビー・エム株式会社）を経て現職。
本著作においては，第4章「シェアドサービス」「企業間の取組みへの適用」の文章執筆を担当。

林　哲郎（はやし　てつろう）
株式会社ベイカレント・コンサルティング　コンサルティング＆IT事業本部　ビジネスプロデューサー
シンクログローバル株式会社　取締役
早稲田大学IT活用新ビジネス研究会　研究員
東京大学法学部卒業。PwCコンサルティング株式会社（アイ・ビー・エム　ビジネスコンサルティングサービス株式会社，現・日本アイ・ビー・エム株式会社）にて製造業向け会計領域コンサルティングサービス，情報通信事業向け戦略コンサルティングサービスなどに従事。その後，コンテンツ系のベンチャー企業にて取締役CFOとして経営企画，事業開発，財務などを歴任後，現職。
本著作においては，第1章「時代背景」「リストラでなく企業がもっとやるべきこと」「キャリア構築／評価報償制度へのABC/ABMの活用」の文章執筆，第3章「戦略性分析」の文章執筆，第4章「ミーティング・会議の生産性向上」の図表および文章執筆，「残業削減」「営業力倍増」の文章執筆を担当。

金子　晃彦（かねこ　てるひこ）
La Confianza（ラ・コンフィアンサ）　代表
シュハリ株式会社　営業顧問
シンクログローバル株式会社　営業顧問
ビジョニング・パートナーズ株式会社　ディレクター
早稲田大学 IT 活用新ビジネス研究会　研究員
San Francisco State University 卒業。プライスウォーターハウスコンサルタント株式会社，株式会社博報堂，株式会社大洋システムテクノロジーを経て2010年より現職。通信・メディア，エンターテイメント，医薬業界において，営業・マーケティング戦略，ブランディング，新規事業立ち上げ支援などに従事。現在はコンサルティングサービスに留まらず，社会人のビジネスコアスキル向上をテーマに人材育成，研修プログラムの開発，研修講師を行っている。
本著作においては，第 3 章「顧客ニーズ分析」「その他の活動分類」，第 4 章「プロセス改善」の文章執筆を担当。

川手　健次郎（かわて　けんじろう）
株式会社ビジネスブレイン太田昭和　コンサルティング本部　パートナー
早稲田大学 IT 活用新ビジネス研究会　研究員
北海道大学大学院農学研究科修士課程修了。システムインテグレーター，米 ERP ベンダーを経て現職。主に，製造業の経営管理（戦略管理，原価管理，予算管理）の改善と IT 戦略立案などを支援している。
本著作においては，第 4 章「J-SOX と ABM」「IFRS と ABM」および第 6 章「ABC/ABM とソフトウエア」の図表および文章執筆を担当。

岡田　和典（おかだ　かずのり）
株式会社岡田ビジネスディベロップメンツ　代表取締役社長
金沢工業大学大学院（KIT）　客員教授
名古屋大学大学院工学研究科修了。三菱商事，外資系コンサルティングファームを経て，PwC コンサルティング株式会社入社。製造・流通産業事業部　戦略グループ　パフォーマンスマネジメントチームリーダー兼シニアマネージャーを歴任。2002年 7 月岡田ビジネスディベロップメンツ設立。同年 8 月ジェネラル・サービシーズ（略称 GSI－JAPAN）を設立，取締役副社長兼最高執行責任者（COO）として参画し，特に中国を活用した日本企業の間接部門の効率化を推進。KIT では「コンサルティング特論」にて，ロジカルシンキング，戦略立案，管理会計，業務改革等多岐に渡る授業を担当。現在は，コンサルティングの枠を超え，人材育成やさまざまなプロジェクトや新規事業への参画などあらゆる業界の企業価値向上に従事。
主著『ABC/ABM 流通戦略』（ダイヤモンド社），投稿「金沢工業大学　教員コラム」（2008年11月～現在連載中）他多数。
本著作においては，第 1 章「最適な経営資源の配分」，第 5 章「ABC ベース顧客別営業利益システム導入と活用」の図表および文章執筆を担当。

佐藤　幸作（さとう　こうさく）

スカイライト コンサルティング株式会社 社会環境サービスグループ 統括シニアマネジャー

サンクトペテルブルク・ヴォストーチヌィ大学（ロシア連邦） 客員教授

早稲田大学IT活用新ビジネス研究会 研究員

慶應義塾大学法学部法律学科卒業。三井生命保険相互会社，プライスウォーターハウスコンサルタント株式会社，アイ・ビー・エムビジネスコンサルティングサービス株式会社（現日本アイ・ビー・エム株式会社）を経て2005年より現職。ABC/ABMを活用した知識労働者・プロフェッショナルの生産性向上，人事評価制度改革，人材マネジメントを主要なコンサルティングテーマとし，流通業，製造業，通信業，生保・損保，金融機関，中央府省，自治体，NPOなどさまざまな業種をクライアントとして活動。

共著『人事戦略30テーマ 実務マニュアルファイル』（アーバンプロデュース：現・ビジネスパブリッシング），翻訳：フィリップ・コトラー他著『社会が変わるマーケティング －民間企業の知恵を公共サービスに活かす』（英治出版），日経情報ストラテジー，日経ビジネス，月刊人事マネジメントほかにも寄稿。

twitter: kosaku_s

本著作においては，第2章「ABCとは？」「ABMとは？」の執筆を担当。

上沢　伸（うえさわ　しん）

株式会社ブライト 取締役

早稲田大学IT活用新ビジネス研究会 研究員

青山学院大学経済学部経済学科卒業。プライスウォーターハウスコンサルタント株式会社入社。その後，ベンチャー企業の立ち上げ，国内コンサルティングファームなどを経て現職。

本著作においては，第5章「ABCによる業務可視化，プロセス改善プロジェクト事例」の図表および文章執筆を担当。

営業力向上・プロセス改善を実現する
ABC/ABM実践ガイドブック

2010年9月25日　第1版第1刷発行
2015年2月15日　第1版第3刷発行

編著者　松　川　孝　一
発行者　山　本　憲　央
発行所　㈱中央経済社

〒101-0051
東京都千代田区神田神保町1-31-2
電　話　03（3293）3371（編集部）
　　　　03（3293）3381（営業部）
http://www.chuokeizai.co.jp/
振替口座　00100-8-8432
印　刷／文唱堂印刷㈱
製　本／誠　製　本㈱

© 2010
Printed in Japan

＊頁の「欠落」や「順序違い」などがありましたらお取り替えいた
しますので小社営業部までご送付ください。（送料小社負担）
ISBN 978-4-502-23430-9　C3034

本書の全部または一部を無断で複写複製（コピー）することは，
著作権法上での例外を除き，禁じられています。